Printed in the United States
By Bookmasters

علم النفس الاجتماعي

Social Psychology

المملكة الأردنية الهاشمية
رقم الإيداع لدى دائرة المكتبة الوطنية
(2010/8/2872)

302

الختاتنة، سامي محسن.
علم النفس الاجتماعي/سامي محسن الختاتنة، فاطمة عبد الرحيم النوايسة - عمان : دار ومكتبة الحامد للنشر والتوزيع، 2010 .
( ) ص .
ر. إ. : (2010/8/2872) .
الواصفات :علم النفس الجنائي
*يتحمل المؤلف كامل المسؤولية القانونية عن محتوى مصنفه ولا يعبّر هذا المصنف عن رأي دائرة المكتبة الوطنية أو أي جهة حكومية أخرى.

❖ أعدت دائرة المكتبة الوطنية بيانات الفهرسة والتصنيف الأولية .

* (ردمك) ISBN 978-9957-32-548-0

دار الحامد للنشر والتوزيع

شفا بدران - شارع العرب مقابل جامعة العلوم التطبيقية
هاتف: 00962- 5231081 فاكس : 00962- 5235594
ص.ب . (366) الرمز البريدي : (11941) عمان – الأردن

Site : www.daralhamed.net
E-mail : info@daralhamed.net
E-mail : daralhamed@yahoo.com
E-mail : dar_alhamed@hotmail.com

علم النفس الاجتماعي
Social Psychology

تأليف

الدكتور

سامي محسن الختاتنة

جامعة مؤتة- كلية العلوم التربوية- قسم علم النفس

الدكتورة

فاطمة عبدالرحيم النوايسة

جامعة حائل - قسم علم النفس

الطبعة الأولى

1432 هـ - 2011 م

الإهداء

إلى أسرتي .....

سّر وجودي وهي اللبنة الأساسية في المجتمع ...

إلى زوجتي ورفيقة دربي أم بنان ...

إلى الأزهار التي تتفتح وتمنحني عشق الحياة بنان ودانا وريتال ...

إلى طلاب العلم في الوطن العربي.....

فهم ذخر الأمة ويحملون هموم الوطن والأمة...

أهدي إليهم جميعاً هذا الجهد العلمي المتواضع ...

الدكتور

سامي الختاتنة

الإهداء

إلى روح أبي صديقي ومعلمي.....

إلى والدتي الحنونة ...

إلى زوجي أحمد ...

أشقائي وشقيقاتي....

وإلى كل طالب علم

أُهدي جهدي المتواضع هذا

وأسأل الله العلي القدير أن يكون

"علمٌ يُنتفع به"

الدكتورة

فاطمة عبد الرحيم النوايسة

شكر وتقدير

نتقدم بالشكر الجزيل لكل من ساهم بإنجاز هذا الكتاب وساهم في إخراجه بشكل لائق، ونخص بالذكر أعضاء الهيئة التدريسية في جامعة مؤتة في كلية العلوم التربوية، كما نشكر الأستاذ والمربي الكبير أحمد علي الصرايرة، والمعلمة الفاضلة مي أحمد الصرايرة لجهودهما المميزة في التدقيق والتنقيح اللغوي لهذا الكتاب.

المحتويات

المقدمــــة

إن من أهم التحديات التي تواجه الإنسان في الوقت الحالي هي التغيرات المتسارعة في البيئة وما يرافقها من تغيرات في السلوك الاجتماعي ، ويسرنا أن نقدم للقارئ العربي وطلاب العلم في الوطن العربي كتاب علم النفس الاجتماعي الذي يناقش أهمية علم النفس الاجتماعي كأحد فروع علم النفس العام.

يعتمد هذا الكتاب المنهج العلمي السليم في تجاربه وأبحاثه ودراسته ويخضع إلى القياس الكمي وملاحظة الفروق بين الجماعات، وقد عملنا كل جهدنا أن يأتي هذا الكتاب بأسلوب واضح وسهل ومبسط . يهدف إلى جذب القارئ العربي للتعرف على مفاهيم علم النفس الاجتماعي الأساسية لما لذلك من فائدة ستعود أولا على الفرد وعلى المحيطين به ثانياً.

يشتمل هذا الكتاب على عشرة فصول, تضمن الفصل الأول علم النفس العام وعلاقته بعلم النفس الاجتماعي حيث بدأ الفصل بتعريف علم النفس العام ومدارسه الأساسية وميادينه، ثم انتقل إلى مفهوم علم النفس الاجتماعي وتعريفه والمفاهيم المرتبطة به، ونشأته وأهدافه وتطوره.

وتناول الفصل الثاني البحث العلمي في علم النفس الاجتماعي وخصائصه وأهدافه وخطواته وأدوات جمع المعلومات في البحث العلمي.

أما الفصل الثالث فقد تناول التنشئة الاجتماعية من حيث مفهومها ومقوماتها والأسس النظرية لعملية التنشئة الاجتماعية وخصائصها وأهدافها

وشروطها والعوامل المؤثرة فيها وناقش هذا الفصل كذلك مؤسسات التنشئة الاجتماعية، كالبيت والمدرسة.

وفي الفصل الرابع تم توضيح القيادة وعلم النفس الاجتماعي من حيث مفهوم القيادة والعوامل التي تؤثر في العملية القيادية، وأنماط السلوك القيادي والقيادة بوصفها عملية والعلاقة بين القيادة والسلطة .

وتضمن الفصل الخامس الاتجاهات النفسية من حيث تصنيفها، والعوامل المؤثرة فيها وكيفية تكوين الاتجاهات وأنواعها، ثم تطرق الفصل إلى وظائف الاتجاهات النفسية وناقش كذلك نظريات الاتجاه النفسي، ثم تغيير الاتجاهات والطرق المستخدمة في تغيير الاتجاهات، ثم انتقل الفصل إلى عناصر الاتصال الإقناعي وخصائص عناصر الاتصال الإقناعي مستخدماً أمثلة ونماذج في تغيير الاتجاهات، ثم ناقش قياس الاتجاهات النفسية وأساليب قياسها.

وقد جاء الفصل السادس ليوضح ديناميات الجماعة فبدأ بتعريفها، ثم دوافع تكوين الجماعات الصغيرة وأنواع الجماعات، ومحددات التجاذب بين الأفراد، والعلاقات المميزة للجماعة، وخصائص الجماعة الأولية ثم خصائص الجماعة الثانوية.

أما الفصل السابع فقد تناول الفرد في المواقف الاجتماعية فناقش الآثار النفسية للاشتراك في الجماعة، ثم عدم المسايرة والقيادة والآثار النفسية للاختلافات في الجماعة، والأبنية المنظمة وغير المنظمة للجماعات.

وفي الفصل الثامن تم التطرق إلى الرأي العام والإشاعات, مبتدأً بتعريفها وتصنيفات الرأي العام وتكوينه، وقوانينه، وأثره في سلوك الفرد والجماعة، وفي

الشق الثاني من الفصل تم تعريف الإشاعات، ومصادرها، وتصنيفها، وأنواعها، ومراحل ظهورها.

ثم الفصل التاسع يوضح القيم من حيث تعريفها وأهميتها ومنشأها وخصائصها وصفاتها وأنواعها، ثم يبين هذا الفصل العلاقة بين القيم والسلوك والنظريات الاجتماعية والنفسية التي ناقشت قضية القيم،

وناقش الفصل العاشر الحرب النفسية من حيث تعريفها ونشأتها ومشاهيرها عبر التاريخ وخصائصها، ثم عرج الفصل على العمليات العقلية النفسية المساهمة في الحرب النفسية، وبين كذلك الفصل أهداف الحرب النفسية ومدارسها ووسائلها ثم اختتم الفصل كيف نواجه الحرب النفسية.

وأخيراً يبقى هذا الجهد عملاً إنسانياً لا يخلوا من النقص والعيب والخطأ، وقد لا يغطي كافة المسائل المتعلقة بموضوع علم النفس الاجتماعي، حيث تم التركيز على أهم القضايا ذات العلاقة. وننصح باقتناء هذا الكتاب لجميع طلبة علم النفس والإرشاد وعلم الاجتماع وكل من يتعامل مع الجماعة، وكل من يريد أن يفهم سلوك الجماعة على حقيقته لما لهذا الكتاب من مساهمة بهذا الشأن.

المؤلفـــــان

الفصل الأول

علم النفس
وعلاقته بعلم النفس الاجتماعي

الفصل الأول

علم النفس وعلاقته بعلم النفس الاجتماعي

- مقدمة
- تعريف علم النفس
- تاريخ علم النفس
- التحليل النفسي
- المدرسة السلوكية
- علم النفس الإنساني الوجودي
- المدرسة المعرفية
- المدارس الفكرية
- المجالات الفرعية في علم النفس وموقع علم النفس الاجتماعي منها
- مفهوم علم النفس الاجتماعي
- تعريف علم النفس الاجتماعي
- المفاهيم المرتبطة بعلم النفس الاجتماعي
- ميادين علم النفس الاجتماعي
- علاقة علم النفس الاجتماعي بالعلوم الأخرى
- أهداف علم النفس الاجتماعي
- أهمية علم النفس الاجتماعي
- الاتجاهات التي أثرت في تطور علم النفس الاجتماعي
- نشأة وتطور علم النفس الاجتماعي

الفصل الأول

علم النفس وعلاقته بعلم النفس الاجتماعي

مقدمة

في بداية هذا الفصل سنتعرف على علم النفس العام أولاً، ومن ثم نتعرف على فروع علم النفس المختلفة وننتقل بعد ذلك إلى أن نتعرف على موقع علم النفس الاجتماعي من هذه الفروع.

لاشك أننا ندرك أهمية علم النفس في الممارسات العلمية وسرعة توسعه في وقت قصير، إذ شملت تطبيقاته الحياة العملية التربوية، والبيئية والعسكرية و الاقتصادية، والاجتماعية وغيرها من المجالات. فعلم النفس هو ذلك القسم من علم الحياة (البيولوجيا) الذي هدفه فهم ووصف الأشياء الحية، كما له قوانينه الخاصة التي ينبغي أن تتوافق مع قوانين الكيمياء والفيزياء ولكنها لا ترتد إليها بل تتجاوزها، فالفرد يتوافق أو يتكيف مع بيئته بشرط أن يسيطر عليها.

تعريف علم النفس:

مفهوم علم النفس ويعني بالإنجليزية **Psychology** مشتق من الكلمة اليونانية القديمة **Psyche** وتعني العقل أو الروح، وكلمة **logos** وتعني دراسة. والكلمتان معاً تعني دراسة العقل.

وعلم النفس منهج أكاديمي وتطبيقي يشمل الدراسة العلمية لوظائف العقل البشري وسلوك الإنسان. بالإضافة إلى استخدام الأسلوب العلمي أو معارضة استخدامه من حين لآخر. ويعتمد علم النفس أيضًا على أعمال التفسير الرمزي والتحليل النقدي . ويدرس علماء النفس العديد من الظواهر، مثل الإدراك والمعرفة والانفعال والشخصية والسلوك والعلاقات الشخصية المتبادلة. في حين يدرس البعض الآخر من علماء النفس، وخاصةً علماء نفس الأعماق، العقل الباطن.

يتم تطبيق المعرفة النفسية في العديد من المجالات المختلفة للأنشطة الإنسانية، بما في ذلك المشاكل المرتبطة بأمور الحياة اليومية، مثل الأسرة والتعليم والتوظيف، وفي كيفية حل مشكلات الصحة النفسية. لقد حاول علماء النفس دراسة الدور الذي تلعبه الوظائف العقلية في كل من سلوك الفرد والمجتمع، وفي الوقت نفسه استكشاف العمليات الفسيولوجية والعصبية الخفية. ويشمل علم النفس العديد من الدراسات والتطبيقات الفرعية المتعلقة بنواحي عدة بالحياة، مثل التنمية البشرية والرياضة والصحة والصناعة والإعلام والقانون. كما يشمل علم النفس الأبحاث التي يتم أجراؤها في مختلف مجالات العلوم، مثل العلوم الطبيعية والعلوم الاجتماعية والإنسانية. ويعرف الشخص الدارس لعلم النفس أو المستخدم له باسم عالم نفسي.

بعرف علم النفس بأنه العلم الذي يدرس السلوك وما وراء هذا السلوك من عمليات عقلية تتمثل في الدوافع والديناميكيات وآثار هذا السلوك دراسة علمية يمكن على أساسها فهم السلوك والتنبؤ به والتخطيط له.

تاريخ علم النفس History of psychology :

الجذور الفلسفية والعلمية لعلم النفس:

ترجع دراسة علم النفس في سياق فلسفي إلى الحضارات المصرية واليونانية والصينية والهندية القديمة. وقد بدأ علم النفس في اتخاذ أشكال علاجية وتجريبية أكثر من ذي قبل في عصر علماء النفس المسلمين وعلماء الطبيعة الذي ظهروا في القرون الوسطى وقاموا ببناء مستشفيات للعلاج النفسي. وفي عام 1802، ساعد العالم النفسي الفرنسي "بيير كابينس" في استكشاف علم النفس البيولوجي بالمقال الذي كتبه باسم **de l'homme Rapports du physique et du moral** والذي يتناول فيه العلاقات التي تربط بين الجانبين المادي والمعنوي بالإنسان. لقد اعتمد "كابينس" في وصفه للعقل البشري على ما تحصل عليه من معلومات من

دراساته السابقة لعلم الأحياء وحاول إثبات أن الإحساس والروح من الخواص المرتبطة بالجهاز العصبي. وعلى الرغم من أن تاريخ التجارب النفسية يرجع إلى الفترة التي ظهر بها **كتاب المناظر** للعالم المسلم "ابن الهيثم" في عام 1021، فقد ظهر علم النفس كمجال تجريبي مستقل بذاته عام 1879. حدث ذلك عندما قام عالم النفس الألماني "ولهلم فونت" بإنشاء أول معمل متخصص في الأبحاث النفسية في جامعة "ليبزج" الألمانية، الأمر الذي جعله يعرف باسم "أبو علم النفس". ويعتبر عام 1879 بذلك هو عام ولادة علم النفس وظهوره للنور. وقد أصدر الفيلسوف الأمريكي "وليم جيمس" كتابه الذي يعتبر نواة تطور هذا العلم ويحمل اسم **Principles of Psychology** عام 1890 ,فقد وضع بهذا الكتاب أسس العديد من الأسئلة التي سيركز علماء النفس على إيجاد إجابات عنها في السنوات التالية لصدور الكتاب. ومن الشخصيات المهمة الأخرى التي كانت لها إسهامات في المرحلة الأولى لهذا العلم "هيرمن إبنجهاوس" (1850-1909) وهو من رواد مجال الدراسات التجريبية المتعلقة بذاكرة الإنسان والتي أجريت في جامعة برلين. هذا إلى جانب عالم النفس الروسي "إيفان بافلوف" (1849-1936) الذي بحث عملية التعلم التي يشار إليها الآن باسم نظرية الارتباط الشرطي الكلاسيكية.

التحليل النفسي Psychoanalysis:

لقد قام طبيب الأمراض العصبية النمساوي "سيجموند فرويد" منذ فترة التسعينيات بالقرن التاسع عشر وحتى وفاته عام 1939 بتأسيس أسلوب العلاج النفسي المعروف باسم التحليل النفسي. اعتمد "فرويد" بشكل كبير في فهمه للعقل البشري على الأساليب التفسيرية واستكشاف المشاعر والأفكار الخفية (الاستبطان) والملاحظات الإكلينيكية. وقد ركز بشكل خاص على حل الصراع الذي يحدث في العقل الباطن والتخلص من حالة التوتر العقلي، كما ركز على علم النفس المرضي. وقد ذاع صيت نظريات "فرويد" في علم النفس، ويرجع السبب الأساسي في ذلك إلى تناولها لموضوعات، مثل الجنس والكبت والعقل الباطن على

أنها من الجوانب العامة للتطور النفسي. كانت تعتبر تلك الموضوعات من المحظورات التي لا يمكن الاقتراب منها أو التحدث عنها، ولكن "فرويد" نجح في تناولها وشرحها بطريقة لائقة ومهذبة. لقد عُرف "فرويد" بتقسيمه للعقل البشري إلى ثلاثة أجزاء تأتي على هذا الترتيب ألهذا والأنا والأنا الأعلى ونظرياته عن عقدة أوديب. ولكن إسهاماته التي ستظل باقية أبد الدهر في هذا العلم لا تتمثل فيما اشتملت عليه النظريات التي قام بإرسائها فيه ولا على تقسيمه للعقل البشري على النحو السابق الإشارة إليه، بل بالابتكارات التي جاء بها في المجال الإكلينيكي لعلم النفس، مثل أسلوب التداعي الحر واهتمامه بتفسير الأحلام على أسس تحليلية.

لقد كان لفكر وآراء "فرويد" بالغ الأثر على الطبيب النفسي السويسري "كارل جانج" والذي أصبح علم النفس التحليلي الذي أبتكره هذا الطبيب بديلاً لعلم نفس الأعماق. ومن بين المفكرين الذين ذاع صيتهم في مجال التحليل النفسي في منتصف القرن العشرين "آنا فرويد" ابنة "سيجموند فرويد" و"إيريك إيريكسون" عالم النفس الألماني - الأمريكي و"ميلاني كلين" المحللة النفسية الأسترالية - الإنجليزية والمحلل النفسي والطبيب "دي دبيلو وينيكوت" وعالمة النفس الألمانية "كارين هورني" وعالم النفس والفيلسوف الألماني "إيريك فروم" والطبيب النفسي الإنجليزي "جون باولباي". يشتمل مجال التحليل النفسي الحديث على عدد من المدارس الفكرية المختلفة والتي تشتمل بدورها على علم نفس الأنا والعلاقات الموضوعية والعلاقات الشخصية المتبادلة وأسلوب التحليل النفسي للعالم "لاكان" والتحليل النفسي المرتبط بالعلاقات. وقد أدى تعديل نظريات "جانج" إلى ظهور النموذج البدائي والمدارس المنهجية للفكر النفسي. حاول الفيلسوف النمساوي - البريطاني "كارل بوبر" إثبات أن نظريات "فرويد" في مجال التحليل النفسي تم تقديمها بطريقة غير معتمدة على التجربة والاختبار. تعتمد أقسام علم النفس في الجامعات الأمريكية اليوم على التوجه العلمي وتم تهميش فكر "فرويد" ونظريته والنظر إليها على أنها ابتكار تاريخي عفا عليه الزمن، وذلك استنادًا إلى الدراسة

التي أجرتها مؤخرًا الجمعية الأمريكية للطب النفسي. ومع ذلك، قام مؤخرًا عالم الأعصاب الجنوب أفريقي "مارك سولمز" وغيره من الباحثين في المجال الطبي الجديد الذي يحمل اسم التحليل النفسي العصبي بالدفاع عن بعض الأفكار التي جاء بها "فرويد" مستندين على أسس علمية، مشيرًا إلى تكوينات المخ التي ترتبط بمفاهيم "فرويد"، مثل اللبيدو (الشهوة الجنسية) والدوافع والعقل الباطن (اللاشعور) والكبت.

المدرسة السلوكية Behaviorism:

يرجع ظهور المدرسة السلوكية من ناحية إلى انتشار معامل الأبحاث التي تجري تجاربها على الحيوانات، ومن ناحية أخرى كرد فعل لظهور علم النفس الدينامي على يد "فرويد" والذي كان من الصعب اختباره على نحو تجريبي، ذلك لأنه يميل إلى الاعتماد على دراسات الحالة والتجارب الإكلينيكية وتعامل بصورة موسعة مع الظواهر النفسية الداخلية التي كان من الصعب تعريفها أو تحديدها بطريقة عملية. علاوة على ذلك، وعلى النقيض من الطريقة التي استخدمها علماء النفس الأوائل "ولهلم فونت" و"وليم جيمس" اللذان درسا العقل اعتمادًا على أسلوب الاستبطان، فقد جاء علماء المدرسة السلوكية ليثبتوا بالبرهان أن ما يحويه العقل البشري ليس متاحًا للفحص والتدقيق العلمي وأن علم النفس العلمي يجب أن يهتم فقط بدراسة السلوك الذي يخضع للملاحظة (السلوك الظاهري). لم يكن هناك اهتمامًا بالتمثيل الداخلي أو العقل. لقد ظهرت المدرسة السلوكية في أوائل القرن العشرين على يد عالم النفسي الأمريكي "جون بي واطسن" ليأتي من بعده عدد من علماء النفس الأميركيين الذين أكدوا عليه وعملوا على انتشاره، مثل "إدوارد ثورندايك" و"كلارك إل هال" و"إدوارد سي تولمان" ومن بعدهم "بي إف سكنر".

تختلف المدرسة السلوكية عن غيرها من المدارس النفسية لعدة أسباب. يركز علماء المدرسة السلوكية على العلاقات بين البيئة وسلوك الإنسان وتحليل

السلوك الظاهري والسلوك المستتر (الباطني) على أنه وظيفة الكائن الحي في التفاعل مع بيئته. ولا يرفض هؤلاء العلماء دراسة الأحداث الظاهرة أو المستترة (مثل، الأحلام)، ولكنهم يرفضون الافتراض القائم على وجود كيان مستقل وعرضي داخل الكائن الحي هو الذي يتسبب في السلوك الظاهري (مثل، الكلام والمشي) أو السلوك المستتر (مثل، الأحلام والتخيل). إن بعض المصطلحات، مثل "العقل" أو "الوعي" لا يستخدمها علماء المدرسة السلوكية؛ حيث أنها لا تصف أحداثًا نفسية فعلية (مثل، التخيل) ولكنهم يستخدمونها على أنها كيانات وصفية توجد بصورة خفية في الكائن الحي. بل على العكس، يتعامل هؤلاء العلماء مع الأحداث الخاصة مثل السلوك ويعملون على تحليلها بالطريقة نفسها التي يحللون بها السلوك الظاهري. ويشير السلوك إلى أحداث مادية يمر بها الكائن الحي والتي تكون ظاهرية أو خاصة. يعتبر العديد من الباحثين أن البحث النقدي للعالم اللغوي الأمريكي "ناعوم تشوميسكي" الذي تناول فيه نموذج علماء المدرسة السلوكية الخاص باكتساب اللغة على أنه السبب الأساسي في تراجع وتدهور الشهرة العارمة التي حظيت بها المدرسة السلوكية. ولكن المدرسة السلوكية التي أسسها "سكنر" لم تندثر من الوجود، وربما يرجع السبب في ذلك إلى قيامه بتطبيقات عملية ناجحة. وعلى الرغم من ذلك، فقد ساعد انتشار شهرة المدرسة السلوكية على أنها نموذج مهم ورئيسي من فروع علم النفس في إيجاد نموذج جديد غاية في القوة وهو الاتجاهات المعرفية.

علم النفس الإنساني والوجودي Humanistic Psychology:

لقد تطور علم النفس الإنساني في فترة الخمسينيات من القرن العشرين كرد فعل لظهور المدرسة السلوكية والتحليل النفسي. وباستخدام علم نفس الظواهرتية والذاتية المتبادلة وصيغ المتكلم التي تعبر عن الأنا والذاتية، حاول أسلوب علم النفس الإنساني إلقاء نظرة خاطفة على الإنسان ككل وليس على مجرد جوانب من شخصيته أو الوظائف المعرفية. ركز علماء علم النفس الإنساني

على القضايا الإنسانية غير العادية والقضايا الأساسية للحياة، مثل الهوية الشخصية والموت والشعور بالوحدة والحرية ومعنى الحياة. هناك العديد من العوامل التي تميز بين أسلوب علم النفس الإنساني وغيره من الأساليب الموجودة في علم النفس. تشتمل هذه العوامل على التأكيد على معنى الذات ورفض الجبرية والاهتمام بالنمو الإيجابي للذات بدلاً من علم الباثولوجي (علم الأمراض). يعد عالم النفس الأمريكي "أبراهام ماسلو" واحدًا من مؤسسي النظريات التي قامت عليها هذه المدرسة الفكرية والذي رتب حاجات الإنسان في صورة تسلسل هرمي.

يعتبر "كارل روجرز" الذي قام بإنشاء وتطوير أسلوب العلاج النفسي المتمركز حول العميل والطبيب النفسي الأماني - الأمريكي "فريتز بيرلز" الذي ساعد في إيجاد وتطوير طريقة العلاج الجشتالتي (**Gestalt Therapy**). لقد أصبحت طريقة العلاج هذه غاية في الأهمية والتأثير لدرجة أنه أطلق عليها اسم "القوة الثالثة" في علم النفس والمدرسة السلوكية والتحليل النفسي.

ونتيجة التأثر الشديد بما توصل إليه الفيلسوف الألماني "مارتن هيدجر" والفيلسوف الدنمركي "سورين كيركجارد"، ظهر على يد عالم النفس الأمريكي "رولو ماي" - الذي تدرب على استخدام التحليل النفسي - في فترتي الخمسينيات والستينيات من القرن العشرين ظهر فرعًا جديدًا من علم النفس يعتمد على التحليل الوجودي. فقد حاول علماء النفس الوجوديون إثبات أن البشر لا بد أن يسلموا بفكرة أنهم فانون وأن تسليمهم بهذه الفكرة سيجعلهم يتقبلون فكرة أنهم أحرار. ومن ثم، سيملكون إرادة حرة وحرية الدفاع عن آمالهم ومعتقداتهم بالحياة ليشكل بها كل واحد منهم شخصيته وهدفه من الحياة. لقد اعتقد "ماي" أنه من أهم عناصر عملية صنع هدف أو معنى بالحياة هو البحث عن النماذج الأسطورية أو المثالية التي يمكن للمرء الاقتضاء بها. ووفقًا للفكر الوجودي، لا يأتي البحث عن الهدف من مجرد قبول فكرة الفناء، ولكن من الممكن أن يلقي العمل على تحقيقه بظلاله أيضًا على فكرة الموت وتوقع حدوثه في أي وقت. وهذا ما أشار إليه

الطبيب النفسي الوجودي النمساوي الجنسية "فيكتور فرانكل"، أحد الناجين من المحرقة النازية (الهولوكوست): حيث قال "إننا - نحن - الذين عشنا في معسكرات الاعتقال نستطيع تذكر الرجال الذين كانوا يسيرون بين الأكواخ ليبثوا بين ساكنيها مشاعر المواساة ويقدموا لهم آخر ما يتملكونه من طعام. وعلى الرغم من قلة عدد هؤلاء الرجال، فإنهم قدموا دليلاً قاطعًا على أن الإنسان قد يسلب منه كل شيء إلا شيء واحد ألا وهو اختياره للموقف الذي سيتخذه في ظل أية مجموعة من الظروف واختياره لطريقه بالحياة". لقد كان "ماي" من أوائل الذين ساعدوا في تطوير العلاج الوجودي، كما قام "فرانكل" بابتكار شكل جديد لهذا الأسلوب العلاج اسماه **logo therapy** والذي يعني أيضًا العلاج الوجودي. وإلى جانب كل من "ماي" و"فرانكل"، هناك المحلل النفسي السويسري "لودفيج بينسوانجر" والعالم النفسي الأمريكي "جورج كيلي" اللذان يمكن القول إنهما ينتميان للمدرسة الوجودية. وقد سعى علماء النفس الذين ينتمون إلى كل من المدرسة الوجودية والمدرسة الإنسانية إلى إثبات أنه لا بد للناس من الكفاح للوصول إلى كامل الإمكانات الموجودة بداخلهم. وفي حين اعتقد علماء النفس من المدرسة الإنسانية أن هذا النوع من الكفاح يعد أمرًا فطريًا، فإن علماء النفس الذين ينتمون إلى المدرسة الوجودية رؤوا أن هذا الكفاح يأتي بعد شعور القلق أو الحصر النفسي الناتج عن التفكر في موضوعات، مثل الفناء والحرية والمسئولية.

المدرسة المعرفية Cognitive psychology :

لقد احتلت المدرسة السلوكية مركز الصدارة في مجال دراسة علم النفس في أمريكا على مدار النصف الأول من القرن العشرين. أما اليوم، أصبح علم النفس المعرفي هو الفرع المسيطر على مجال الدراسة بهذا العلم. لقد كان انتقاد "تشوميسكي" عام 1959 لما كتبه "سكنر" في **Verbal Behavior** بمثابة تحدي لأساليب علماء النفس السلوكيين في دراسات السلوك واللغة التي ذاع صيتها في ذلك الوقت وساهمت في ظهور الثورة المعرفية كفرع جديد من فروع علم النفس. لقد

انتقده "تشوميسكي" بشدة لما اعتبره مفاهيم اعتباطية تحمل أسماء "المثير" و"الاستجابة" و"التعزيز" والتي استعارها "سكنر" من التجارب المعملية التي أجراها على الحيوانات. حاول " تشوميسكي" إثبات أن مفاهيم "سكنر" قد يمكن تطبيقها على السلوك البشري المعقد فقط، مثل اكتساب اللغة، ولكن بطريقة غير واضحة وسطحية. لقد أكد " تشوميسكي" على أن البحث والتحليل لا بد ألا يتجاهلا الدور الذي يلعبه الطفل في عملية اكتسابه اللغة وتعلمها وسلم بأن الإنسان يولد ولديه قدرة طبيعية على اكتساب اللغة. إن ما قدمه العالم النفسي "ألبرت باندورا" الذي أرسى نظرية التعلم الاجتماعي أظهر أن الأطفال يمكن أن يتعلموا العدوانية من خلال التعلم القائم على الملاحظة لمثال حي لها دون حدوث أي تغيير في سلوكهم الظاهري، وهو أمر لا بد من وضعه في الحسبان من خلال العمليات الداخلية.

مع ظهور علوم الحاسب الآلي والذكاء الاصطناعي، بدأت تظهر المناظرات بين طريقة الإنسان في معالجة المعلومات وطريقة الآلات. وقد أدى هذا التناظر، إضافة إلى الافتراضات التي تعتمد على وجود التمثيل العقلي وأنه يمكن الاستدلال على الحالات العقلية والعمليات من خلال التجربة العلمية في المعامل، إلى ظهور علم النفس المعرفي كنموذج مبسط ومشهور لدراسة العقل. هذا بالإضافة إلى أن هدف الحصول على فهم أفضل للعمليات العسكرية منذ اندلاع الحرب العالمية الثانية دعم الأبحاث التي أجريت في مجال المعرفة. يختلف علم النفس المعرفي عن غيره من فروع علم النفس في نقطتين أساسيتين:

- **أولاً**: إنه يقبل باستخدام الطريقة العلمية ويرفض بشكل عام أسلوب الاستبطان كطريقة للفحص والبحث، ذلك على عكس الأساليب التي تركز على الرمزية، مثل علم النفس الدينامي الذي يرجع أصله إلى "فرويد".

- **ثانيًا**: إنه يقر بشكل صريح بوجود حالات عقلية داخلية، مثل الإيمان والرغبة والدافع، وهو أمر لا تقره المدرسة السلوكية.

وفي الواقع، اهتم علماء علم النفس المعرفي - مثلهم مثل "فرويد" وعلماء نفس الأعماق - بدراسة ظاهرة العقل الباطن التي تتضمن الكبت. ولكن فضل علماء علم النفس المعرفي استكشاف هذه الظواهر اعتمادًا على العناصر التي يتم تحديدها بشكل عملي، مثل العمليات التي تحدث تحت عتبة الإدراك وفي الذاكرة الضمنية والتي يسهل فحصهم بشكل تجريبي. علاوة على ذلك، عكف علماء علم النفس المعرفي على دراسة هذه العناصر لشكهم في وجودها. فعلى سبيل المثال، استخدمت عالمة النفس الأمريكية "إليزابيث لوفتس" الأساليب التجريبية لتوضيح الطرق التي يمكن بها إخراج الذكريات بواسطة الإبداع بدلاً من العمل على إخراجها عن طريق التخلص من الكبت. وقبل ظهور الثورة المعرفية في علم النفس بعقود طويلة، كان "هيرمن إبنجهاوس" أول من استخدم الطريقة التجريبية في دراسة الذاكرة وسعى إلى إثبات أن العمليات العقلية العليا ليست خفية، بل ويمكن دراستها بالأسلوب التجريبي.

أصبحت الروابط التي تصل بين النشاط النفسي والعقل ووظيفة الجهاز العصبي مفهومة ويرجع الفضل في ذلك بشكل جزئي إلى التجارب التي أجراها عدد من العلماء، مثل "تشارلز شيرينجتون" العالم الأمريكي المختص بدراسة الجهاز العصبي والعالم النفسي الكندي "دونالد هيب".

في حين أن باقي الفضل يرجع إلى الدراسات التي أجريت على الأشخاص الذين تعرضوا لإصابات في المخ. لقد تم استكشاف ودراسة العلاقات التي تربط بين العقل والجسد بشكل مفصل بواسطة علماء النفس المعنيين بدراسة الروابط العصبية المعرفية. وبالتطور الذي طرأ على تقنيات قياس وظائف المخ، شهد كل من علم النفس العصبي وعلم دراسة الجهاز العصبي المعرفي نشاطًا متزايدًا في البحث والدراسة في علم النفس الحديث. أصبح علم النفس المعرفي فرعًا من الفروع التي تقع تحت مظلة العلوم المعرفية والتي منها فلسفة العقل وعلوم الحاسب الآلي وعلم دراسة الأعصاب.

المدارس الفكرية : Psychological Schools List

طالبت العديد من المدارس الفكرية بوجود نموذج معين لاستخدمه كنظرية نفسية تساعد في شرح كل أو غالبية السلوك الإنساني. ولقد لاقت هذه المدارس فترات من الازدهار والنجاح وأخرى من التضاؤل والانحصار على مر العصور. قد يعتقد بعض علماء النفس أنهم تلامذة لمدرسة فكرية بعينها ويرفضون المدارس الأخرى، ذلك على الرغم من أن الغالبية العظمى منهم يعتبرون أن كل مدرسة فكرية تحمل أسلوبًا من أساليب التعرف على العقل وفهمه وليس من الضروري أن كل مدرسة تمتلك نظريات خاصة بها لا يمكن جمعها مع نظريات المدارس الأخرى.

واعتمادًا على الأسئلة الأربعة التي طرحها "تينبرجن"، يمكن وضع إطار عمل يضم كل مجالات البحث في علم النفس (بما في ذلك البحث في مجال علم الأنثروبولوجي والعلوم الإنسانية).

وفي العصور الحديثة، تبنى علم النفس نظرة شاملة ومتكاملة في فهم الوعي والسلوك والتفاعل الاجتماعي. ويتم الإشارة إلى هذه النظرة عمومًا على أنها النموذج البيولوجي النفسي الاجتماعي. إن الفكرة الأساسية القائم عليه النموذج البيولوجي النفسي الاجتماعي هو أن أية عملية عقلية أو سلوكية تؤثر وتتأثر بعوامل اجتماعية ونفسية وبيولوجية تتداخل مع بعضها بطريقة ديناميكية.

يشير **الجانب النفسي** إلى الدور الذي تلعبه كل من المعرفة والانفعالات في أية ظواهر نفسية، مثل تأثير المزاج الشخصي ومعتقدات وتوقعات الشخص على رد فعله تجاه حدث ما. أما **الجانب البيولوجي** فيشير إلى الدور الذي تلعبه العوامل البيولوجية في الظواهر النفسية، مثل تأثير بيئة فترة ما قبل الولادة على نمو العقل والقدرات المعرفية للشخص أو تأثير الجينات على ميول الشخص. في حين يشير **الجانب الثقافي الاجتماعي** إلى الدور الذي تلعبه كل من البيئة الاجتماعية والثقافية في ظاهرة نفسية محددة، مثل تأثير الآباء أو الأقران على سلوكيات أو سمات الشخص.

المجالات الفرعية في علم النفس وموقع علم النفس الاجتماعي منها:

يغطي علم النفس فروعًا متعددة ويشتمل على العديد من المناهج المختلفة الخاصة بدراسة العمليات العقلية والسلوك. فيما يلي أكبر مجالات البحث التي يغطيها علم النفس. توجد قائمة مفصلة بالمجالات والنواحي الفرعية المشتمل عليها علم النفس والتي يمكن العثور عليها في قائمة موضوعات علم النفس وقائمة المجالات الفرعية لعلم النفس.

علم نفس الشواذ Abnormal psychology:

يعمد علم نفس الشواذ إلى دراسة السلوك غير السوي بهدف وصف وتوقع وشرح وتغيير الأنماط غير السوية (الشاذة) للتصرفات والأفعال. يدرس هذا الفرع من علم النفس طبيعة علم النفس المرضي وأسبابه ويتم تطبيق هذه المعرفة في علم النفس الإكلينيكي بهدف معالجة المرضى الذي يعانون من اضطرابات نفسية.

يمكن أن يكون من الصعب وضع خط فاصل بين السلوكيات الشاذة والطبيعية. وبصفة عامة، يمكن القول إن السلوكيات غير السوية (الشاذة) لا بد أن تكون سلوكيات ناتجة عن سوء التكيف وتُعرض الشخص لاضطرابات خطيرة بحيث يتم الاهتمام بها وبحثها بشكل إكلينيكي. ووفقًا للدليل التشخيصي والإحصائي للاضطرابات النفسية، يمكن النظر إلى سلوكيات ما على أنها سلوكيات شاذة إذا صاحبتها مشاعر العجز أو الإحباط أو خرق للأعراف الاجتماعية أو خلل وظيفي.

علم النفس البيولوجي

Biological psychology ،Neurophysiology ،Physiological psychology و Cognitive neuroscience

يقوم هذا الفرع من علم النفس على الدراسة العلمية للركائز البيولوجية لكل من السلوك والحالات العقلية. يرى هذا الفرع من علم النفس بصفة عامة أن السلوك يرتبط بشكل متداخل مع الجهاز العصبي. كما يرى علماء علم النفس البيولوجي أنه لا بد من دراسة وظائف المخ كي نتمكن من فهم السلوك. وهذا هو الأسلوب المتبع في أفرع علم الأعصاب السلوكي وعلم الأعصاب المعرفي وعلم النفس العصبي.

ويهدف علم النفس العصبي إلى فهم كيفية الربط بين تكوين المخ ووظيفته وعمليات نفسية وسلوكية محددة. يهتم علم النفس العصبي بشكل خاص بتفهم الإصابات التي يتعرض لها المخ في محاولة منه للقيام بوظيفته النفسية الطبيعية. يعتمد علم الأعصاب المعرفي المعني بدارسة العلاقة التي تربط بين المخ والسلوك على استخدام أدوات تصوير الأعصاب، مثل مراقبة المناطق النشطة في المخ في أثناء أدائه لمهمة بعينها.

علم النفس المعرفي (Cognitive psychology):

يدرس علم النفس المعرفي المعارف والعمليات العقلية التي تتحكم بشكل أساسي في السلوك. ويعد كل من الإدراك والتعلم والقدرة على حل المشكلات والذاكرة والانتباه واللغة والانفعال من النواحي التي تم بحثها بشكل جيد. يرتبط علم النفس المعرفي بالمدرسة الفكرية التي تعرف باسم المدرسة المعرفية والتي يطالب أتباعها بنموذج لمعالجة المعلومات المتعلقة بالوظيفة العقلية التي يتم الاستدلال عليها من خلال علم النفس الإيجابي وعلم النفس التجريبي.

وعلى نطاق أوسع، يعتبر العلم المعرفي حصيلة ما توصل إليه كل من علماء علم النفس المعرفي وعلماء بيولوجيا الأعصاب والباحثين في مجال الذكاء الاصطناعي وعلماء المنطق واللغويين وعلماء علم الاجتماع. ويركز هذا العلم بشكل أكبر من العلوم السابقة على النظرية الاحتسابية والصيغ الحسابية. يمكن لهذين المجالين استخدام النماذج الاحتسابية لمحاكاة ظواهر جديدة ذات أهمية. ولأنه لا يمكن مراقبة الأحداث العقلية بشكل مباشر، فإن النماذج الاحتسابية تقدم أداة لدراسة التنظيم الوظيفي للعقل. أتاحت هذه النماذج لعلماء علم النفس المعرفي المجال لدراسة الآليات التي ترتكز عليها العمليات العقلية بعيدًا عن الأعضاء التي تحدث بها هذه الآليات ويقصد بالأعضاء في هذا الصدد المخ أو بشكل مجازي الكمبيوتر.

علم النفس المقارن (Comparative psychology):

يشير علم النفس المقارن إلى دراسة سلوك وعقلية الحيوانات وليس البشر. يرتبط هذا العلم بقواعد تخرج عن مجال علم النفس الذي يدرس السلوك الحيواني، مثل علم دراسة الأجناس في بيئتها الطبيعية. وعلى الرغم من أن علم النفس يركز في المقام الأول على عالم البشر، فإن السلوك والعمليات العقلية للحيوانات تعد جزءًا مهمًا من أبحاث علم النفس.

لقد نظر إلى هذا العلم على أنه قضية قائمة بذاتها (المعرفة الحيوانية وعلم دراسة الأجناس في بيئتها الطبيعية) أو على أنه تأكيد قوي على روابط تطويرية - وشيء أكثر إثارة للجدل - أنه طريقة للنظر بشكل أعمق في سيكولوجية البشر. يمكن تحقيق ذلك من خلال عقد المقارنة أو بواسطة الأنظمة السلوكية والانفعالية للنماذج الحيوانية كما هو الحال في مجال علم نفس الأعصاب (مثل، تأثير علم الأعصاب وعلم الأعصاب الاجتماعي).

علم النفس الإرشادي (Counseling psychology) :

يهدف علم النفس الإرشادي إلى تيسير أداء الوظائف الشخصية والشخصية المتبادلة على مدار حياة الفرد مع التركيز على الموضوعات المهمة من الناحية الانفعالية والاجتماعية والمهنية والتعليمية والصحية والتطويرية والتنظيمية. إن المرشدين النفسيين هم في الأصل أطباء يستخدمون أسلوب العلاج النفسي وغيره من الأساليب في علاج مرضاهم. وبشكل تقليدي، ركز علم النفس الإرشادي بصورة أكبر على قضايا التطور الطبيعي وعلى التوتر الذي يتعرض له المرء في حياته اليومية بدلاً من تركيزه على علم النفس المرضي، ولكن هذه التفرقة أخذت تتلاشى بمرور الزمن. وقد تم الاستعانة بعلماء علم النفس الإرشادي في عدد من الأماكن المختلفة، مثل الجامعات والمستشفيات والمدارس والهيئات الحكومية والشركات والقطاع الخاص ومراكز الصحة النفسية الجماعية.

علم النفس الإكلينيكي (Clinical psychology) :

يشتمل علم النفس الإكلينيكي على دراسة وتطبيق علم النفس بهدف التعرف على التوتر أو الخلل الوظيفي الذي يرجع سببهما إلى عامل نفسي والعمل على منعهما أو التقليل من حدتهما، هذا إلى جانب تعزيزه لذاتية الفرد وتطوره الشخصي. يأتي كل من التقييم والعلاج النفسي في بؤرة اهتمام هذا العلم، ذلك على الرغم من أن علماء علم النفس الإكلينيكي قد يشاركون في أعمال البحث والتدريس والإرشاد وتقارير الطب الشرعي وإدارة وتطوير برنامج العلاج. قد يركز بعض علماء علم النفس الإكلينيكي على التعامل بشكل إكلينيكي مع المرضى أصحاب الإصابات بالمخ، ويعرف هذا الجانب باسم علم النفس العصبي الإكلينيكي. وفي كثير من الدول يعتبر علم النفس الإكلينيكي من المهن الطبية المعنية بالصحة النفسية والتي يحكمها عدد من القواعد والقوانين.

إن العمل الذي يؤديه عالم علم النفس الإكلينيكي يتأثر بعدة بنماذج علاجية مختلفة تشترك كلها في وجود علاقة رسمية تربط بين الطبيب والمريض (والذي عادةً ما يكون فردًا أو زوجين أو أسرة أو مجموعة صغيرة من الأفراد). ترتبط هذه الطرق والممارسات العلاجية المتنوعة بعدد من المفاهيم النظرية المختلفة وتستخدم عددًا من الإجراءات المختلفة التي يرجى من استخدامها تكوين رابطة علاجية واستكشاف طبيعة المشكلات النفسية وتشجيع طرق التفكير والتصرف والشعور الجديدة. تتمثل المفاهيم النظرية الكبرى الأربعة في العلاج النفسي الدينامي والعلاج السلوكي المعرفي والعلاج الإنساني والوجودي والعلاج العائلي أو الجماعي. وقد كان هناك حركة متنامية لتوحيد كل هذه الطرق العلاجية المختلفة، وخاصةً مع زيادة فهم القضايا المرتبطة بالثقافة ونوع الجنس والروح والتوجه الجنسي.

ومع كثرة الاكتشافات البحثية القوية فيما يتعلق بمجال العلاج النفسي، ظهر أيضًا دليل قوي على أن أغلب طرق العلاج الرئيسية السابق ذكرها لها تأثير متساوي على المريض وأن هناك عنصرًا مشتركًا غاية في الأهمية يجمع بينها كلها ألا وهو الرابطة العلاجية القوية. لذا، يتبع الآن عدد أكبر من برامج التدريب وعلماء علم النفس أسلوب العلاج الانتقائي (أي الذي يعتمد على انتقاء ما هو أفضل بكل مجال من مجالات العلاج المختلفة).

علم النفس النقدي (Critical psychology):

يطبق علم النفس النقدي علم مناهج البحث الخاصة بالنظرية الانتقادية على علم النفس. وعلى هذا، فإنه لا ينتقد الركائز التي يقوم عليها الوضع الراهن فقط، بل أيضًا عناصر علم نفس التداعي والتي ينظر إليها - في حد ذاتها - على أنها من العناصر التي ساهمت في تشكيل الأيدلوجيات الجائرة. يعتمد استخدام علم النفس النقدي على أساس أن علم نفس التداعي قد شكل رؤية ضيقة للتحسين

الأخلاقي الذي يرمي له هذا المجال لخير وسعادة الإنسان،وذلك من خلال تعزيز المعالجات الفردية للأمراض الاجتماعية وتشجيع الأبحاث عديمة النفع وغير المترابطة والدخول في ممارسات أخرى فشلت الطرق الإيجابية التي يتبعها هذا العلم في وضعها تحت الفحص الدقيق.

قد يتساءل عالم علم النفس النقدي عما إذا كانت "ضغوط العمل" مثلاً كفيلة لبذل جهود في سبيل تغيير النظم الضخمة التي تتحكم في العمل مؤدية إلى هذه الحالة،بدلاً من مجرد معالجة الشخص الذي يمر بحالة التوتر، أو بالأحرى الذي يشارك أفرادًا آخرين كثر في الشعور به. قد تتساءل لماذا تفشل الصدمات التي يخلفها علم نفس التداعي في زيادة التركيز على حقوق الإنسان والعدالة الاجتماعية في المجتمعات التي دمرتها الحروب.

وباختصار، إن علم النفس النقدي يسعى، حيث يكون مناسبًا، إلى رفع مستوى التحليل في علم النفس من المستوى الفرد إلى المجتمع وأن يجعل منه علمًا قادرًا على إحداث تحولات جذرية وليس مجرد تحسينات بالفرد والمجتمع. لقد تم استخدام علم النفس النقدي في عدد كبير من المجالات الفرعية لعلم النفس، كما عمل عدد كبير من واضعي النظريات بهذا الفرع في المهن المرتبطة بعلم نفس التداعي.

علم نفس النمو (Developmental psychology)::

يركز علم نفس النمو على تطور العقل البشري طوال فترة حياة الإنسان ويسعى إلى محاولة فهم واستيعاب مفاهيم الفرد واستيعابه للعالم من حوله وكيفية تصرفه وفقًا لذلك، بالإضافة إلى كيفية تغير هذه المفاهيم والتصرفات كلما تقدم به العمر. وبالتالي، ربما يتم التركيز على التطور الأخلاقي أو الفكري أو العصبي أو الاجتماعي. هذا، وقد استخدم الباحثون المعنيون بدراسة النمو النفسي لدى

الأطفال عددًا من أساليب البحث الفريدة بهدف تدوين الملاحظات أثناء ممارسة الأطفال لأنشطتهم العادية أو من خلال قيامهم ببعض المهام التجريبية.

وعادةً ما كانت هذه المهام تتمثل في ألعاب وأنشطة تم تصميمها خصيصًا لأجل الدراسة والتي كانت تضمن استمتاع الأطفال بها وتحقيق الفائدة العلمية في الوقت نفسه. بل والأكثر من ذلك، فقد استخدم الباحثون أساليب بارعة لدارسة العمليات العقلية التي تحدث للأطفال الرضع. فضلاً عن ذلك، قام علماء علم نفس النمو بدراسة التقدم في السن وعمليات النمو على مدار حياة الإنسان، خاصةً تلك المراحل التي تشهد تغيرات نفسية سريعة (مثل فترتي المراهقة والشيخوخة). واعتمد هؤلاء العلماء على مجموعة كاملة من النظريات التي وضعها الباحثون في مجال علم النفس القائم على أسس علمية لتأييد بحثهم.

علم النفس التعليمي (Educational psychology):

يختص علم النفس التعليمي بدراسة كيفية تعلم الإنسان واكتسابه للمعرفة في المؤسسات التعليمية ومدى فاعلية الإسهامات التعليمية وسيكولوجية التدريس والسيكولوجية الاجتماعية للمدارس باعتبارها مؤسسات تعليمية. هناك أعمال لبعض علماء نفس الطفل المشهورين أمثال "ليف فيجوتسكي" و"جين بياجيه" و"جيروم برونر" التي أثرت على هذا المجال، من حيث ابتكار أساليب تدريس وممارسات تربوية مفيدة. وعادةً ما يتم إدراج علم النفس التعليمي ضمن برامج المعلم التعليمية في بعض الدول، منها الولايات المتحدة الأمريكية وأستراليا ونيوزيلندا.

علم النفس التطوري (Evolutionary psychology):

يُعنى علم النفس التطوري بدراسة العوامل الوراثية المسؤولة عن إتباع الفرد لأنماط سلوكية وفكرية معينة ويفترض أن السبب في شيوع بعض هذه الأنماط يرجع إلى سهولة تكيف الإنسان معها أثناء تطوره في الماضي، حتى وإن كانت بعض هذه الأنماط قد اختفت بسبب تغير البيئة التي يعيش بها الإنسان اليوم. توجد

مجالات شديدة الصلة بعلم النفس التطوري، من بينها علم البيئيات المختص بدراسة سلوك الحيوان وعلم البيئيات المختص بدارسة سلوك الإنسان ونظرية الوراثة المزدوجة وعلم البيولوجي الاجتماعية.

وهناك مجال آخر يرتبط بعلم النفس التطوري وينافسه في الوقت ذاته ألا وهو علم "الميميات" الذي أسسه عالم الأحياء التطوري الإنجليزي "ريتشارد داوكينز". يقترح هذا المجال أن التطور الثقافي يمكن أن يحدث وفقًا لنظرية التطور التي وضعها "داروين" لكنه بعيد كل البعد عن آليات التطور التي وضعها "ميندل". ومن ثم، فإن هذا المجال يدرس الطرق التي تتطور من خلالها الأفكار أو الميم (وحدة المعلومات في العقل البشري وهي الوحدة الأساسية للتطور الثقافي الإنساني) بشكل مستقل عن الجينات.

علم النفس الشرعي (Forensic psychology):

يغطي علم النفس الشرعي نطاقًا واسعًا من الممارسات التي تشمل عمليات التقييم الإكلينيكية للمُدعى عليه والتقارير التي تتم إحالتها إلى القاضي والمحامين والإدلاء بالشهادة في قاعة المحكمة في قضايا معينة. يتم تعيين علماء النفس الشرعيين من قبل المحكمة أو تتم الاستعانة بهم بشكل خاص من قبل المحامين من أجل تحديد أهلية المثول أمام المحكمة وأهلية التنفيذ لأحكام القضاء وتقييم سلامة العقل وتقييم حالات الإحالة الجبرية للسجن أو المصحة العقلية وتقديم توصيات لهيئة المحكمة لتوقيع عقوبات معينة.

فضلاً عن ذلك، يقوم علماء النفس الشرعيون بتقييم الحالة النفسية والعقلية لمرتكبي جرائم الاعتداء الجنسي والحالات التي تتطلب علاجًا نفسيًا ويتم تقديم هذه التوصيات لهيئة المحكمة من خلال التقارير المكتوبة أو الإدلاء بالشهادة في قاعة المحكمة.

على الرغم من أن عالم النفس الشرعي يختص بالإجابة عن الأسئلة المتعلقة بعلم النفس وليس بعلم القانون، فإن كثيرًا من الأسئلة التي تطرحها هيئة المحكمة عليه تدور في الأساس حول مسائل قانونية بحتة. فعلى سبيل المثال، لا يضع علم النفس تعريفًا واضحًا ومحددًا لمفهوم سلامة العقل. وإنما التعريف الذي يقدمه عالم النفس لهذا المفهوم هو مفهوم قانوني يختلف من مكان لآخر في العالم. وبناءً عليه، يتعين أن يكون عالم النفس الشرعي ملمًا بأحكام القانون ومستوعبًا لها استيعابًا كاملاً، وخاصةً أحكام القانون الجنائي.

علم النفس العالمي (Global psychology):

يعتبر علم النفس العالمي أحد فروع علم النفس وهو يختص بدارسة القضايا المطروحة في إحدى المناظرات التي تناقش كيفية الحفاظ على الاستقرار العالمي. وعلى غرار علم النفس الانتقادي، يعمل علم النفس العالمي على تعميم الهدف من علم النفس ليشمل الاتجاهات العامة والشاملة التي تتعلق بقضايا عالمية، ومنها النتائج الخطيرة المترتبة على ظاهرة الاحتباس الحراري وعدم استقرار الاقتصاد العالمي وغيرها من الظواهر والقضايا العالمية.

تتم دراسة هذه القضايا من خلال الاعتراف بأن الحفاظ على الاستقرار العالمي يمكن تحقيقه على النحو الأمثل عن طريق وجود أفراد وثقافات متوازنة من الناحية النفسية. ومجمل القول إن علماء النفس العالميين يستخدمون نوعًا من علم النفس يمتاز بالبساطة والعقلانية والشمولية في الوقت نفسه وتكمن قوته في التركيز على تحقيق الفائدة العامة لبني البشر على المدى الطويل.

علم نفس الصحة (Health psychology):

يُقصد بعلم نفس الصحة تطبيق النظريات والأبحاث النفسية على مجال الصحة والأمراض والرعاية الصحية. بينما يركز علم النفس الإكلينيكي على الصحة النفسية والأمراض العصبية، يهتم علم نفس الصحة بتطبيق مبادئ علم

النفس على نطاق أوسع وأشمل من السلوكيات المرتبطة بالصحة. وتشمل هذه السلوكيات الغذاء الصحي وعلاقة الطبيب بالمريض واستيعاب المريض للمعلومات الصحية المقدمة له وأفكاره عن المرض.

وربما يشارك علماء نفس الصحة في حملات الحفاظ على الصحة العامة ويدرسون تأثير السياسة المتبعة في الحفاظ على الصحة والوقاية من الأمراض على نوعية الحياة، بحثًا عن التأثير النفسي للرعاية الصحية والاجتماعية.

علم النفس الصناعي/ التنظيمي

Industrial and organizational psychology

يعمل علم النفس الصناعي والتنظيمي على تطبيق مبادئ وأساليب علم النفس من أجل تعزيز القدرات البشرية في مكان العمل. يعتبر علم نفس الشخصية أحد فروع علم النفس الصناعي والتنظيمي وهو يُعنى بتطبيق أساليب ومبادئ علم النفس على عملية اختيار وتقييم العاملين. وهناك فرع آخر لعلم النفس الصناعي والتنظيمي ألا وهو علم النفس التنظيمي الذي يدرس تأثير بيئة العمل وأساليب الإدارة على تحفيز العاملين ومدى رضاهم عن العمل ونسبة الإنتاجية.

علم النفس القانوني (Legal psychology):

يعد علم النفس القانوني أحد فروع علم النفس التي تعتمد على الأبحاث وينتمي إليه باحثون من فروع مختلفة ومتعددة لعلم النفس (على الرغم من أن علماء علم النفس الاجتماعي والمعرفي لا يوجد بينهم اختلاف). يختص علماء علم النفس القانوني بدراسة موضوعات قانونية، مثل توصل هيئة المحكمة إلى قرار وذاكرة شاهد العيان والأدلة العلمية وسياسية القانون.

ويعتبر مصطلح علم النفس القانوني من المصطلحات المستحدثة وهو يشير إلى أي بحث غير إكلينيكي له علاقة بالقانون.

علم نفس الصحة المهنية (Occupational health psychology):

علم نفس الصحة المهنية هو أحد فروع علم النفس والذي نشأ عن علم نفس الصحة وعلم النفس الصناعي والتنظيمي والصحة المهنية. يهتم علم نفس الصحة المهنية بالتعرف على السمات النفسية الاجتماعية لأماكن العمل التي تتسبب في إصابة العاملين بأمراض جسمانية (مثل، أمراض القلب) وأمراض نفسية (مثل، الاكتئاب).

وقد حدد علماء نفس الصحة المهنية هذه السمات على أنها تقع في نطاق حرية العاملين في صنع القرار والحصول على دعم من هم أعلى منهم. كما يهتم علم نفس الصحة المهنية بالتدخلات التي قد تمنع أو تحسن المشاكل الصحية المرتبطة بالعمل. إن مثل هذه التدخلات ذات نتائج مهمة ومفيدة لنجاح المؤسسات الاقتصادي.

من بين فروع البحث الأخرى التي يهتم بها علم نفس الصحة المهنية العنف في مكان العمل والبطالة وضمان سلامة وأمان العاملين في مكـان العمـل. من أشهر النماذج لصحف علم نفس الصحة المهنية صحيفـة **Journal of Occupational Health Psychology** وصحيفة **Work & Stress**. ومن أشهر المؤسسـات المتخصصة في علم نفس الصحة المهنية مؤسسة **European Academy of Occupational Health Psychology** ومؤسسة **Society for Occupational Health Psychology**.

علم نفس الشخصية (Personality psychology):

يختص علم نفس الشخصية بدراسة الأنماط السلوكية والفكرية والانفعالية الثابتة لدى الأفراد والتي يشار إليها عادةً بالشخصية. هذا، وتختلف النظريات التي تدور حول تعريف مفهوم الشخصية تبعًا لاختلاف المدارس

والاتجاهات النفسية. تقدم هذه النظريات فرضيات مختلفة حول قضايا معينة، مثل دور اللاوعي وأهمية خبرات الطفولة في تكوين الشخصية.

وفقًا لعالم النفس "فرويد"، تعتمد الشخصية على التفاعلات الديناميكية بين الأنا والأنا العليا و الهذا. على النقيض من ذلك، يحاول واضعو نظرية السمات تحليل الشخصية في إطار عدد غير مترابط من السمات الرئيسية من خلال الأسلوب الإحصائي لتحليل العوامل.

ويختلف عدد السمات المقترحة إلى حد كبير. فعلى سبيل المثال، يقترح "هانز أيزينك" في نموذج السمات الذي وضعه في مرحلة مبكرة وجود ثلاث سمات مسئولة عن تكوين شخصية الإنسان، وهي الانطوائية/الانبساطية والعصابية والاستعداد الوراثي للذهان. بينما قدم "رايموند كاتل" نظرية السمات الشخصية والتي أشار فيها إلى ستة عشر سمة. كما يلقى نموذج العوامل الخمسة الذي قدمه "لويس جولدبيرج" دعمًا كبيرًا من جانب واضعي نظرية السمات الشخصية.

علم النفس الكمي (Quantitative psychology):

يشمل علم النفس الكمي تطبيق النماذج الرياضية والإحصائية على البحث النفسي وتطوير الأساليب الإحصائية لتحليل وشرح المعلومات السلوكية. ويعد مصطلح علم النفس الكمي من المصطلحات الجديدة والمستحدثة (فقد تمت مؤخرًا إتاحة الفرصة للحصول على درجة الدكتوراه في علم النفس الكمي) وهو يغطي الفروع الثابتة لعلم النفس القياسي وعلم النفس الرياضي.

يهتم علم النفس القياسي بنظرية القياس النفسي التي تشمل قياس المعرفة والقدرات والاتجاهات والسمات الشخصية. إن قياس مثل هذه الظواهر غير الظاهرة ليس بالأمر اليسير وقد كان السبب وراء إجراء العديد من الأبحاث والمعرفة المتراكمة هو محاولة لتعريف وقياس مثل هذه الظواهر. عادةً ما يتضمن البحث

القياسي النفسي مهمتين رئيسيتين للبحث، هما إعداد الأدوات والإجراءات الخاصة بالقياس وتطوير وتحسين الأساليب النظرية للقياس.

في حين أن علم النفس القياسي يهتم في المقام الأول بالاختلافات الفردية والتركيب السكاني، فإن علم النفس الرياضي يهتم بالعمليات الحركية والعقلية وفقًا لنموذج معين للشخص متوسط الذكاء. يرتبط علم النفس القياسي بشكل أكبر بعلم النفس التعليمي وعلم نفس الشخصية وعلم النفس الإكلينيكي. ويعد علم النفس الرياضي شديد الصلة بعلم النفس القياسي وعلم النفس التجريبي وعلم النفس المعرفي وعلم النفس الفسيولوجي وعلوم الأعصاب المعرفية.

علم النفس المدرسي (School psychology):

يجمع علم النفس المدرسي بين مبادئ علم النفس التعليمي وعلم النفس الإكلينيكي من أجل فهم ومعالجة الطلاب الذين يعانون من صعوبات التعلم. هذا بالإضافة إلى تدعيم النمو الفكري للطلاب الموهوبين وتعزيز السلوكيات الاجتماعية البناءة لدى المراهقين والحث على توفير بيئة تعليمية آمنة وفعالة ومشجعة.

يتم تدريب علماء النفس المدرسيين على التقييم السلوكي والتعليمي وأساليب التدخل والوقاية والاستشارة، كما أن هناك العديد من علماء النفس المدرسيين الذين خضعوا لتدريب مكثف في كيفية البحث.[40] وقد أصبح مجال علم النفس المدرسي المجال الوحيد الذي يمكن فيه إطلاق لقب "عالم نفس" على المتخصص دون أن يحصل على درجة الدكتوراه؛ حيث تمنح جمعية **Association of School Psychologists National** لقب الأخصائي لحديثي التخرج. وهذا على عكس جمعية التحليل النفسي الأمريكية التي لا تعترف بأن الشخص متخصص إذا كان حاصل على أقل من درجة الدكتوراه.

جدير بالذكر أن الأخصائيين النفسيين الذين خضعوا لثلاث سنوات من التدريب بعد التخرج يعملون في المدارس فقط، بينما يعمل الحاصلون على درجة الدكتوراه في مؤسسات تعليمية أخرى كالجامعات والمستشفيات والعيادات النفسية والممارسات الخاصة.

علم النفس الاجتماعي (Social psychology):

يهتم علم النفس الاجتماعي بدراسة طبيعة وأسباب السلوك الاجتماعي للفرد. يركز علم النفس الاجتماعي على دراسة السلوك الاجتماعي والعمليات العقلية للإنسان، ويركز بشكل خاص على طريقة تفكير كل شخص في الآخر وكيفية ارتباطهما ببعضهما البعض. ويهتم علماء النفس الاجتماعيون بشكل خاص بردود الأفعال التي يبديها الأفراد حيال المواقف الاجتماعية التي يتعرضون لها.

وتتم دراسة هذه الموضوعات في إطار تأثير الآخرين على سلوك الفرد (مثل، الامتثال والإقناع ...إلخ) وتكوين الفرد للمعتقدات والاتجاهات والأفكار النمطية عن الأشخاص الآخرين. هذا، وتجمع المعرفة الاجتماعية ما بين عناصر علم النفس الاجتماعي وعلم النفس المعرفي من أجل استيعاب كيفية تعامل الأفراد مع المعلومات الاجتماعية وتذكرهم أو تشويههم لها.

تكشف دراسة ديناميات الجماعة عن المعلومات المتعلقة بطبيعة وإمكانية تفعيل وتحسين دور القيادة وعمليات التواصل وغيرها من الظواهر التي تحدث ـ على الأقل ـ على نطاق اجتماعي ضيق. في السنوات الأخيرة، ازداد اهتمام العديد من علماء النفس الاجتماعيين بعمليات القياس الضمنية والنماذج التوسطية وتفاعل الفرد مع المتغيرات الاجتماعية ومدى تأثيرها على سلوكه.

مفهوم علم النفس الاجتماعي:

يعد علم النفس الاجتماعي أحد فروع علم النفس الذي يهتم بالدراسة العلمية لسلوك الكائن الحي ككائن اجتماعي يعيش في مجتمع مع اقرانه ويتفاعل معهم فيتأثر بهم ويوثر فيهم أي يتأثر بسلوكهم ويوثر في سلوكهم . كما يرس السلوك الاجتماعي للجماعة كاستجابات لمثيرات اجتماعية كما أنه علم يهتم بدراسة التفاعل الاجتماعي ونتائج هذا التفاعل فهو يدرس الفرد في إطار المجتمع, فمن المعروف بأن سلوك الأفراد يتأثر باستمرار بالجو الاجتماعي الذي يحيط بهم والإنسان بحكم طبيعة تكوينه هو في الأصل كائن اجتماعي إذ انه يولد معتمدا في معيشته وتدبير شؤونه على الآخرين ويمضي حياته كلها وهو في اتصال أو احتكاك مع هذا الفرد أو ذاك.

إن الأشخاص المحيطين بالفرد يكونون بمثابة مثيرات لاستجاباته وهو كذلك هدف الاستجابات ومحورها إذ أن طريقة تعامله معهم تقرر نوعية الكثير من سلوكه وما يقوم به من أعمال وتحدد كذلك طبيعة مشاعره ونوعيتها.

وتبرز أهمية علم النفس الاجتماعي بشكل كبير في مجالات الحياة العديدة فحيثما يوجد أفراد وجماعات يوجد بينهما تفاعل اجتماعي سواء أكان من خلال عملهم في مجال الخدمات العامة أومن خلال التنشئة الاجتماعية في الأسرة أو في المدرسة أو في جميع المجالات التربوية والتعليمية وكذلك ميادين العلاقات العامة والخدمات الاجتماعية والصناعة والقوات المسلحة والإعلام والدعاية والتوجيه والإرشاد وفي مجال قيادة الجماعات وغيرها . ويعد الهدف الأهم لعلم النفس الاجتماعي هو تطبيقه عمليا في شتى مجالات السلوك الاجتماعي وفي التنظيم الاجتماعي وفي حل المشكلات الاجتماعية من أجل هو بناء مجتمع أفضل قائم على فهم سلوك الفرد والجماعة.

تعريف علم النفس الاجتماعي :

لقد عرف ماكدوجل(**McDougal**)علم النفس الاجتماعي بأنه كيفية إكساب المجتمع للفرد الذي يعيش فيه خلقاً أو طبعاً معيناً ، وتعتبر التنشئة الاجتماعية هي المحور الأساسي في ذلك .أما كرتش (**Crutchfield**) فقد عرف علم النفس الاجتماعي بأنه يشمل جميع جوانب سلوك الفرد في الجماعة وهو ذلك العلم الذي يتناول بالدراسة سلوك الإنسان في الجماعة .وعلم النفس الاجتماعي عند شيرف (**Sherrif**) هو الدراسة العلمية لخبرة الفرد وسلوكه في علاقتهما بالمواقف الاجتماعية .وعرفه سارجنت ويليام (**Sargent Willamson**) بأنه الدراسة العلمية للأفراد بوصفهم أعضاء في جماعات مع تأكيده لدراسة العلاقات الشخصية والاجتماعية .

أما لابرت (**Labert**) فقد عرف علم النفس الاجتماعي بأنه الدراسة التجريبية للأفراد في (المواقف الاجتماعية الثقافية).

ويمكن استخلاص تعريف لعلم النفس الاجتماعي بأنه: العلم الذي يدرس الخصائص النفسية للأفراد والجماعات والقواعد التي تحكم سلوكاتهم وكذلك التأثير المتبادل بين الأفراد بعضهم بعضا، وبين الأفراد والجماعات ويدرس نتائج هذا التفاعل والعوامل التي تؤثر في ذلك التفاعل. ويظهر هذا التفاعل في أشكال متعددة منها التعاون والتنافس حول العواطف والميول والاتجاهات والمعتقدات.

المفاهيم المرتبطة بعلم النفس الاجتماعي:

1) **المواقف الاجتماعية** : وهى تلك المواقف التي تحتوى على مثيرات اجتماعية متعددة ومتنوعة.

2) **المجال الاجتماعي للفرد** : وهو المكان الذي يتميز بوجود آخرين به سواء أكان هذا الوجود مباشراً أو كان ممثلاً بوجود أحداث سيكولوجية مرتبطة بهم مثل المفاهيم والذكريات.

3) **السلوك الاجتماعي** : وهو السلوك الذي يصدر عن الفرد ويتأثر به بالآخرين. إذن نستطيع تعريف علم النفس الاجتماعي إذن بأنه العلم الذي يدرس قوانين أو قواعد سلوك البشر وتصرفاتهم المشروطة باشتراكهم في جماعات أو فئات اجتماعية ، وكذلك المواصفات النفسية لتلك الفئات التي ينتمون إليها.

ميادين علم النفس الاجتماعي:

1) علاقة فرد مع فرد كما في حالة التنافس والتعاون بين فردين أو المناقشة أو التدريب .

2) علاقة فرد بجماعة كما في حالة الدراسات النفسية كالاستماع إلى محاضرة وعلاقة أفراد الجماعة بالقائد أو علاقة القائد بأفراد الجماعة.

3) علاقة جماعة بجماعة كما هو الحال في سيكولوجية الثورات أو التعاون بين الأمم والشعوب وعلاقة الجماعات المنظمة بعضهم البعض.

علاقة علم النفس الاجتماعي بالعلوم الأخرى:

على الرغم من أن علم النفس الاجتماعي يدرس ظواهر هي من اهتمام العلماء في علوم أخرى في نفس الوقت مثل علم الاجتماع والأنثروبولوجيا والاقتصاد والسياسة والإعلام والإدارة، إلا أن مستويات التحليل تتفاوت بين هذه العلوم. ويقع تحليل الظاهرة في علم النفس الاجتماعي في مستوى الفرد, أي أن مستوى التحليل في علم النفس الاجتماعي أعمق من مستويات التحليل في العلوم المشار إليها نظرا لأن هذه الظواهر تحدث أساسا داخل الفرد (أفكار، مشاعر، سلوكات).

علاقة علم النفس الاجتماعي بعلم الاجتماع :

لقد اهتم علم الاجتماع بدراسة الهيكل العام للتنظيمات الاجتماعية من حيث شكلها وهيكلها العام والعناصر المكونة لهذه التنظيمات و حجمها وتماسكها في حين أن علم النفس الاجتماعي يقتصر في دراساته على التفاهم الذي

يتم داخل هذه الجماعات وكيف يصبح الفرد متطابقا اجتماعيا وكيف يؤثر الفرد بدوره على سلوك أفراد الجماعة التي يعيش فيها.

علاقة علم النفس الاجتماعي بعلم النفس العام :

إن هدف علم النفس العام هو اكتشاف قوانين السلوك التي لا تتأثر بالفروق في التنشئة الاجتماعية مثل القوانين الأساسية في الدافعية والإدراك والتعلم والتذكر والتفكير والتي تنطبق على كل البشر بصرف النظر عن البيئة الاجتماعية أو الثقافية التي يعيشون فيها أي ينظر إلى الفرد مجرد.
إذا كان من المهم في علم النفس الاجتماعي يعالج سلوك الفرد بالنسبة للمثيرات الاجتماعية فإنه من غير المهم بالنسبة لعلم النفس العام أن يدرس السلوك الإنساني في المواقف الاجتماعية, فدور علم النفس يتمثل في معرفة تأثير البيئة الاجتماعية على السلوك أي أثر البيئة على تطور الفرد أي اثر التنشئة الاجتماعية والتربية على سلوكيات الأفراد على اختلاف مراحلهم العمرية.

علاقة علم النفس الاجتماعي بعلم نفس النمو:

يهدف علم النفس النمو إلى دراسة تطور سلوك الفرد في مراحل عمره المختلفة ابتداء من المرحلة الجنينية مرورا بمرحلة الطفولة فالمراهقة فالرشد حتى الكهولة والشيخوخة , بالإضافة إلى الدور الذي تلعبه العوامل المختلفة من بيئة ووراثة ونضج في تحديد هذه الأشكال . أما دور علم النفس يتمثل في معرفة تأثير البيئة الاجتماعية على السلوك الاجتماعية أي اثر البيئة على التطور الفرد اثر التنشئة الاجتماعية والتربية على سلوكيات الأفراد على اختلاف مراحلهم العمرية.
علاقة علم النفس الاجتماعي بالصحة النفسية:

أصبح مفهوم الصحة النفسية مرتبطا ارتباطا كبيرا بالقدرة على التكيف مع نفسه ومع ظروفه التي يحيا فيها وتشمل هذه الظروف النواحي المادية والنواحي الاجتماعية ومن هنا فان العلاقة بين العلميين قائمة طالما أن قدره الفرد على

التكيف والتي تعتبر الأساس الأول للصحة النفسية تعتمد اعتمادا كبيرا على الظروف الإنسان الاجتماعي. ودراسة أسباب الأمراض النفسية يكشف بوضوح الدور الذي تلعبه العوامل الاجتماعية ودراسة أعراض الأمراض النفسية تظهر خطورة الأعراض الاجتماعية ,ويعتمد التشخيص على دراسة الجوانب الاجتماعية والسلوك الاجتماعي للمريض والعلاج النفسي يتضمن العلاج الاجتماعي والعلاج الجمعي.

أهداف علم النفس الاجتماعي:

1) فهم السلوك الاجتماعي وتفسيره ومعرفة أسباب حدوث هذا السلوك والعوامل الني توثر فيه.

2) التنبؤ بما سيكون علية السلوك الاجتماعي وذلك استنادا إلى معرفة العلاقات الموجودة بين الظواهر الاجتماعية ذات العلاقة بهذا المجال .

3) ضبط السلوك الاجتماعي والتحكم فيه بتعديله وتحسينه إلى ما هو مرغوب فيه وغالبا ما تكون الآراء حول كيفية ضبط وتوجيه الحياة مثل معرفة أفضل الطرق لتنشئة الأطفال واكتساب الأصدقاء والتأثير على الآخرين وضبط الغضب

أهمية علم النفس الاجتماعي:

لعلم النفس الاجتماعي أهمية علمية وعملية في كثير من مجالات الحياة، حيثما وجد أفراد وجماعات بينها تفاعل اجتماعي، وفيما يلي أهم المجالات التي يقدم لها علم النفس الاجتماعي خدماته المختلفة:

-1 <u>في التربية والتعليم</u>: إن التلاميذ في المدرسة يتعلمون في جماعات، وكل جماعة لها مدرس أو مشرف أو قائد، يجب أن يكون ملما ومدربا على القيادة الديمقراطية والعلاقات الإنسانية. ويسهم علم النفس الاجتماعي في إمداد المدرس بالمعلومات والخدمات التي تدعم فهمه لأسس النمو النفسي الاجتماعي.

2- في الصحة النفسية والعلاج النفسي: يأخذ علم النفس علم الصحة النفسية والعلاج النفسي من علم النفس الاجتماعي ويعطيه الكثير، فدراسة أسباب الأمراض النفسية توضح الدور الذي تلعبه الأسباب الاجتماعية، ودراسة أعراض الأمراض النفسية تظهر خطورة الأعراض الاجتماعية، ويعتمد التشخيص على دراسة الجوانب الاجتماعية والسلوك الاجتماعي للمريض، والعلاج النفسي يتضمن العلاج النفسي والعلاج الجماعي.

3- في الخدمة الاجتماعية: الخدمة الاجتماعية طريقة علمية لخدمة الإنسان ونظام اجتماعي يقوم بحل مشكلاته، وتنمية قدراته ومساعدة النظم الاجتماعية الموجودة في المجتمع للقيام بدورها.

4- في الإنتاج: تتجه الجهود القومية بشكل واسع وقوي نحو التصنيع ورفع الكفاية الإنتاجية والعمل، وهذا يتطلب إلى جانب النواحي التكنولوجية الاهتمام بالجوانب الإنسانية في الصناعة والعمل.

5- في القوات المسلحة: تلعب القوات المسلحة دورا هاما في المجتمع فعليها يقع عبئ حماية البلاد وحماية بناء المجتمع، ولعلم النفس الاجتماعي أهمية بالغة في المجال العسكري في دراسة أسس السلوك والتفاعل الاجتماعي بين الأفراد والجماعات والوحدات العسكرية في وقت السلم ووقت الحرب، وفي عمليات التعليم في المواقف التدريبية.

6- في الإعلام والعلاقات العامة: يلعب الإعلام والعلاقات العامة والدعاية ودراسة الرأي العام دورا كبيرا في التأثير في سلوك الفرد والجماعة، ويمكن أن تكون (إذا أحسن استخدامها عاملا هاما من عوامل التقدم الإنساني). وهناك حاجة إلى توعية الجماهير حتى تصل فلسفة العمل الوطني إلى جميع العاملين في الوطن في كافة المجالات بطريقة علمية، وعلى ذلك يجب أن يهتم الإعلاميون بوضوح الفكر القائم على الأساس العلمي.

الاتجاهات التي أثرت في تطور علم النفس الاجتماعي:

لقد تطور التفكير في علم النفس الاجتماعي في اتجاهات ثلاث:

1- **الاتجاه الأول**: هناك من رأى انه علم (الظاهرات الجماعية الجماهيرية النفسية) أي سلوك الجماعات الكبرى سيكولوجية الطبقات والفئات والوحدات الاجتماعية الكبيرة الأخرى ، ومن ثم يركزون على عناصر مثل التقاليد والعادات والأخلاق ، أو الرأي العام وسيكولوجية الاتصال أو بعض الظواهر الجماهيرية المتميزة كالموضة أو الإشاعة ,وراج هذا الاتجاه بين أصحاب السوسيولوجياً

2- **الاتجاه الثاني**: فكان على العكس يرى أن الشخصية هي الموضوع الرئيسي لدراسة علم النفس الاجتماعي ، باعتبارها ملتقى علم النفس وعلم الاجتماع ، وتلون هذا الاتجاه وفقاً لجوانب الشخصية التي رأوا دراستها ، كالسمات أو الأنماط أو التفاعل . وكان منطقهم انه لا يمكن تصور علم نفس اجتماعي دون انتماء لعلم النفس.

3- **الاتجاه الثالث**: وقد نشأ بين الاتجاهين السابقين حيث اعتبر موضوع علم النفس الاجتماعي هو العمليات النفسية للفرد داخل الجماعة وركز هذا الاتجاه على الجماعات الصغيرة فيما عرف بديناميات الجماعة . إن ما يجعل هذه الاتجاهات كلها تقف على أرضية مشتركة هو أن علم النفس الاجتماعي يتسم بسمتين هامتين :

أ- الأولى أن قضاياه تندرج في باب قضايا المجتمع السياسية والاجتماعية وانه بالتالي على صلة وثيقة بالإيديولوجيا والمرحلة التاريخية الاقتصادية الاجتماعية لتطور المجتمع.

ب- السمة الثانية أن البحث فيه قد أملته الحاجات التطبيقية مثل سيكولوجية الرأي العام والاتصال والتعصب والاتجاهات.

نشأة وتطور علم النفس الاجتماعي :

لقد نشأ علم النفس الاجتماعي في بدايات القرن العشرين وتحديداً يعتبر عام 1908 هو سنة ظهور ويرجع البعض بدايات العلم إلى منتصف القرن التاسع عشر عندما وضع أوجست كونت تصنيفه للعلوم الاجتماعية وقدم فكرة الوضعية . التي اعتبرها العلماء والمؤرخون بداية علم الاجتماع الحديث . وهى مذهب فلسفي معاصر يرتكز على دراسة الظواهر دراسة علمية ، أو وصفية أو تحليلية للوصول إلى القوانين والقضايا والحكام العامة التي تخضع لها هذه الظواهر . وقد طبق هذا المبدأ على الظواهر الاجتماعية لأنه كان يرى أن ظواهر المجتمع تخضع لقوانين لا تختلف في طبيعتها وثباتها عن قوانين العلوم الأخرى .
والوضعية في نظر كونت تمثل المرحلة الأخيرة التي يستقر عندها الفكر الإنساني في تطويره ، وقد مر الفكر الإنساني بحسب نظريته في ثلاث مراحل هي :

1) **المرحلة اللاهواتية (الثيولوجية).** حيث يذهب العقل في تفسيره للظواهر بنسبتها إلى قوى غيبية خارقة

2) **المرحلة الميتافيزيقية**. ففيها يفسر العقل الظواهر بنسبتها إلى معان وقوى مجردة غير مشخصة.

3) **المرحلة الوضعية**. حيث يفسر العقل الظواهر عن طريق ربطها بالقوانين التى تخضع لها.

تقابل كل مرحلة منها وجهة نظر معينة إلى العالم في المرحلة الأولى (اللاهوتية). أما المرحلة الثانية (الميتافيزيقية) ففيها يفسر العقل الظواهر بنسبتها إلى معان وقوى مجردة غير مشخصة أما المرحلة الوضعية حيث يفسر العقل الظواهر عن طريق ربطها بالقوانين التي تخضع لها وقسم كونت العلوم في مبلغ خضوعها للفكر الوضعي إلى قسمين:

1- قسم وصل إلى الوضعية وهو العلوم الرياضية والطبيعية والبيولوجية.

2- قسم لم يصل بعد وهو الدراسات المتصلة بالإنسان والمجتمع .

ورأى انه بفضل إنشاء علم يدرسها وهو علم الطبيعة الاجتماعية وسماه بعد ذلك علم الاجتماع تتحقق للفلسفة الوضعية العمومية والكلية وتصبح قادرة على أن تحل محل التفكير اللاهوتى والميتافيزيقى فى تفسير الكون وما يشمله من الظواهر المختلفة.

وبدا في أول الأمر أن مهمة علم النفس الاجتماعي ستكون تطعيم علم النفس العام بالمصل الاجتماعي ، وإخضاع دراسة المجتمع لسمات الشخصية . لذلك اتبع العلم في بدايته الأسلوب التجريبي بمعنى إجراء التجارب على الجماعات والأفراد . وذلك في الفترة ما بين الحربين العالميتين ، ولكن تمخض ذلك الاتجاه عن مجرد معالجة البيئة الاجتماعية لاكتشاف أثرها على سلوك الفرد في ظروف المعمل . وأدى هذا إلى ابتعاد النتائج عن الواقع المعاش ونشأت أثر ذلك ونتيجة للتركيز على الطريقة التجريبية، أزمة في علم النفس الاجتماعي بين الستينات والسبعينات من القرن العشرين . حيث ظهرت بدائل متعددة لدراسة التأثير الاجتماعي ، خاصة في دراسة الجماعات الصغيرة واللجوء إلى الملاحظة الواقعية والتخلص من الدراسات الضيقة .

تطور علم النفس الاجتماعي:

أولاً: في القرن الرابع قبل الميلاد أنتج الفكر اليونانى نظما فلسفية متكاملة، ونجد هنا أن فلاسفة اليونان قد عنوا بدراسة النفس : تكونها، معناها، مادتها، مكانها للعالم المادي، والوظائف النفسية والعقلية وطريقة إثبات كل ذلك)، كذلك عنوا بدراسة الصلة بين الفرد والمجتمع ومحاولة التحكم في هذه الصلة، وتوجيهها الوجهة السليمة وتسمى هذه المرحلة بمرحلة التفكير الفلسفى. وتعتبر محاولات الفلاسفة اليونان أكثر انتظاماً وأقرب إلى روح التفكير المنطقي القابل للتعميم، وربما كان أبرز من ساهم في تطور علم النفس الاجتماعي من الفلاسفة الإغريق أفلاطون وأرسطو فقد تكلم أفلاطون عن أول مبدأ لتكوين

المجتمعات وذلك عندما تكلم عن (المدينة الفاضلة)، فهو يعتبر أن الميل للاجتماع ظاهرة طبيعية ناشئة من تعدد حاجات الفرد وعجزه عن قضائها بمفرده ، ولذلك تتآلف الناس أولاً في جماعات غفيرة تعاونت على توفير المأكل والملبس ثم تزايد العدد وكونوا المدينة . فهذه المدينة الأولى ليس لها حاجات إلا الضرورية وهى قليلة يتسنى إرضاؤها بلا عناء ولكن سرعان ما تختفي هذه القناعة وتظهر حاجات جديدة فتضيق الأرض بمن عليها فتنشب الحروب بين الشعوب.

أما أرسطو فقد ناقش آراؤه في تكوين الجماعات وذلك في كتابه (السياسة) وفيه يعتبر الجماعة الأولى هي الأسرة ، ويعتبر أن تحقيق دوافع الفرد وحمايته من الأخطار هي الغرض الأول من الجماعة سواء أكانت أسرة أو قرية أو مدينة . وتتألف الأسرة من الزوج والزوجة والبنين والعبيد. الزوج هو رب الأسرة لأن الطبيعة حبته بالعقل الكامل، أما المرأة فأقل عقلاً ووظيفتها العناية بالمنزل والأولاد تحت إشراف الرجل، أما العبيد فهم ضرورة اجتماعية وهم أقل قدرة من حيث الذكاء الفطري، أي أن أرسطو يؤمن بوجود فروق بين الجماعات وبين البنين والبنات وبين السادة والعبيد كذلك يؤمن بوجود فروق بين الشعوب فشعوب الشمال الجليدى شجعان لهذا لا يكدر عليهم أحد صفوة حريتهم ولكنهم لا يتمتعون بالذكاء لهذا كانوا عاجزين عن السيطرة على جيرانهم ، أما الشرقيون فيمتازون بالذكاء ولكنهم خلو من الشجاعة . أما الشعب اليونانى فيجمع بين ميزتي (الذكاء والشجاعة).

ثانياً : وقد نشأت في البلاد الغريبة في العصور الوسطى كذلك وبعد ظهور الدين الإسلامي حضارة إسلامية متقدمة وازدهرت العلوم والفلسفة وحفظ نتاج الفلسفة اليونانية من الضياع بترجمته إلى اللغة العربية ، ووضع فلاسفة العرب مؤلفاتهم متضمنة جوانب عن النفس ، وجوانب تتضمن الصلة بين الفرد والمجتمع . وهذه الجوانب بلا شك كان لها تأثير في تطور علم النفس الاجتماعي، ومن أبرز

الشخصيات العربية التي كان لها إسهام واضح في تطور علم النفس الاجتماعي(الفارابي، وابن سينا ، والغزالي)

- **الفارابي**: يعتبر الفارابي أن الدافع للاجتماع هو وجود حاجات عند الفرد فهو مفطور على أنه يحتاج في جسمه وفى أن يبلغ أعماله إلى أشياء كثيرة لا يمكن أن يقوم بها كلها هو وحده بل يحتاج إلى عدد من الناس يقوم له كل واحد منهم بشئ. وقد عنى تماسك الجماعة والعوامل التي تؤدى إليها مثل تشابه الخلق والشيم الطبيعية والاشتراك في اللغة واللسان . وكذلك يشير إلى الصفات الضرورية للزعامة فالزعيم يجب أن يكون كامل الأعضاء سليم الجسم، جيد الفهم والتصور، جيد الحفظ، جيد الفطنة، محباً للصدق وأهله، كبير النفس، محباً لكلامه. وهذه مشكلات يهتم بها علم النفس الاجتماعي الحديث ويحاول إليها ولكن منهجه مختلف عن منهج الفارابي وأمثاله .

- **الغزالي**: اهتم الغزالي بتكوين المجتمع وبدراسة دينامياته وكل ذلك بهدف فهم الدوافع لتكوين المجتمع والعمل على إصلاحه وهديه إلى الطريق القويم طريق الدين وتعاليمه، وقد اعتبر أن تكوين المجتمع ضرورة لضمان بقاء الفرد وسلامته وبقاء الفرد وسلامته شرطان لسعادته ووجود المجتمع ضرورة لتوفير الحاجات الضرورية التي لا يستطيع إنسان العيش بدونها.

ويتوقف بقاء الإنسان على إشباع دوافعه العضوية، ولكنه عاجز عن توفيرها وحده، لذا يتحتم التعاون بين الناس لتوزيع العمال فنشوء المجتمع جاء نتيجة لعجز الفرد وعدم قدرته على الحياة بمفرده لذلك خلق الله في كل إنسان رغبة للتجمع فطرية. ولكن عندما يتعقد المجتمع تظهر مشاكل جديدة في التعاون والعلاقات الإنسانية. ونمو المجتمع وتطوره يخلقان حاجات جديدة مثل حب الجاه والسيطرة ولكن الإنسان الذي يطمح إلى تحقيق السعادة بمعرفة الله عليه أن يختار الطرق التي توصله إلى تحقيق غايته. أي أن الإنسان نتيجة لوجوده في

مجتمع ما يحتاج إلى أشياء معينة ضرورية له ، ولكن عليه أن يحدد أهدافه حتى لا ينشغل عنها بأهداف أخرى.

ولما كنت سعادة رجل الدين في معرفة الحق والتوصل إليه فإنه قد يجد نفسه في صراع مع متطلبات البدن والمجتمع ومتطلبات العلم والدين ومرحلة النمو والنضج التي يمر بها لها تأثيرها كما أنها تغير من أهداف الشخص . ويعتبر الغزالي أن رغبة الإنسان في تحقيق الأهداف الاجتماعية وإشباع الدوافع التي تخلقها الحياة في مجتمع معين غاية إلهية لاستمرار الحياة الاجتماعية والعضوية والدنيوية .

- **ثالثاً** : وقد شهدت العقود الأخيرة تزايداً مذهلاً في الدراسات النفسية إلى الحد الذي يصعب معه معالجة هذا التزايد ففي الفترة من عام (1939 - 1964) .

فقد عملت الاضطرابات الاجتماعية التي صبحت الحرب العالمية الثانية والصراعات المستمرة بين الدول والأيدولوجيات التي سيطرت منذ ذلك الوقت على مسرح الأحداث إلى تعميق الاهتمام بعلم النفس الاجتماعي وأن تستحدث امتداد عظيما في هذا الفرع من فروع الدارسة . فقد دفعت الحرب عديداً من علماء النفس للتصدي لمسئولياتهم فيما يختص ببحث أوجه التوتر الاجتماعي.

وامتد الاهتمام من المشكلات الوطنية والسياسية ليشمل نطاقاً واسعاً من قضايا المجتمع بما في ذلك الدعاية والنظام الاقتصادي والتوترات الاجتماعية في العلاقات الصناعية والتأثيرات الثقافية والطبقية التي تقع على الأفراد ، كما يشهد بالطبع المشكلات التقليدية للجريمة والطلاق والانتحار وإدمان الخمر والانحراف الجنسي والأمراض العقلية وغيرها.

الفصل الثاني

البحث العلمي
في علم النفس الاجتماعي

الفصل الثاني
البحث العلمي في علم النفس الاجتماعي

- مقدمة
- خصائص البحث العلمي
- أهداف البحث العلمي
- خطوات البحث العلمي
- أدوات جمع المعلومات في البحث العلمي
- مناهج البحث في علم النفس الاجتماعي
  - أولاً: المنهج الاستبطاني
  - ثانياً: المنهج التاريخي
  - ثالثاً: المنهج الوصفي
  - رابعاً: المنهج التجريبي
  - خامساً: المنهج الارتباطي
  - سادساً: المنهج المقارن
  - سابعاً: المنهج الوثائقي

الفصل الثاني
البحث العلمي في علم النفس الاجتماعي

مقدمة

في البداية لابد من التمييز بين البحث العلمي وبين النشاط العلمي المتخصص الممارس من قبل العلماء المتخصصين، فالبحث العلمي طريقة أو محاولة منظمة يمكن أن توجه لحل مشكلات الإنسان في مجالات متعددة بينما نجد أن النشاط المتخصص للعلماء يقتصر على مجال علمي معين وضمن تخصص معين، كما أن البحث العلمي لا ينحصر في فئة من الناس بل يمتد ليشمل كل فئات المجتمع سواء كانوا مدرسين أو أطباء أو عمال.. الخ، والإنسان العادي يحتاج للبحث العلمي لحل مشكلاته المتعددة فهو بحاجة لتعلم كيفية اختيار ملابسه وطعامه وتنظيم حياته الخاصة وعلاقاته الاجتماعية.

المقصود بالمنهج العلمي: هو الخطوات التي يتبعها الباحث أو العالم للوصول إلى الحقيقة المتعلقة بالظاهرة التي يبحثها. وعلى العالم أو الباحث أن يكيف خطوات بحثه وأسلوبه وفق الطبيعة الخاصة لعلمه، وأيضا وفق للظاهرة المعنية التي يكون بصدد بحثها. ومن هنا اختلفت مناهج البحث في علم النفس.

خصائص البحث العلمي:

1) الموضوعية: وتعني أن الباحث يلتزم في بحثه المقاييس العلمية ويقوم بإدراج الحقائق والوقائع التي تدعم وجهة نظره وكذلك التي تتضارب مع وجهة نظره. فعلى الباحث أن يعترف بالنتائج المستخلصة حتى لو كانت لا تنطبق مع تصوراته وتوقعاته.
2) استخدام الطريقة الصحيحة والهادفة.
3) الاعتماد على القواعد العلمية: أي تبني الأسلوب العلمي في البحث من خلال احترام جميع القواعد العلمية المطلوبة لدراسة الموضوع.

4) الانفتاح الفكري: يعني ذلك أن على الباحث أن يتمسك بالروح العلمية والتطلع دائما إلى معرفة الحقيقة والابتعاد قدر الإمكان عن التزمت والتشبث بالرؤية الأحادية المتعلقة بالنتائج التي توصل إليها.

5) الابتعاد عن إصدار الأحكام النهائية: يجب أن تصدر الأحكام استنادا إلى البراهين والحجج والحقائق التي تثبت صحة النظريات.

أهداف البحث العلمي في علم النفس الاجتماعي:

هي الأغراض التي يسعى المشروع البحثي لتحقيقها، ويهدف البحث العلمي إلى:

1) البحث عن المعلومات والحقائق ومن ثم اكتشافها.

2) إيجاد معرفة وتكنولوجيا جديدة.

3) استنباط مفاهيم ونظريات وكذلك أجهزة علمية جديدة لدراسة الظواهر المختلفة.

ويعد البحث عملية منظمة للتوصل إلى حلول المشكلات، أو إجابات عن تساؤلات تستخدم فيها أساليب في الاستقصاء و الملاحظة، مقبولة و متعارف عليها بين الباحثين في مجال معين، ويمكن أن تؤدي إلى معرفة جديدة. وأيا كان المنهج العلمي المستخدم في البحث في علم النفس الاجتماعي، فإنه يستخدم ويطبق خطوات الطريقة العلمية وهي:

خطوات البحث العلمي:

1) تحديد المشكلة وصياغتها في شكل سؤال أو عبارة واضحة موضوعية:

المشكلة هي كل موقف ينطوي على سؤال أو أسئلة، لا يجد الباحث جوابا مقنعا لها، ويقرر أنها تستحق البحث، وتساوي أي جهد يبذل في الوصول إلى إجابة لها. ويعود إلى المشكلة فيحكم تحديدها ويصوغها صياغة واضحة المدلول لا تحتمل اللبس ولا التأويل من جهة، وتكون قابلة للقياس من جهة أخرى، فلو اختار

على سبيل المثال مشكلة للبحث كهذه: هل يختلف الأطفال الذين يربون في مؤسسات خاصة في نموهم اللغوي عن أولئك الذين يربون في البيت؟ إن مشكلة بهذه الصياغة وبهذه المفردات تعد مشكلة غائمة وغير صالحة للبحث، فمن هم الذين يربون في البيت؟ هل هم أولئك الذين ينشأون في ظل والدين أو الذين يربون في ظل واحد منهما؟ وهل يستوي وجود الأم في البيت خلال النهار وغيابها عنه إبان ذلك إن كانت عاملة؟ ومن هم المقصودون " بالذين يربون" هل هم الأخوة أم التوائم؟ إلى غير ذلك من أمور التي تساعد على صياغة دقيقة للمشكلة، فلا ترد فيها كلمة إلا وكانت من النوع الذي ينطوي على معنى لا يختلف عليه ولا مصطلحا أو مفهوما إلا وكان معرفا تعريفا إجرائيا، ذلك إن إحكام تحديد المسائل بداية لحلها كما يقول الفلاسفة.

2) جمع المعلومات عنها، ومراجعة الدراسات السابقة:

بعد تحديد المشكلة فإن الباحث في علم النفس ينتقل بعد ذلك إلى جمع المعطيات بطريقة منهجية يتحدد فيها نمط المعلومات التي قد تحل المشكلة، ومتى وأين وكيف يجمعها؟ فعالم النفس الاجتماعي الذي يدرس آثار ضغط المجموعة على أفرادها أميل إلى أن يقوم بتجربة، وعالم النفس الذي يتصدى لدراسة عن الشخصية ونظرياتها قد يبدأ بدراسة مكثفة لحالات فردية ، ويستخلص منها قواسم مشتركة تساعده في وضع فرضية.

3) وضع الفروض التي تفسر المشكلة:

مما يساعد في تحديد المسائل وتوضيحها أن يعبر عنها على شكل فرضية **Hypothesis** أي ان يكون الباحث تخمينا تقديريا للحل الذي يمكن أن يصل إليه، على أن يصاغ هذا التخمين بعبارة قابلة للقياس، ومن الأمثلة على الفرضية: يرتبط الذكاء بالتحصيل الدراسي ارتباطا إيجابيا، لا فرق بين الصدق التنبؤي

لمعدل امتحان الثانوية العامة، والصدق التنبؤي لمعدل الامتحانات المدرسية في المرحلة الثانوية بالنجاح في الجامعة.

ويفضل بعض الباحثين أن تصاغ الفرضية صياغة صفرية، أو محايدة تحسبا من تحيز الباحث، للنتيجة التي تفترضه فرضيته سلفا. ولهذا فالصياغة الثانية خير من الأولى، لأنه يستوي لدى الباحث وجود فرق في التنبؤ من عدمه.

4) اختبار صحة الفروض:

وفي خطوة لاحقة يقوم الباحث بتحليل لما تجمع من البيانات مستخدما في ذلك أدوات إحصائيا معينة، بغية معرفة المدى الذي فيه تدعم هذه البيانات الفرضية أو تفندها، فالأصل فيما يتحصل لدى الباحث من بيانات ومعطيات هو أن تدعم الفرضية أو تنفيها.

وعلى الباحث هنا أن ينظر نظرة العالم إلى المعطيات، وينظر إليها نظرة نقدية ويحاكمها محاكمة منطقية، فيشك في صحة التقارير الذاتية مثلا، لأنها قد تكون ناتجة عن تحيز الأفراد ، إلى أن يطمئن إلى صحتها.

وإذا لم تكن هذه المعطيات متسقة مع بعضها البعض عليه أن يجمع المزيد منها لترجيح كفة بعضها، وعليه أيضا أن لا يتعجل النظر إلى النتائج وألا يبالغ في تبسيط التفاسير ، وأن يحكم النظر في أي تفسير بديل.

5) الوصول إلى النتائج ومناقشتها:

المرحلة الأخيرة هي استخلاص النتائج وصياغة التعميمات التي ثبتت صحتها، ومن الشروط الواجب توافرها في صحة هذه التعميمات أنه حينما تتماثل ظروف مواقف أخرى مع الموقف الحالي ، لا بد من توقع نفس النتائج أو الوصول إليها، يضاف إلى ذلك أنه في ضوء هذه التعميمات يفتح المجال أمام فرضيات وأبحاث جديدة، فتتراكم بذلك المعارف الإنسانية وتتزايد.

أدوات جمع المعلومات في البحث العلمي في علم النفس الاجتماعي:

أولا: المقابلة Interviews

يطلق على المقابلة لفظ "الاستبار" ويرجع ذلك إلى الأصل اللغوي للكلمة فالاستبار من سبر واستبر الجرح أو البئر أو الماء أي امتحن غوره ليعرف مقداره واستبر الأمر جربه واختبره.

ويعرف بنجهان Bing Han المقابلة بأنها: المحادثة الجادة الموجهة نحو هدف محدد غير مجرد الرغبة في المحادثة لذاتها.

وينطوي هذا التعريف على عنصرين رئيسيين هما:

أ- المحادثة بين شخصين أو أكثر في موقف مواجهة، ويرى بنجهام أن الكلمة ليست هي السبيل الوحيد للاتصال بين شخصين فخصائص الصوت وتعبيرات الوجه ونظرة العين و لهيئة والإيماءات والسلوك العام كل ذلك يكمل ما يقال.

ب- توجيه المحادثة نحو هدف محدد ووضوح هذا الهدف شرط أساسي لقيام علاقة حقيقية بين القائم بالمقابلة وبين المبحوث.

مزايا المقابلة:

للمقابلة أهميتها في المجتمعات التي تكون فيها درجة الأمية مرتفعة.

- تتميز المقابلة بالمرونة فيستطيع القائم بالمقابلة أن يشرح للمبحوثين ما يكون غامضا عليهم من أسئلة وأن يوضح معاني بعض الكلمات.
- تتميز بأنها تجمع بين الباحث والمبحوث في موقف مواجهة، وهذا الموقف يتيح للباحث فرصة التعمق في فهم الظاهرة التي يدرسها وملاحظة سلوك المبحوث.

- كما أن المقابلة تساعد الباحث على الكشف عن التناقض في الإجابات ومراجعة المبحوث في تفسير أسباب التناقض.
- توجه الأسئلة في المقابلة بالترتيب والتسلسل الذي يريده الباحث فلا يطلع المبحوث على جميع الأسئلة قبل الإجابة عنها كما قد يحدث في الاستبيان.
- تضمن المقابلة للباحث الحصول على معلومات من المبحوث دون أن يتناقش مع غيره من الناس أو يتأثر بآرائهم ولذا تكون الآراء التي يدلي بها المبحوث أكثر تعبيرا عن رأيه الشخصي.
- يغلب أن تحقق المقابلة تمثيلا أكبر وأدق للمجتمع لأن القائم بالمقابلة يستطيع الحصول على بيانات من جميع المبحوثين خصوصا إذا أحسن عرض الغرض من البحث عليهم واختيار الوقت المناسب للاتصال بهم.
- يحصل القائم بالمقابلة على إجابات لجميع الأسئلة.

عيوب المقابلة:

- تعرض النتائج المحصل إلى أحكام شخصية راجعة إلى التحيز التي تتعرض لها التقديرات و التفسيرات الشخصية.
- قد لا يكون المبحوث صادقا فيما يدلي به من بيانات فيحاول تزييف الإجابات.
- تحتاج المقابلة إلى عدد كبير من جامعي البيانات.
- كثرة تكاليف الانتقال التي يتكبدها القائمون بالمقابلة و ضياع كثير من الوقت في التردد على المبحوثين.
- في المقابلة كثيرا ما يمتنع المبحوث عن الإجابة عن الأسئلة الخاصة أو الأسئلة التي يخشى أن يصيبه ضر مادي أو أدبي إذا أجاب عنها.

ثانيا: الاستبيان Questionnaire

و يعرض كذلك بالاستبيان أو الاستقصاء وهذه الكلمات تشير كلها إلى وسيلة واحدة لجمع البيانات، قوامها الاعتماد على مجموعة من الأسئلة تتناول الميادين التي يشمل عليها البحث وتعطينا إجابات البيانات اللازمة للكشف عن الجوانب التي حددها الباحث.

طرق تقديم الاستبيان:

يمكن أن تقدم الاستبيانات بطريقتين:

إما بطريقة البريد أو المواجهة ويسمى الاستبيان أحيانا في الحالة الأخيرة باسم "استمارة البحث" و خاصة إذا مُلأ بواسطة الباحث لا بواسطة المبحوث.

الاتصال المباشر: والمقصود بالاتصال استخدام وسائل الاتصال المتاحة مثل التليفون والفاكس والجريدة والانترنت وغيرها. يوصل الباحث أسئلته للمبحوث عبر واحدة من وسائل الاتصال المذكورة ويستقبل الإجابات عبر نفس الوسيلة .

حينما يقوم الباحث شخصيا بتقديم الاستبيان فإنه يستطيع أن يشرح هدف البحث, ومغزاه أن يوضح بعض النقاط ويجيب عن الأسئلة التي تثار ويثير دوافع المستفتين للإجابة عن الأسئلة بعناية وصدق، إلاّ أن إحضار مجموعة من المفحوصين للإجابة عن الاستبيان غالبا ما تكون متعذرة كما أن مقابلة الأعضاء فرديا قد تكون غالية التكاليف وتستنفد الوقت ومن ثم يكون من الضروري في أغلب الأحيان إرسال الاستبيانات بالبريد.

مزايا الاستبيان:

1) يستفاد من الاستبيان إذا كان أفراد البحث منتشرين في أماكن متفرقة ويصعب الاتصال بهم شخصيا وفي هذه الحالة يستطيع الباحث أن يرسل إليهم الاستبيان بالبريد فيحصل منهم على الردود بأقل جهد و أقصر وقت ممكن .

2) يتميز بقلة التكاليف والجهد.
3) يعطي الاستبيان البريدي لأفراد البحث فرصة كافية للإجابة عن الأسئلة بدقة خاصة إذا كان نوع البيانات المطلوبة متعلقا بجميع أفراد الأسرة .
4) يسمح الاستبيان البريدي للأفراد بكتابة البيانات في الأوقات التي يرونها مناسبة لهم دون أن يتقيدوا بوقت معيّن.
5) يتوفر للاستفتاء ظروف التّقنين أكثر مما يتوفر لوسيلة أخرى من وسائل جمع البيانات وذلك نتيجة التّقنين في الألفاظ وترتيب الأسئلة وتسجيل الإجابات.
6) يساعد الاستبيان في الحصول على بيانات حساسة أو محرجة ففي كثير من الأحيان يخشى المبحوث إعلان رأيه أو التصريح به أمام الباحث .
7) لا يحتاج الاستبيان إلى عدد كبير جامعي البيانات نظرا لأن الإجابة عن الأسئلة و تسجيلها لا يتطلب إلا المبحوث وحده دون الباحث.

عيوب الاستبيان:

1) نظرا لأن الاستبيان يعتمد على القدرة اللفظية فإنه لا يصلح إلا إذا كان المبحوثين مثقفين أو على الأقل ملمين بالقراءة والكتابة .
2) تتطلب استمارة الاستبيان عناية فائقة في الصياغة والوضوح والسهولة والبعد عن المصطلحات الفنية، فالاستمارة لا تصلح إذا كان الغرض من البحث يتطلب قدرا كبيرا من الشرح أو كانت الأسئلة صعبة نوعا ما أو مرتبطة ببعضها .
3) لا يصلح الاستبيان إذا كان عدد الأسئلة كبيرا، لأن ذلك يؤدي إلى ملل المبحوثين وإهمالهم الإجابة عن الأسئلة .
4) تقبل الإجابات المعطاة في الاستمارة على أنها نهائية و خاصة في الحالات التي لا يكتب فيها المبحوث اسمه ففي مثل هذه المواقف لا يمكن الرجوع إليه و الاستفسار منه عن الإجابات الغامضة أو المتناقضة أو استكمال ما قد يكون بالاستمارة من نقص .

5) يستطيع المبحوث عند إجابته عن أي سؤال من أسئلة الاستبيان أن يطّلع على الأسئلة التي تليه.
6) لما كان الاستبيان يعتمد على التقرير اللفظي للشخص نفسه فإن هذا التقرير قد يكون صادقا أو غير صادق.
7) في غالب الأحيان يكون العائد من الاستبيانات البريدية قليلا و لا يمثل المجتمع تمثيلا صحيحا .

ثالثا: الملاحظة Observation

مفهومها: هي الخطوة الأولى في التعرف على الحالة الصحية والنفسية للفرد. وهي من أهم الخطوات في مجال البحث النفسي. وذلك لأنها توصل الباحث إلى الحقائق وتمكنه من صياغة فرضياته.

تعريفها: الملاحظة تعني الانتباه إلى ظاهرة أو حادثة معينة أو شيء ما بهدف الكشف عن أسبابها وقوانينها. وتعرف كذلك بأنها المراقبة المقصودة لرصد ما يحدث وتسجيله كما هو.

أنواعها: يمكن تقسيم الملاحظة إلى أنواع عديدة من أهمها:

أ- أنواع الملاحظة من حيث طبيعتها:

- <u>**الملاحظة البسيطة (غير المباشرة)**</u> غير المضبوطة والتي تتضمن صورا مبسطة من المشاهد والاستماع بحيث يقوم الملاحظ فيها بملاحظة الظواهر والإحداث والمواقف وجها لوجه وكما تحدث تلقائيا في ظروفها الطبيعية دون إخضاعها للضبط العلمي.

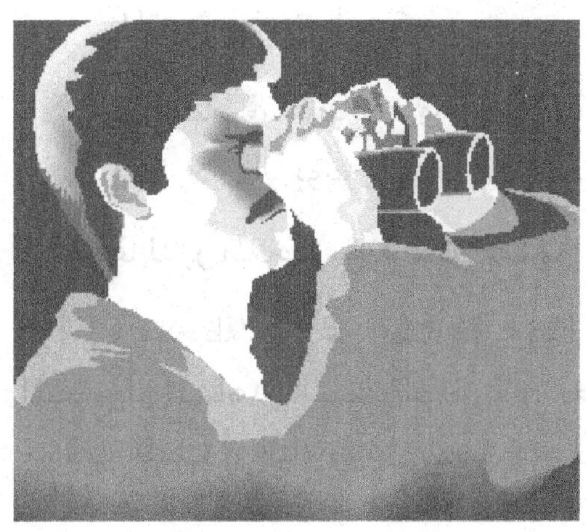

- **الملاحظة المنظمة**: (المباشرة) المضبوطة وهي الملاحظة العلمية بالمعنى الصحيح، تحدث بدون اتصال بين الملاحظين والفرد الخاضع للملاحظة الذين لا يدركون بأنهم موضع ملاحظة وتتم ضمن مكان مجهز، بحيث تتم في ظروف مخطط لها ومضبوطة ضبطا علميا دقيقا. وتختلف الملاحظة المنظمة عن الملاحظة البسيطة من حيث أنها تتبع مخططا مسبقا، ومن حيث كونها تخضع لدرجة عالية من الضبط العلمي بالنسبة للملاحظ ومادة الملاحظة، كما يحدد فيها ظروف الملاحظة كالزمان والمكان.

ب- من حيث القائمين على الملاحظة:

- الملاحظة الفردية التي يقوم بها شخص واحد.
- الملاحظة الجماعية التي يقوم بها أكثر من شخص واحد.

ج- من حيث ميدان الملاحظة:

- الملاحظة في الطبيعة: وتستعمل في العلوم الطبيعية كما تستعمل في العلوم السلوكية.
- الملاحظة في المختبر: ويقصد بها التجريب من حيث ضبط المتغيرات المحيطة بالمتغير موضوع البحث
- الملاحظة في العيادة: وهي طريقة يلجأ إليها المعالجون النفسيون والمرشدون والمشرفون التربويون بهدف التشخيص والعلاج.

د- وفقا لدور الملاحظ، فإنه يمكن تقسيم الملاحظة إلى:

ملاحظة من غير مشاركة، وهذا النوع من الملاحظة يلعب فيها الملاحظ دور المتفرج أو المشاهد بالنسبة للظاهرة أو الحدث أو الموقف موضوع الملاحظة مثل ملاحظة مواقف اللعب أو إثناء تفاعل الطفل مع الآخرين أو مواقف الإحباط.

الملاحظة بالمشاركة: وهذا النوع من الملاحظة يقوم فيها الملاحظ بدور العضو المشارك في حياة الجماعة بحيث يندمج مع المفحوصين ويشاركهم نشاطاتهم ويسجل البيانات الضرورية عنهم وهنا يفضل مشاركة أكثر من ملاحظ لضمان اكبر قدر من الموضوعية موضوع البحث.

أهمية الملاحظة في البحث العلمي/ من خلالها:

1) ندرس السلوك الذي لا يمكن استحضاره أو إحداثه في المعمل.

2) ندرس السلوك الذي يمكن أن يصيبه التشويه والتغير.

3) ندرس السلوك الذي تمنعنا الضوابط الخلقية استحضاره في المعمل.

عوامل نجاح الملاحظة في البحث العلمي:

هناك مجموعة من العوامل التي يجب أخذها في الاعتبار للحصول على بيانات مفيدة عند استخدامك وسيلة الملاحظة في جمع البيانات:

1) الحصول على معلومات مسبقة عن الشيء الذي تود مشاهدته، وكباحث نفسي عليه تقرير الجوانب التي عليه ملاحظتها والظواهر التي تستحق التسجيل.

2) اختبار الأهداف العامة والمحددة التي تحتاج إلى البحث، بحيث تملي عليه الظواهر التي يجب ملاحظتها مما يتيح له الحصول على بيانات أكثر دقة ووضوحا لإغراض دراسته وعمله.

3) اعتماد طريقة محددة لتسجيل النتائج بوضع برنامج محدد أو قائمة محددة بالأمور التي يجب ملاحظتها. وكيفية إثباتها مما يساعده بالضرورة في الانتهاء من عملية تسجيل البيانات بسرعة وبكفاءة وبأقل كمية من الكتابة.

4) استعمال الملاحظة المنظمة بتخصيصه وقتا معينا خارج عمله اليومي من أجل ملاحظة نمط سلوكي محدد يقوم فيه الفرد.

5) تنظيم المواقف السلوكية الاختيارية للتحقق من عدم دقة الحكم على سلوك شخص ما بواسطة الملاحظة الاجتهادية.

6) استخدام وسائل تقنية خلال ملاحظته مثل القوائم، مقاييس التقدير، السجلات النفسية، وجداول المشاركة البيانية.

7) التدرب جيدا على الوسائل التقنية التي ينوي استخدامها في الملاحظة.

مزايا الملاحظة:

تستعمل الملاحظة كأداة في جمع البيانات والمعلومات، بخاصة في دراسة الظاهرات الاجتماعية، ودراسة تحليل المضمون والوثائق، وأهم مزاياها:

1) دقة المعلومات؛ بسبب ملاحظة الظواهر في ظروفها الطبيعية.

2) الملاحظة من أكثر وسائل جمع المعلومات فائدة؛ للتعرف على الظاهرة أو الحادثة.

3) دقة التسجيل؛ بسبب إجرائه أثناء فترة الملاحظة.

4) أسلوب الملاحظة الأسلوب الأكثر أهمية في حال عدم التمكن من استخدام أسلوبي المقابلة والاستبيان لجمع المعلومات: كدراسة الظاهرات الطبيعية

5) تسمح بالتعرف على بعض الظواهر أو الحوادث؛ التي قد لا يفكر الباحث أو المبحوث بأهميتها إذا ما تم استخدام الاستبيان أو المقابلة.

6) يمكن إجراء الملاحظة على عدد قليل من المفحوصين.

7) تمكن الباحث النفسي من جمع بيانات تحت ظروف سلوكية مألوفة.

8) تمكن الباحث النفسي من جمع حقائق عن السلوك في نفس وقت حدوثه.

9) لا تعتمد كثيرا على الاستنتاجات.

عيوب الملاحظة:

- يغير الملاحظون سلوكهم إذا شعروا بإجراء الملاحظة.
- قد تستغرق الملاحظة وقتا طويلاً وجهدًا وتكلفة مرتفعة من الباحث.
- قد يحدث تحيز من الباحث: إما بسبب تأثره بالأفراد، أو عدم نجاحه في تفسير ظاهرة ما.
- هناك عوامل دقيقة تؤثر على السلوك في أثناء الملاحظة؛ مما يؤثر في دقة الملاحظة.
- قد تعيق في بعض الحالات عوامل غير منظورة عملية القيام بالملاحظات كتقلبات الطقس.

مناهج البحث في علم النفس الاجتماعي: Research Methods

ويمكن تصنيف أهم مناهج البحث في علم النفس في فئات هي:

أولا: المنهج الاستبطاني التأملي **Introspection Method**

يعتبر منهج التأمل الذاتي (الاستبطان) والمنهج التجريبي ابرز مناهج البحث في علم النفس، وليس في أمكان الإنسان دراسة مظاهره الفسيولوجية بنفسه فهو لا يستطيع أن يلمس تقلصات معدته أثناء عملية الهضم ولا ما تفرزه الغدد الصفراوية والبنكرياسية من عصارات كيميائية ولكن في قدرة الفرد الشعور واختبار حالاته الداخلية، فإحساسه بها إحساسا مباشراً لأنها احساسات داخلية باطنية.

فالإنسان وحدة يعرف نفسه إذا كان سعيداً أو حزيناً متفائلاً أو متشائماً وإذا كان غيره يعرف أو يلاحظ هذه المشاعر فذلك يرجع إلي أن الأحاسيس

الداخلية قد تنعكس أحياناً علي السلوك الخارجي. وعند تطبيق منهج التأمل الذاتي يلاحظ الإنسان أو يتأمل الحالات النفسية والعمليات العقلية التي تحدث داخل نفسه وبذلك يصبح الفرد هو الملاحِظ والملاحَظ فهو يسجل بنفسه نتائج تأمله الذاتي وتأمل الإنسان لما يحدث أو يجول في ذاته يسمي بالاستبطان.

وقد قام العالم الإنجليزي (هنري هد) عام 1908م بتجربة قطع احد الأعصاب الجلدية في ساعده الأيسر وسجل بيده اليمنى ما يشعر به في منطقة العصب المقطوع من أحاسيس كالخوف والألم والبرودة، وأساس منهج التأمل الذاتي هو أن حالات الفرد النفسية تتعاقب داخله ولا يمكن لأحد غيره إدراكها إلا إذا عبر هو عنها، فالحالات النفسية هي فترات ذاتية شخصية وحتى لو قدر للفرد التعبير عنها بألفاظ وعبارات فإن تلك الألفاظ والعبارات لا تمثل حقيقة الخبرة الذاتية.

مزايا منهج التأمل الذاتي:

1) يقوم بدور مقدر في بعض الدراسات التجريبية من أجل وصف الشخص بما يرى أو يسمع أو يشعر.

2) هو الأساس في استفتاء الشخصية حيث توجه إلى الشخص أسئلة تحريرية أو شفوية تلقى الضوء على ميوله أو رغباته أو مخاوفه أو متاعبه.

3) أثناء العلاج النفسي وعند الاستماع لمشاعر وأفكار ومخاوف المريض نفسياً يكون هناك استخدام لطريقتي التشخيص والعلاج.

4) يعتبر منهج التأمل الذاتي الوسيلة الوحيدة لدراسة الأحلام و أحلام اليقظة والحالة الشعورية لشخص أثناء انفعال الخوف أو الغضب.

5) أن الاقتصار على ملاحظات السلوك الظاهري(الخارجي) وحده لا يجدي في دراسة بعض الحالات.

عيوب منهج التأمل الذاتي:

وجهت العديد من الانتقادات إلي هذا المنهج وهي:

1) هذا المنهج لا يتفق مع الطريقة العلمية التجريبية لأنه يؤكد على أن حالات الفرد النفسية لا يستطيع أن يتأملها.

2) يتأثر من يتأمل ذاته تأملاً باطنياً في أحكامه بخبراته ومعلوماته الشخصية وهي معلومات وخبرات شخصية. كما توجد اختلافات واضحة في التأملات الباطنية للأفراد المختلفين إذا كان الموضوع واحدا.

3) أن نتائج الدراسة التي يتوصل إليها منهج التأمل الذاتي نتائج فردية لا تصل إلى مستوى القواعد الكلية العامة بالإضافة إلى أنه لا يؤمنً بالتجربة الموضوعية.

4) تواجه الإنسان عند استخدام هذا المنهج مشكلة وهي أنه في أثناء تأمله الذاتي يضطر إلي تشتيت انتباهه بين عمليتين، الأولى تبدو في الحالة النفسية والعقلية ذاتها، والثانية في تأملها، وتشتيت الانتباه يؤدي إلي عدم دقة النتائج.

5) يستحيل على الفرد دراسة نفسه في حالة النشاط النفسي الحاد. مثلاً في حالة الانفعالات الشديدة. لأنه سيكون متأثراً بها مما يؤدي إلي عدم دقة النتائج، فمثلاً لو حاول إنسان ما دراسة الانفعال أو الغضب بنفسه لتدنت حدت الانفعال لأن التفكير في الانفعال يكفي لزوال حدوثه.

6) إن تسجيل التأمل الذاتي يتطلب التعبير عن الحالة النفسية ووصفها، والأفراد يختلفون في تعبيرهم ووصفهم اختلافا كبيراً خاصا في التأملات عند الأطفال والمرضى العقليين.

7) يحتاج هذا المنهج إلى تدريب لوقت طويل بالإضافة إلى صعوبة تطبيقه ولصعوبة اكتشاف أو فهم الإنسان لنفسه بسهولة.

ثانيا: طريقة البحث التاريخي **History Method**

تتناول البحوث التاريخية الجيدة أحداث الماضي المتعلقة بالظواهر الاجتماعية والسلوكية المنتشرة في المجتمع ؛ وربطها بخصائصها السائدة وقت إجراء البحوث بها مع التعرض بالتنبؤ بما ستكون علية مستقبلا وفقا لما يوفر حولها من معلومات في الماضي والحاضر ؛ ويستعين الباحث بما يسمى بالتراث البحثي كأداة بحثية أساسية في بحوثه التاريخية بعد غربلته جيدا لتنقية مما قد لا يتلاءم مع نظام القيم السادة في المجتمع.

مفهوم المنهــج التاريخي:

وهو جمع نسقي للبيانات والمعطيات وتقويم موضوعي لها تلك التي تتعلق بالأحداث الماضية بغية اختبار فروض تتصل بالأسباب والنتائج واتجاهات الأحداث التي قد تساعد على تفسير الوقائع والأحداث وتساعد بالتنبؤ بالوقائع المستقبلية.

من أمثلة البحوث التاريخية دراسة تاريخية لمعرفة الشروط العلمية التي يشترطها المربون الأوائل لمنهج إجازة التدريس التي كان المدرس لا يحق له مزاولة التدريس في المسجد إلا بعد حصوله عليها.

تطبيق المنهج التاريخي:

وهو المنهج الوحيد الذي يتعين على الباحث تطبيقه عندما يكون الهدف من البحث تحقيق واحداً أو أكثر من الأغراض التالية:

أ- متى بدأ ظهور ظاهرة تاريخية ما؟.

ب- كيف بدأ ظهور ظاهرة تاريخية ما؟.

ج- ما مراحل تطور ظهور ظاهرة تاريخية ما؟.

د- ما العوامل ذات التأثير في ظهور ظاهرة تاريخية ما؟.

ه- ما مدى صحة ظاهرة تاريخية ما في ظل المعطيات التاريخية الصحيحة؟.

و- ما مدى العلاقة والارتباط بين حدثين تاريخيين؟.

خطـــــوات تطبيق المنهج التاريخي:

1. تحديد المشكلة وجمع المصادر الأساسية الموجودة سواء كانت مكتوبة أو مصورة أو مجسمة أو مسجلة أو شفهية.

2. استبعاد جميع المصادر التي تحتوي معلومات غير صحيحة.

3. تحليل البيانات والنقد الخارجي والنقد الداخلي.

4. تنظيم وإخراج الأدلة في عرض علمي مقاس

مميزات البحث التاريخي:

إن المنهج التاريخي هو واحد من المناهج التي تدرس الظاهرة الإنسانية التي هي ليست مقصورة على الملاحظة أو التجربة وحدهما وإنما على تحري الدقة وإبراز الأدلة وإتباع المنهج العلمي بخطواته المختلفة التي تشتمل على التحديد الدقيق للمشكلة، وهذا الأمر يرفع جميع المناهج إلى المستوى المنشود بما فيها المنهج التاريخي ويجعلها لا تقل عن المباحث التي تعتمد على التجربة في دراسة السلوك الإنساني والاجتماعي.

عيوب البحث التاريخي:

أ- نتيجة لارتباط هذه النوعية من البحوث بظاهرة حدثت في الماضي فبجعل من المتعذر التأكد بشكل قاطع من أنها حصلت بهذه الكيفية أو تلك.

ب- التحليل الكيفي للمعلومات الذي يعتمد على استنتاج البراهين والأدلة التاريخية من المصادر فليس هنالك مقياس علمي دقيق لتقرير صدق ذلك التقرير أو عدم صدقه.

ثالثا: المنهج الوصفي **Descriptive Method**

مفهوم المنهج الوصفي:

يمكن تعريف المنهج الوصفي بأكثر من طريقة فهو:

1) البحث الذي يهدف إلى وصف الظاهرة المدروسة، أو تحديد المشكلة أو تبرير الظروف والممارسات، أو التقييم والمقارنة، أو التعرف على ما يعمله الآخرون في التعامل مع الحالات المماثلة لوضع الخطط المستقبلية.

2) ذلك النوع من البحوث الذي يتم بواسطته استجواب جميع أفراد مجتمع البحث أو عينة كبيرة منهم، وذلك بهدف وصف الظاهرة المدروسة من حيث طبيعتها ودرجة وجودها فقط، دون أن يتجاوز ذلك دراسة العلاقة أو استنتاج الأسباب.

3) عدد من مناهج البحث التي تشترك في هدف واحد هو الحصول على المعلومات من مجموعة من الأفراد بشكل مباشر، والدراسة الوصفية دراسة شاملة لعدد كبير من الحالات في وقت معين.

عندما يريد الباحث دراسة ظاهرة ما فإن أول شيء يقوم به هو وصف هذه الظاهرة التي يريد دراستها وجمع أوصاف ومعلومات دقيقة عنها، وهذا المنهج يعتمد على دراسة الظاهرة كما توجد فعلاً بالواقع كما يهتم بوصفها وصفاً دقيقاً ويعبر عنها تعبيراً كيفياً أو تعبيراً كمياً، بحيث يصف التعبير الكيفي الظاهرة ويوضح خصائصها، أما التعبير الكمي فيعطي وصفاً رقمياً بحيث يوضح مقدار هذه الظاهرة أو حجمها ودرجات ارتباطها مع الظواهر المختلفة الأخرى.

يعد المنهج الوصفي من أكثر مناهج البحث في علم النفس الاجتماعي ملاءمة للواقع وخصائصه. وهو الخطوة الأولى نحو تحقيق الفهم الصحيح لهذا

الواقع. إذ من خلاله يمكن الإحاطة بكل أبعاد هذا الواقع، محددة على خريطة، تصف وتصور بكل دقة كافة ظواهره وسماته. وقد واكب المنهج الوصفي نشأة علم النفس الاجتماعي.

وقد تطور المنهج الوصفي في علم النفس في القرن العشرين، بعد اكتشاف الآلات الحاسبة التي تستطيع تصنيف البيانات والأرقام وتحديد العلاقات بسرعة. ويقوم هذا المنهج على دراسة الظاهرة كما تحدث في الواقع دون أية محاولة من قبل الباحث للتأثير في أسباب وعوامل هذه الظاهرة، وقد يتم دراسة الظاهرة أثناء وقوعها في بعض الحالات أو بعد وقوعها في حالات أخرى.

ويسعى الباحث في مثل هذا النوع من الدراسات إلى تقديم مسح كمي أو كيفي عن الظاهرة المدروسة، ويستخدم الباحث في هذا المنهج عدة أدوات لجمع البيانات من بينها: الملاحظة المنظمة والمقابلة والأدوات الوصفية كالاستبيانات واستفتاءات الرأي، والسجلات، والوثائق، والمذكرات، والمقاييس والاختبارات بأنواعها المختلفة.

وفيما يلي عرض لاثنين من الطرائق المستخدمة في هذا النوع من البحوث النفسية:

أ-الطريقة الطويلة: **Longitudinal Method**

في هذه الطريقة يتتبع الباحث الظاهرة موضوع الدراسة عبر الزمن، فلو كان الباحث يبحث في النمو المعرفي لدى الطفل من الميلاد إلى خمس سنوات، فإن عليه ملاحظة تطور نموه المعرفي طوال هذه الفترة، وتطبق هذه الطريقة على عينات صغيرة جدا، قد تصل إلى فرد واحد، وتتطلب هذه الطريقة مزيدا من الجهد والصبر والوقت، ويصعب تعميم نتائجها في أغلب الأحيان.

تطبيق البحث الطولي:

ويطبق فقط عندما يكون الهدف من البحث ما يلي:

أ- معرفة مقدار النمو والتطور أو التغير الذي يحصل بفعل عامل الزمن على استجابة العينة نحو الموقف المطروح.

ب- معرفة مدى الثبات والتغير في الاتجاهات السائدة نحو الموقف المطروح بعد مرور مدة من الزمن دون التزام بعينات ثابتة أو مجتمع بحث ثابت.

ج- معرفة مدى الثبات والتغير في الاستجابة مجتمع البحث نحو الموقف المطروح بواسطة اختيار عينات مختلفة منه، تطبق عليه الدراسة بأوقات مختلفة.

د- معرفة مدى الثبات والتغير في استجابة عينة البحث نحو الموقف المطروح بعد مرور مدة من الزمن.

خطوات تطبيق البحث الطولي:

1. توضيح المشكلة وتحديد أهداف البحث.
2. مراجعة الدراسات السابقة.
3. تصميم البحث.
4. جمع المعلومات.
5. تحليل المعلومات وعرض النتائج.

مميزات البحث الطولي:

أن المسح الطولي وبالذات الطولي يعد أسلوب بحث جيد وينتهي بالباحث إلى معلومات علمية يمكن الركون إليها.

عيوب البحث الطولي:

1) النقص الطبيعي المصاحب لدراسة الجزء الذي يأتي من عدم مشاركة بعض أفراد العينة الذين شاركوا في المرات السابقة.

2) صعوبة تحليل المعلومات في دراسة الجزء وذلك ناتج من اختلاف إجابات العينة في المرة الثانية عن المرة الأولى.
3) طول الوقت المستغرق في المسح الطولي والتكاليف الباهظة.

ب- الطريقة العريضة: **Cross- sector Method**

يلجأ الباحث إلى استخدام هذه الطريقة توفيرا للوقت والجهد، فيقسم الفترة الزمنية المراد تتبع الظاهرة عبرها، إلى فترات عمرية يحددها الباحث، ثم يأخذ عينات كبيرة، كل عينة تمثل فترة عمرية فرعية، ثم يحسب المتوسط الحسابي لكمية وجود الظاهرة لكل فئة ليصل في النهاية إلى استخراج متوسطات حسابية لكل فئة، من الفئات التي كان حددها لتمثل المرحلة الزمنية الكلية المراد تتبع نمو الظاهرة عبرها.

ينتظر من الباحث الوصفي أن يقدم أوصافا دقيقة للظاهرة على شكل جداول تصبح معايير للظاهرة المدروسة، و يمكن تطبيقها على أفراد آخرين، إضافة لذلك ينتظر من الباحث الوصفي أن يكشف عن المتغيرات أو العوامل ذات العلاقة بالظاهرة، ونوعية العلاقات الوظيفية لهذه المتغيرات بالنسبة للظاهرة موضوع الدراسة. وما زال هذا الأسلوب أكثر استخداما في الدراسات الإنسانية.

الوسائل المستخدمة في المنهج الوصفي والميداني:

1) الملاحظـة:

أ- فيها تتم ملاحظة السلوك في الظروف الطبيعية خلال فترات محددة لمدة معينة من الزمن.

ب- قد يقوم أكثر من باحث بالملاحظة للتأكد من ثبات الملاحظة والتقليل من أخطاء التحيز.

ج- تسمى الملاحظة طويلة الزمن لتتبع ظاهرة معينة لمعرفة مراحل نموها بالمنهج التتبعي وهو كثير الاستخدام في علم نفس الطفل وعلم نفس النمو.

2) المقابلة أو الاستخبار:

- **المقابلة**: حديث بين الباحث والمفحوص يوجه فيه الباحث أسئلة معينة لجمع بيانات حول الموضوع الذي يبحثه.
- **الاستخبار**: أسئلة مكتوبة معدة من قبل حول موضوع معين تقدم للمفحوص للإجابة عنها.

تستخدم هاتان الوسيلتان بكثرة في معرفة الرأي العام واتجاهات الناس.

يجب الاهتمام بأمرين: دقة تمثيل عينة الأفراد الذين تجمع منهم البيانات للمجتمع المراد دراسته، ودقة الأسئلة وعدم تحيزها. يستخدم العلماء عدة وسائل إحصائية للتأكد من صدق وثبات المقابلة أو الاستخبار.

3) الاختبارات:

تستخدم لدراسة الفروق بين الجماعات أو السلالات، ولا بد من التأكد من صدقها وثباتها.

خطوات المنهج الوصفي:

1) تبدأ بسؤال يعتقد الباحث فيه بأن أفضل إجابة له تتم باستخدام المنهج الوصفي، وهو سؤال يتعلق عادة بسلوك يمكن الحصول على بيانات عنه عن طريق التقرير الذاتي للأفراد، كما لابد من تحديد مجتمع الدراسة، وأسلوب جمع البيانات.
2) المعاينة: ويحدد فيها تحديد حجم العينة، وأسلوب المعاينة، ليتمكن من تعميم النتائج.
3) بناء الأدوات: وتتمثل في الاستبانة والمقابلة.

أهم مزايا المنهج الوصفي:

أ- يمكن الباحثين من ملاحظة السلوك كما هو في المواقف الطبيعية.

ب- يستطيع دراسة موضوعات لا يستطيع المنهج التجريبي دراستها.

رابعا: المنهج التجريبي **Experimental Method**

التجريب جزء من المنهج العلمي. فالعلم يسعى إلى صياغة النظريات التي تختبر الفروض التي تتألف منها، وتتحقق من مدى صحتها. والتجربة ببساطة: هي الطريقة التي تختبر بها صحة الفرض العلمي. والتجريب هو القدرة على توفير كافة الظروف، التي من شأنها أن تجعل ظاهرة معينة ممكنة الحدوث في الإطار الذي رسمه الباحث وحده بنفسه. والتجريب يبدأ بتساؤل يوجهه الباحث مثل: هل يرتبط ارتفاع المستوى الاقتصادي للفرد بإقباله على التعليم؟ أو هل هناك علاقة بين الدين والسلوك الاقتصادي؟ أو بين التنشئة الاجتماعية وانحراف الأحداث؟ ومن الواضح أن الإجابة على هذه التساؤلات، تقتضي إتباع أسلوب منظم لجمع البراهين والأدلة.

والتحكم في مختلف العوامل التي يمكن أن تؤثر في الظاهرة موضوع البحث، والوصول إلى إدراك للعلاقات بين الأسباب والنتائج.

ويعتمد تصميم البحث التجريبي على عدة خطوات، هي تحديد المشكلة، وصياغة الفروض التي تمس المشكلة، ثم تحديد المتغير المستقل، والمتغير التابع، ثم كيفية قياس المتغير التابع، وتحديد الشروط الضرورية للضبط والتحكم، والوسائل المتبعة في إجراء التجربة.

إن الباحث الذي يستخدم المنهج التجريبي في بحثه لا يقتصر على مجرد وصف الظواهر التي تتناولها الدراسة، كما يحدث عادة في البحوث الوصفية، كما أنه لا يقتصر إلى مجرد التاريخ لواقعة معينة، وإنما يدرس متغيرات هذه الظاهرة، و يحدث في بعضها تغييرا مقصودا، ويتحكم في متغيرات أخرى ليتوصل إلى العلاقات السببية بين هذه المتغيرات.

مفهوم المنهج التجريبي:

تغير متعمد ومضبوط للشروط المحددة للواقعة أو الظاهرة التي تكون موضوع للدراسة، وملاحظة ما ينتج عن هذا التغير من آثار في هذا الواقع والظاهرة، أو ملاحظة تتم تحت ظروف مضبوطة لإثبات الفروض ومعرفة العلاقة السببية، ويقصد بالظروف المضبوطة إدخال المتغير التجريبي إلى الواقع وضبط تأثير المتغيرات الأخرى، وبعبارة أخرى يمكن تعريفه على النحو التالي:

استخدام التجربة في إثبات الفروض، أو إثبات الفروض عن طريق التجريب.

وتتأثر كل ظاهرة بالعديد من العوامل المؤثرة، وعلى سبيل المثال حوادث السيارات تتأثر حوادث السيارات بعوامل مثل السرعة ومهارة السائق ونوعية الطرق وصلاحية السيارة والأحوال الجوية وكل عامل من هذه العوامل يؤثر بدرجة معينة على الحوادث فلو أردنا معرفة أثر مهارة السائق فإن ذلك يتطلب أن نبعد أثر العوامل الأخرى.

خصائص المنهج التجريبي:

أولا: التغيير المنظم للمتغيرات

- **المتغير**: هو ما تتغير قيمته أو كميته ويمكن قياسه (مثل: الضوء - السلوك)
- **المتغير المستقل**: هو المتغير الذي يقوم المجرب بتغييره بطريقة منظمة في التجربة.
- **المتغير التابع**: هو المتغير الذي يقيسه المجرب كي يرى كيف تأثر بالتغيير الذي جرى على المتغير المستقل.
- **المجموعة التجريبية**: هي المجموعة التي يقدم لها المتغير المستقل.
- **المجموعة الضابطة**: هي المجموعة التي يقاس فيها المتغير التابع دون تقديم متغير مستقل. وهي تفيدنا بأساس يمكن المقارنة بينه وبين المجموعة التجريبية لمعرفة أثر المتغير المستقل على المتغير التابع.

يجب أن يوجد في كل تجربة على الأقل متغير مستقل ومتغير تابع، غير أن الطرق الإحصائية جعلت من الممكن أن تتضمن التجربة أكثر من متغير مستقل.

ثانيا: الضبط

الضبط: هو ضبط المتغيرات المختلفة في التجربة بحيث لا يسمح لمتغير عدا المتغير المستقل التأثير في المتغير التابع.

هناك طريقتان لضبط المتغيرات:

- **الطريقة الأولى**: استخدام المجموعات الضابطة لمقارنة سلوك أفرادها بسلوك أفراد المجموعات التجريبية.
- **الطريقة الثانية**: التصميم التجريبي قبل وبعد: وفيه يقوم بالمقارنة بين سلوك نفس المجموعة من الأفراد قبل تقديم المتغير المستقل لهم وبعد تقديمه.

ضبط المتغيرات أمر شاق من ناحيتين:

أ- قد يكون من الصعب في بعض الحالات معرفة جميع المتغيرات الهامة.

ب- قد يكون من الصعب في بعض الأحيان جعل هذه المتغيرات متماثلة بين المجموعة التجريبية والضابطة.

ويلجأ العلماء لعدة طرق لضبط المتغيرات بين المجموعة التجريبية والضابطة:

1 - طريقة الأزواج المتماثلة:

يقوم المجرب بتطبيق اختبار معين مثل اختبار الذكاء على مجموعة كبيرة من الناس ثم يكون أزواجا متماثلة بحيث يضع كل فردين لهما نفس الدرجة في زوج واحد، وأخيرا يقسم الأزواج بين المجموعتين التجريبية والضابطة، فيكون أحد فردي أي زوج في المجموعة التجريبية والفرد الآخر في هذا الزوج في المجموعة الضابطة.

ويعاب على هذه الطريقة حاجة المجرب لتطبيق الاختبار على عدد كبير من الناس للوصول للأزواج المتماثلة.

2 - طريقة المجموعتين المتماثلتين:

يراعي المجرب أن تكون المتوسطات ومدى التشتت للمتغيرات الهامة واحدة في المجموعتين التجريبية والضابطة.

3 - طريقة المجموعتين العشوائيتين:

عندما يقوم المجرب باختيار مجموعتين عشوائيتين ففي العادة ستكونان متماثلتين لأن الفروق بين الأفراد في المتغيرات الهامة سيلغي بعضها بعضا، وبذلك لن تكون الفروق بين المجموعتين ذات دلالة إحصائية.

ويتأثر العامل التابع بعوامل متعددة غير العامل التجريبي ولذلك لا بد من ضبط هذه العوامل وإتاحة المجال للمتغير التجريبي وحده بالتأثير على المتغير التابع، ويتأثر المتغير التابع بخصائص الأفراد الذي تجرى عليهم التجربة لذا يفترض أن يجري الباحث تجربته على مجموعتين متكافئتين بحيث لا يكون هنالك أية فروق بين المجموعة الضابطة والمجموعة التجريبية إلا دخول المتغير التجريبي، كما أن المتغير التابع يتأثر بإجراءات التجربة لذا فمن المفروض أن يميل الباحث إلى ضبط هذه الإجراءات بحيث لا تؤدي إلى تأثير سلبي أو إيجابي على النتيجة، كما أن المتغير التابع يتأثر بالظروف الخارجية مثل درجة الحرارة والتهوية والإضاءة ...الخ، ولذلك لا بد من ضبط هذه المتغيرات بغية تحقيق الأهداف التالية:

أ- عزل المتغيرات:

فالباحث أحياناً يقوم بدراسة أثر متغير ما على سلوك الإنسان، وهذا السلوك يتأثر أيضاً بمتغيرات وعوامل أخرى، وفي مثل هذه الحالة لا بد من عزل العوامل الأخرى وإبعادها عن التجربة.

ب- تثبيت المتغيرات:

إن استخدام المجموعات المتكافئة يعني أن الباحث قام بتثبيت جميع التغيرات المؤثرة، لأن المجموعة التجريبية تماثل المجموعة الضابطة وما يؤثر على إحدى المجموعتين يؤثر على الأخرى، فإذا أضاف الباحث المتغير التجريبي فهذا يميز المجموعة التجريبية فقط.

ج- التحكم في مقدار المتغير التجريبي:

يستخدم الباحث هذا الأسلوب من الضبط عن طريق تقديم كمية أو مقدار معين من المتغير التجريبي، ثم يزيد من هذا المقدار أو ينقص منه لمعرفة أثر الزيادة أو النقص على المتغير التابع.

ثالثا - إمكانية التكرار:

إن إمكانية إعادة التجربة تحت نفس الظروف تمكن الباحث أو غيره من الباحثين من التأكد من صحة النتائج، كما أنها تمكن الباحثين من إعادة التجربة لإجراء بعض الملاحظات بدلا من انتظار حدوثها لوقت طويل.

ونستنتج أن التصميم التجريبي الجيد يمكن للباحث في علم النفس من التحكم في العوامل الأخرى التي قد تؤثر في المتغير التابع وتؤدي إلى أخطاء البحث وضلال الحكم على العلاقة السببية. ويستخدم الباحثون في ميدان علم النفس في تجاربهم، الطرق الإحصائية لتقدير ما إذا كانت النتائج تعود حقا إلى وجود علاقة سببية بين المتغير المستقل و المتغير التابع أم أنها لا تتجاوز حدود المصادفة. فحينما نصل من التحليل الإحصائي للنتائج إلى أن الفروق بين المجموعات (من مختلف المعالجات) دالة، أي أنها تتجاوز مستوى المصادفة بدرجة كافية من الثقة فإن ذلك يؤدي بنا إلى القول بوجود علاقة سببية بين المتغيرين.

أنواع التجارب:

تتنوع التجارب حسب طريقة إجرائها، وفي ما يلي توضيح لهذه الأنواع:

1-التجارب المعملية وغير المعملية:

أ- **التجارب المعملية**: هي التي تتم داخل المختبر أو المعمل في ظروف صناعية خاصة تصمم لأغراض التجارب، ويتميز هذا النوع من التجارب بالدقة وسهولة إعادة إجراء التجربة أكثر من مرة للتأكد من صحة النتائج.

ب- **التجارب غير المعملية**: فتتم في ظروف طبيعية خارج المختبر، وغالباً ما تجرى على الأفراد ومجموعات من الناس حيث يصعب إدخالهم المختبر، ونظراً لكونها تتم في ظروف طبيعية فهي أكثر صعوبة وأقل دقة.

2- تجارب تجرى على مجموعة واحدة وتجارب تجرى على أكثر من مجموعة:

حيث تجرى على مجموعة واحدة من الأفراد لمعرفة أثر عامل مستقل معين عليها، وتدرس حالة الجماعة قبل وبعد تعرضها لتأثير هذا العامل المستقل أو التجريبي عليها، فيكون الفرق في الجماعة قبل وبعد تأثرها بالعامل التجريبي ناتجاً عن هذا العامل.

3-تجارب قصيرة وتجارب طويلة:

قد تكون التجارب طويلة تحتاج لوقت طويل كأن تّدرس تأثير التقلبات الجوية على مادة معينة، أو أثر خضوع الوالدين لبرامج التوجيه التربوي على تعديل سلوك أبنائهم المراهقين، ومثل هذه التجارب تتطلب وقتاً طويلاً يتحدد بالفترة اللازمة لمرور التقلبات الجوية أو الفترة اللازمة لبرامج التوجيه التربوي.

وقد تتم التجارب في فترة زمنية قصيرة كأن يّدرس أثر فيلم سينمائي معين على السلوك العدواني للأطفال، حيث يمكن تصميم تجربة في فترة زمنية قصيرة.

أنواع التصاميم التجريبية:

1) **أسلوب المجموعة الواحدة**: يستخدم هذا الأسلوب مجموعة واحدة فقط، تتعّرض لاختبار قبلي لمعرفة حالتها قبل إدخال المتغير التجريبي، ثم نعّرضها للمتغير ونقوم بعد ذلك بإجراء اختبار بعدي، فيكون الفرق في نتائج المجموعة على الاختبارين القبلي و البعدي ناتجاً عن تأثرها بالمتغير التجريبي.

2) **أسلوب المجموعات المتكافئة**: أي استخدام أكثر من مجموعة، ندخل العامل التجريبي على المجموعة التجريبية وتترك الأخرى في ظروفها الطبيعية، وبذلك يكون الفرق ناتجاً عن تأثر المجموعة التجريبية بالعامل التجريبي، ويشترط أن تكون المجموعات متكافئة تماماً.

3) **أسلوب تدوير المجموعات**: حين يريد الباحث أن يقارن بين أسلوبين في العمل أو بين تأثير متغيرين مستقلين فإنه يميل إلى استخدام أسلوب تدوير المجموعات، ويقصد بهذا الأسلوب أن يعمل الباحث على إعداد مجموعتين متكافئتين ويعرض الأولى للمتغير التجريبي الأول والثانية للمتغير التجريبي الثاني، وبعد فترة يخضع الأولى للمتغير التجريبي الثاني ويخضع المجموعة الثانية للمتغير التجريبي الأول، ثم يقارن بين أثر المتغير الأول على المجموعتين وأثر المتغير الثاني على المجموعتين كذلك، ويحسب الفرق بين أثر المتغيرين.

متى وكيف يطبق المنهج التجريبي:

يتم تطبيقه عندما يكون الهدف من البحث التنبؤ بالمستقبل حول أي تغيير إصلاحي يجب تطبيقه على الظاهرة المدروسة سواء كان تغييراً وقائياً أو تغييراً علاجياً، وتختلف خطوات تطبيق المنهج التجريبي باختلاف تصميمه، ويمكن تصميم البحث عبر عدة خطوات هي:

1. تحديد مجتمع البحث ومن ثم اختيار عينة منه بشكل عشوائي تتفق في المتغيرات الخارجية المراد ضبطها.

2. اختبار عينة البحث اختباراً قبلياً في موضوع البحث.
3. تقسيم عينة البحث تقسيماً عشوائياً 'إلى مجموعتين.
4. اختيار إحدى المجموعات عشوائياً لتكون المجموعة الضابطة والأخرى المجموعة التجريبية.
5. تطبيق المتغير المستقل على المجموعة التجريبية وحجبه عن المجموعة الضابطة.
6. اختبار عينة البحث في موضوع التجربة اختباراً بعدياً.
7. تحليل المعلومات وذلك بمقارنة نتائج الاختبارين قبل وبعد.
8. تفسير المعلومات في ضوء أسئلة البحث أو فروضه.
9. تلخيص البحث وعرض أهم النتائج التي توصل إليها الباحث وما يوصي به من توصيان.

مميزات المنهج التجريبي:

ويرى بعض الباحثين أن طريقة البحث التجريبي هي أفضل طرق البحث لأنها تتسم بالبحثية المنزهة عن الأهواء الشخصية أو العوامل الذاتية حيث يتمكن الباحث من السيطرة على الظروف المحيطة بالظاهرة المراد دراستها والتحكم في المتغيرات التي قد تؤثر عليها مما يعطى نتائج أكثر دقة من نتائج غيرها من البحوث الأخرى ؛ ويهدف البحث التجريبي بصورة عامة إلى استنتاج علاقة معينة بين مجموعتين من العوامل تسمى بالمتغيرات واستنتاج مدى تأثير احديهما على الآخر.

بواسطة هذا المنهج يمكن الجزم بمعرفة أثر السبب على النتيجة لا عن طريق الاستنتاج كما هو بالبحث السببي المقارن.

هو المنهج الوحيد الذي يتم فيه ضبط المتغيرات الخارجية ذات الأثر على المتغير التابع. إن تعدد تصميمات هذا المنهج جعله مرن يمكن تكيفه إلى حد كبير إلى حالات كثيرة ومتنوعة.

عيوب المنهج التجريبي:

1. يجرى التجريب في العادة على عينة محدودة من الأفراد وبذلك يصعب تعميم نتائج التجربة إلا إذا كانت العينة ممثلة للمجتمع الأصلي تمثيلاً دقيقاً.
2. التجربة لا تزود الباحث بمعلومات جديدة إنما يثبت بواسطتها معلومات معينة ويتأكد من علاقات معينة.
3. دقة النتائج تعتمد على الأدوات التي يستخدمها الباحث.
4. كذلك تتأثر دقة النتائج بمقدار دقة ضبط الباحث للعوامل المؤثرة علماً بصعوبة ضبط العوامل المؤثرة خاصة في مجال الدراسات الإنسانية.
5. تتم التجارب في معظمها في ظروف صناعية بعيدة عن الظروف الطبيعية ولا شك أن الأفراد الذين يشعرون بأنهم يخضعون للتجربة قد يميلون إلى تعديل بعض استجاباتهم لهذه التجربة.
6. يواجه استخدام التجريب في دراسة الظواهر الإنسانية صعوبات أخلاقية وفنية وإدارية متعددة.

الفرق بين المنهج التجريبي والمنهج الوصفي

في دراسة العلاقة بين متغيرين:

المنهج التجريبي	المنهج الوصفي
-يتحكم الباحث في المتغير المستقل ويلاحظ ما يحدث في المتغير التابع . - يحدد أي المتغير هو السبب وأيهما النتيجة.	- يلاحظ الباحث العلاقة بين المتغيرين كما هما موجودان في الطبيعة ويحاول أن يحدد هذه العلاقة بالأساليب الارتباطية. - لا يمكن من خلاله معرفة أي المتغيرين السبب وأيهما النتيجة.

خامسا: المنهج الارتباطي **Correlational Method**

مفهوم المنهج الارتباطي:

يقصد بالمنهج الارتباطي: ذلك النوع من البحوث الذي يمكن بواسطته معرفة ما إذا كان هناك ثمة علاقة بين متغيرين أو أكثر، ومن ثم معرفة درجة تلك العلاقة. مما سبق يتضح أن هدف البحث الارتباطي يقتصر على معرفة وجود العلاقة من عدمها وفي حال وجودها فهل هي طردية أم عكسية، سالبة أم موجبة.

وهي تركز على استخدام الطرق الإرتباطية التي تهدف إلى استكشاف حجم ونوع العلاقات بين البيانات، أي إلى حد تتطابق تغيرات في عامل واحد مع تغيرات في عامل آخر، وقد ترتبط المتغيرات مع بعضها البعض ارتباطا جزئيا موجبا أو سالبا، ذا دلالة إحصائية أو يرجع إلى الصدفة، وهكذا تغير الطرق الإحصائية لحساب معاملات الارتباط ودلالتها في هذا المجال فائدة كبيرة وتخدم الدراسات الإرتباطية عدد من الأغراض وخاصة في دراسات التنبؤ، و تعتبر طريقة الارتباط ذات قيمة في تحليل السبب والأثر.

خطوات تطبيق المنهج الارتباطي:

1. يمر المنهج الارتباطي عند تطبيقه بالخطوات التالية:
2. توضيح المشكلة.
3. مراجعة الدراسات السابقة.
4. تصميم البحث طبقاً للخطوات التالية:
5. تحديد المتغيرات المراد دراستها.
6. اختيار العينة.
7. اختيار أو تصميم أداة البحث.
8. اختيار مقاس الارتباط الذي يتلائم ومشكلة البحث

مميزات المنهج الارتباطي:

بواسطته يمكن دراسة عدد من المشكلات ذات العلاقة بالسلوك البشري التي يصعب دراستها عبر المناهج الأخرى، يمكن تطبيقه لدراسة العلاقة بين عدد كبير من المتغيرات في دراسة واحدة. وبواسطته يمكن معرفة درجة العلاقة بين المتغيرات المدروسة.

عيوب البحث الارتباطي:

أ- أنه يقتصر على توضيح العلاقة بين المتغيرات ودرجتها فقط ولا يوضح السبب والنتيجة.

ب-أنه يصور الظاهرة الإنسانية المعقدة وكأنها ظاهرة طبيعية، علماً بأن ما يتوصل إليه من نتائج قد تتغير كلياً أو جزئياً.

سادسا: المنهج الإكلينيكي أو العيادي (دراسة الحالة) **Clinical Method**

مفهوم المنهج الإكلينيكي:

تشير كلمة إكلينيكي أصلا إلى شيء مرتبط بدراسة الظواهر غير العادية بشكل عام والمرضية بشكل خاص، ثم امتد هذا المعنى إلى تقييم الفرد وتوافقه، وتختلف الطرق التي تستخدم في دراسة أية حالة إكلينيكية. وتعتمد الطريقة الإكلينيكية في علم النفس على جمع معلومات تفصيلية عن سلوك فرد بذاته أو حالة. وقد تكون الحالة شخصا أو مدرسة أو أسرة أو مجتمعا محليا أو ثقافة كاملة، وتهدف بذلك إلى وصف دقيق ومفصل للحالة موضوع الدراسة.

والمنهج الإكلينيكي يستخدمه المختص النفسي في دراسة المشكلات الشخصية للأفراد الذين يزورون العيادة النفسية. ويجمع بيانات تفصيلية عن تاريخ حياة الفرد وظروف تنشئته وعلاقاته عن طريق مقابلة الفرد أو من تربطهم علاقة به ومن خلال الاختبارات النفسية. ومن خلال البيانات يتم تشخيص المشكلة ووضع

البرنامج لعلاجها. وقد استخدمت دراسة الحالة في دراسة السلوك الشاذ والشخصية الشاذة، فهي تفيد في معرفة أسبابها والطرق الفنية في المقابلة الإكلينيكية وطرق العلاج. ومن خلال هذا المنهج وضع فرويد نظريته عن الشخصية، ووضح دور الصراع اللاشعوري في توجيه سلوك الأفراد، وأهمية الأحلام في التعبير عن الرغبات، وأهمية السنوات الخمس الأولى في حياة الطفل وفي توافقه فيما بعد.

خصائص الطريقة الإكلينيكية ما يلي:

وتشترك الطرق الإكلينيكية في ما يلي:

1) **جمع المعلومات عن الحالة:** ويمكن الحصول على هذه المعلومات عن طريق الفحص الطبي، أو دراسة حالة، أو باستخدام الاختبارات السيكولوجية، ويتوفر الآن عدد كبير جدا من اختبارات السمات الشخصية، واختبارات الذكاء والتحصيل الدراسي والتوجه المهني.

2) **تشخيص الحالة:** استنادا على المعلومات المتوفرة لديه، يتوصل الباحث الإكلينيكي إلى تشخيص الحالة المدروسة، والتشخيص يعني تحديد مراكز القوة و الضعف.

3) **تفسير الحالة:** تفيد المعلومات المتوفرة في مساعدة الباحث في الاستكشاف من خلال خبراته ومعارفه السابقة، وفي تحديد العوامل والمتغيرات ذات العلاقة بالمشكلة.

4) **وضع التصميم العلاجي:** يبدأ الباحث بوضع الفرضيات التي يعتقد أنها تزوده بحلول لمشكلة الحالة، فإذا اكتشف مثلا أن طريقة التدريس التي يتبعها المعلم هي عامل من العوامل المسؤولة عن التأخير الدراسي لدى تلاميذه، عندئذ يمكن أن يضع فرضية مفادها أن تطبيق طريقة تدريس أخرى مثلا (تطبيق طريقة الحوار) في التدريس يمكن أن تقلل من ظاهرة التأخر الدراسي، يلي ذلك وضع التصميم العلاجي المنبثق من الفرضيات التي وضعها الباحث، والمهم في هذا التصميم أن يكون الباحث قادرا على قياس المتغيرات المستقلة والمتغيرات التابعة.

5) **اختبار الفرضيات**: يقوم الباحث بتطبيق تصميمه العلاجي على الحالة وفي نهاية الفترة المحددة لهذا التطبيق، يقوم بقياس أثر ما أحدثه هذا التصميم من تغير في الحلة المدروسة، ليصل في نهاية الأمر إلى قبول الفرضية أو رفضها.

6) **تحديد النتائج**: ينتظر من الباحث الذي يستخدم المنهج الإكلينيكي أن يصل إلى نوع من التحسن، وعندئذ يستطيع أن ينشر نتائج دراسته على شكل طريقة في العلاج.

ومن مميزات إجراء المنهج الإكلينيكي ما يلي:

1. يساعد في فهم وتشخيص وعلاج الحالة على أساس علمي دقيق.
2. يعطي صورة أوضح واشمل للشخصية باعتبارها اشمل وسيلة من وسائل جمع المعلومات.
3. يساعد المفحوص من أن يفهم نفسه بصورة أوضح وأعمق.
4. يمكن استخدامه لدراسة فعالية إجراءات إكلينيكية معينة.
5. يمكن استخدامه لدراسة الظواهر النادرة التي قليلا ما تتكرر.

عيوب المنهج الإكلينيكي:

1. صعوبة التوصل إلى علاقات سبب ونتيجة من خلال هذا المنهج.
2. التحيز في جمع البيانات وتفسيرها.
3. صعوبة التعميم من فرد واحد إلى أفراد المجتمع ككل.

سابعا: المنهج المقارن:

يمكن القول بأن المنهج المقارن، يطبق في علم النفس بكافة فروعه ومجالات دراسته، ذلك أن أي بحث في علم النفس لا يخلو من الحاجة إلى عقد مقارنة ما. وقد استعان به أغلب علماء النفس قديماً وحديثاً، ويمكن ذكر المجالات الرئيسة في علم النفس، التي يمكن أن تخضع للبحث المقارن فيما يلي:

أ- دراسة أوجه الشبه والاختلاف، بين الأنماط الرئيسة للسلوك الإنساني.

ب- دراسة نمو وتطور أنماط الشخصية، والاتجاهات النفسية والاجتماعية

ج- دراسة النظم الإنسانية داخل المجتمع والتركيز على السلوك الجمعي، كدراسة معايير الزواج والأسرة والقرابة، أو دراسة المعتقدات الدينية.

ثامنـــا: المنهج الوثائقي:

مفهوم المنهج الوثائقي:

يعد فان داين المنهج الوثائق على أنه من أنواع المنهج الوصفي والذي هو بدوره من أنواع المنهج الوصفي، وهناك رأي آخر يتزعمه هيل وى، والذي يعد من أوائل من كتب عن المنهج الوثائقي ويعتبره منهج قائم بذاته حيث قال:(عندما يريد الباحث أن يدرس وقائع وحالات ماضية أو عندما يريد تفسير وثائق تربوية ذات ارتباط بالحاضر، فلا بد له من منهج يختلف عن المنهج الوصفي وعن المنهج التجريبي، وهذا المنهج هو المنهج الوثائقي والذي يعني الجمع المتأني والدقيق للوثائق عن مشكلة البحث، ومن ثم القيام بتحليلها تحليلاً يستطيع الباحث بموجبه استنتاج ما يتصل بمشكلة البحث من نتائج).

إذا قارنا بين المناهج التاريخية والمنهج الوثائقي نجد أنه هنالك تشابها في خطوات كل منهما، والتي حددها هيل وي بقوله (أهم خطوات المنهج الوثائقي هي تحديد المصادر وتقويمها تقويماً خارجياً وتقويماً داخلياً ومن ثم تفسيرها)، وبالرغم من التشابه بين المنهجين فإن بعض الباحثين يرون أن المنهج الوثائقي أن المنهج الوثائقي يعد واحداً من المناهج التي تصف الظاهرة، وبعضهم يؤكد على أن استخدام الوثائق في البحث الوصفي لابد أن يتبعه تطبيق أنواع النقد التي تستعمل في المنهج التاريخي.

وهناك من يرى أن مدلول مصطلحات البحث التاريخي والمكتبي وتحليل المحتوى واحد وهو مرادف لمدلول مصطلح التحليل الوثائقي الذي يعني بالتحليل الكمي للوثائق والسجلات حيث يقول أحد العلماء تحت عنوان التحليل الوثائقي:

(أن التحليل الوثائقي يتم من خلال الوثائق المتوفرة ويسمى منهج البحث المكتبي أو البحث التحليلي أو تحليل المحتوى، ويأخذ التحليل الوثائقي الطابع الكمي في سرد ما يمكن تعريفه وتحديده من الخصائص، وهذا لا يغني عن التفسير الكيفي الذي يعد ضرورياً ومهماً لتقرير ماذا يجب أن يتجه إليه اهتمام الباحث لعده كمياً).

وهناك من لا يرى المنهج الوثائقي قائماً بذاته، إنما هناك منهجاً تاريخياً يطبق عند الرغبة في الإجابة عن سؤال عن الماضي من خلال تحليل المصادر التاريخية الأساسية و الثانوية، أو منهج البحث المكتبي الذي يطبق عند ما يراد الإجابة عن سؤال عن الحاضر من خلال تحليل المصادر المعاصرة أساسية كانت أم ثانوية ومن هؤلاء مقراث الذي يقول: (الأدلة العلمية تعد أهم مطلب للباحث وعلى قدر علمية تلك الأدلة تكون نتائج البحث ذات قيمة علمية كبيرة، ويقول عن المنهج التاريخي، إن البحث قد يتطلب أدلة وثائقية للتطور التاريخي للموضوع المراد دراسته، مما يحتم على الباحث الرجوع إلى المصادر الأساسية).

كيفية تطبيق البحث الوثائقي:

خطوات تطبيقه تشبه خطوات المنهج التاريخي تماماً والفارق الوحيد بينهما أن خطوات البحث الوثائقي تطبق على مصادر معاصرة أساسية وثانوية، بينما التاريخي فهي تطبق على مصادر تاريخية أساسية وثانوية، وقد ذكر هيل وي بأن أهم خطوات البحث الوثائقي هي تحديد مصادر البحث وتقويمها خارجياً وداخلياً ومن ثم تفسيرها.

مميزات وعيوب المنهج الوثائقي:

يمتاز البحث الوثائقي بالشمولية في بحث الظاهرة، كما أنه يتلافى القصور الذي تتعرض له بعض أنواع المنهج الوصفي، وهو كذلك لا يعتمد على التحليل الكمي، وأما أبرز عيوبه فتتلخص في كونه يتأثر بذاتية الباحث.

الفصل الثالث

التنشئة الاجتماعية

الفصل الثاني
التنشئة الاجتماعية

- مقدمة
- مفهوم التنشئة الاجتماعية
- مقومات التنشئة الاجتماعية
- الأسس النظرية لعملية التنشئة الاجتماعية
  - أولاً: نظرية التفاعل الرمزي
  - ثانياً: النظرية البنائية الوظيفية
  - ثالثاً: نظرية التعلم الاجتماعي
  - رابعاً: نظرية التربية الاجتماعية
- خصائص التنشئة الاجتماعية
- أهداف التنشئة الاجتماعية
- شروط التنشئة الاجتماعية
- العوامل المؤثرة في التنشئة الاجتماعية
- مؤسسات التنشئة الاجتماعية
  - أولاً: الأسرة
  - ثانياً: المدرسة
  - ثالثاً: دور العبادة
  - رابعاً: جماعة الأقران
  - خامساً: وسائل الإعلام

الفصل الثالث
التنشئة الاجتماعيـــــــة

مقدمة

إن الفرد ككائن عضوي يتشكل ويصبح كائناً عضوياً اجتماعياً عن طريق المجتمع وثقافته وهكذا ينمو من خلاله وعلى الرغم من أن الفرد يولد وهو مزود بأنماط سلوكية وراثية وبيولوجية مع استعداد لتقبل التكيف مع بيئته الاجتماعية، إلا أن الفرد محتاج أشد الاحتياج إلى من يأخذ بيده ويوجه الوجهة السليمة واللازمة ليستطيع العيش ولا يتأتى كل هذا من فراغ أو بمحض الصدفة بل إنما ينشأ من خلال أخطر وأكثر العمليات الاجتماعية أهمية في الحياة ألا وهي التنشئة الاجتماعية.

مفهوم التنشئة الاجتماعية:

لقد اتخذ مفهوم التنشئة الاجتماعية مصطلحات وأبعاد متنوعة بسبب تنوع واختلاف العلوم كل حسب تخصصه ومنظوره كالتعلم الاجتماعي والاندماج الاجتماعي والتطبيع الاجتماعي ولا تخرج هذه التسميات في نظر علماء الاجتماع عن كونها "عمليات" والتي يتم من خلالها إعداد الفرد ليأخذ مكانة في الجماعة التي ولد فيها.

فالتنشئة الاجتماعية هي عملية تفاعل يتم عن طريقها تعديل سلوك الشخص بحيث يتطابق مع توقعات أعضاء الجماعة التي ينتمي إليها. وهي العملية القائمة على التفاعل الاجتماعي التي يكتسب فيها الطفل أساليب ومعايير السلوك والقيم المتعارف عليها في جماعته، بحيث يستطيع أن يعيش فيها ويتعامل مع أعضائها بقدر مناسب من التناسق والنجاح.

وعرفها فليب مايرfilipmayer بأنها:" عملية يقصد بها طبع المهارات والاتجاهات الضرورية التي تساعد علي أداء الأدوار الاجتماعية في المواقف المختلفة" أما نيكومبNewcomb فيرى التنشئة الاجتماعية أنها " تعلم الفرد من خلال التفاعل الاجتماعي للمعايير والأدوار والاتجاهات، وهي عملية نمو فالفرد يتحول من مركزه حول ذاته إلي فرد ناضج يدرك معنى المسؤولية الاجتماعية".

ويمكن أن تعرف التنشئة الاجتماعية على أنها العملية التي تتشكل فيها معايير الفرد ومهاراته ودوافعه واتجاهاته وسلوكه لكي تتوافق مع تلك التي يعتبرها المجتمع مرغوبة ومستحسنه لدورة الراهن أو المستقبل في المجتمع.

مقومات التنشئة الاجتماعية:

تعد التنشئة الاجتماعية عملية تفاعل اجتماعي يكتسب فيها الفرد شخصيته الاجتماعية التي تكسبه ثقافة المجتمع، ففي هذه العملية يقوم المجتمع بمؤسساته وجماعاته بتنشئة صغاره. فإنه يمكن تصنيف العناصر أو المقومات الأساسية والتي تكمن في الفرد، الثقافة والمجتمع في ثلاث فئات هي:

1) <u>الفرد</u>: الفرد كعضو يتكيف بيولوجيا مع وسطه المادي. كما أنه نسق مفتوح في حالة تكيف دائم مع المؤثرات البيئية المادية (حرارة، ضغط، ضوء، صوت) وهو نسق مفتوح يتكيف باستمرار مع وسطه الاجتماعي من الناحية النفسية والاجتماعية ،يؤثر ويتأثر بالأفراد المحيطين به من خلال الأدوار التي يحتلها وما تحمله تلك الأدوار من توقعات سواء بالنسبة لحقوقه أو واجباته فالبيئة الاجتماعية ملازمة للفرد ووجودها يعني وجوده ووجوده يعني وجودها، " فالأنا لا تكون إلا من خلال علاقتي بأنت " .هذا المنظور يؤكد ديناميكية الوسط الاجتماعي والفرد ويعطي مظهر الثبات والتنظيم والتعدد والاختلاف داخل هذا الثبات والتنظيم. إن التفاعل بين الفرد والآخر يؤدي من جهة إلى استمرارية التراث الثقافي وتطويره، من جهة ثانية إلى نمو الفرد نفسيا

واجتماعيا في إطار التفاعل مع مكوناته الوراثية والبيولوجية الذاتية مما تؤدي إلى خلق الشخصية الفردية، وقد ذكر لينتون أن المجتمعات عبارة عن جماعات من الأفراد المنظمين وليست الثقافات في نهاية التحليل إلا اتساقا من استجابات متكررة ومشتركة بين أعضاء المجتمع. وأضاف كاردينر " إننا لا نستطيع أن ندرس الفرد بمعزل عن المؤسسات التي يعيش فيها ومن المستحيل أن نفهم المؤسسات دون أن ندركها على أنها من خلق الإنسان وسواء كانت نقطة الانطلاق في الفرد أو المؤسسة فلا بد من معرفة الاثنين في نهاية الأمر".

2) <u>المجتمع</u>: إن المجتمع مدرسة كبيرة يتلقى فيها الفرد دروسا عملية كثيرة قد لا يتيسر أن يتلقاها في حياته، وفي المجتمع يكسب الفرد ما لديه من السلوك، ولا يقف الأمر عند هذا الحد بل يتلقى من المجتمع دروسا مختلفة الأنواع والصور يصقل بها معارفه وخبراته. ويتكون المجتمع من عناصر متصلة بالمجتمع الكلي هي:

أ- <u>المعايير</u>: فهي التي تحدد السلوك المقبول وسلوك غير المقبول في الجماعة، فالنظام مثلاً قيمه يحترمها الناس في المجتمع ويعلون من شأنها.

ب- <u>الأدوار الاجتماعية والمكانة في المجتمع</u>: المكانة والمركز الاجتماعي هي وضع معين في البيئة، أو التركيب الاجتماعي في جماعة معينة. فالأم لها مكان وادوار اجتماعية فهي أم وزوجة وربة بيت، وأي جماعة يتفاعل معها الطفل عبارة نسيج متشابك من المكونات الاجتماعية وهو في تفاعله مع هذه الجماعات يتوقع أنماط سلوكية معينة.

ج- <u>القيم</u>: هي الأفكار التي تحدد ما هو حسن مقبول وما هو سيئ مرفوض، يقصد بها التصورات والمفاهيم الدينامية الصريحة أو الضمنية التي تميز الفرد أو الأسرة وتحدد ما هو مرغوب فيه اجتماعيا، وتؤثر في اختيار الأهداف والطرق و الأساليب والوسائل الخاصة بالعلل، وتجسد مظاهرها في اتجاهات

الأفراد والجماعات، وأنماطهم السلوكية ومثلهم ومعتقداتهم ومعاييرهم، ورموزهم الاجتماعي .

د- **المؤسسات الاجتماعية:** تخضع عمليات التنشئة الاجتماعية في جزء كبير منها إلى المؤسسات الاجتماعية فالأسرة أول خلية ومؤسسة للتنشئة تليها المدرسة وهي عبارة عن بيئة اجتماعية معينة فيها أدوار ومكانات كما أنها تعكس قيم المجتمع وكذلك دور العبادة والأندية الرياضية.

٥- **القطاعات الاجتماعية والثقافية والاقتصادية:** ومنها الطبقة الاجتماعية أو المستوى الاجتماعية والاقتصادي واختلاف الطبقة والثروة والامتياز والسلطة بين أفراد المجتمع، وكذلك الموقع والبيئة مما يؤدي إلى اختلاف الأفراد من بيئة إلى أخرى (سياحية، قروية، بدوية، حضرية).

3) **الثقــافة** : هي ذلك الكم الذي يشمل المعارف والمعتقدات والفنون والقواعد الأخلاقية والقوانين والمهارات والقدرات التي يكتسبها الفرد من المجتمع الذي يعيش فيه. وهي كل ما يتعلمه الفرد من عادات وتقاليد وقيم واتجاهات ومعتقدات دينية واجتماعية وأنشطة مركبة. ويتعلم الفرد عناصر الثقافة الاجتماعية المحيطة به أثناء نموه الاجتماعي عن طريق التنشئة الاجتماعية .

فالثقافة بما هي تنشئة اجتماعية تمثل مكانة هامة جدا خلال سنوات الطفولة وصولا إلى سن الرشد، وخلال هذه السنوات تتم عملية الانتماء الاجتماعية، كما تشكل الهوية الذاتية التي يلعب المحيط الاجتماعي الدور الحاسم فيها كما أن الثقافة لا تقتصر على تكوين الهوية بل تتعداه إلى تكوين الشخصية بمجملها وتحديد السلوك فمن خلال العائلة التي تمثل المحيط الاجتماعي الأقرب وهي تزود الطفل والمراهق بالمبادئ الأولى التي تمكنه من توظيف وأعمال عقلاني لقدراته بطريقة تمكنه من بلوغ مرتبة الثقافة بعد مرحلتي التربية والتعليم. فالثقافة ليست فحسب مجموعة معارف أو نشاطات متنوعة بل هي نمط حياة وسلوك، والميراث الاجتماعي أو ما يعرف - بالمحيط الاجتماعي الثقافي.

- فالثقافة تمثل العلم والمعرفة و تمارس الثقافة وظائف سيكواجتماعية تختلف عن تلك التي تؤديها المؤسسات العديدة وذلك لأنها تظم المجتمع في شموليته.
- كما أنها تقدم للمجتمع نماذج ثقافية أي مواد يبنى من خلالها أنماط الحياة، فالثقافة بهذا المعنى تقوم بدور مدمج ينشى السلوكيات.
- وتعمل الثقافة على تشكيل الشخصية بتوفيرها أساليب التصرف والتوجيه لأذواقها وإملاء اختياراتها.
- وبوصفها مجموعة أساليب حياة منظمة ليست الثقافة ثمرة الميراث لكنها نتيجة التعليم. وتكتسب الثقافة وفق طريقتين محددتين التنشئة والتثقيف فالتنشئة تستند إلى الاندماج الناجح لفرد في مجموعة ما، أما التثقيف فهو يشير إلى التنشئة التي لا تقف عند تكييف السلوك ولكنها تستنبط النماذج السلوكية القيمة التي تقترحها الجماعة.

الأسس النظرية لعملية التنشئة الاجتماعية:

إن عملية التنشئة الاجتماعية ترتكز على كيفية تنشئة الأطفال بحيث يصبحون أعضاء أكفاء في المجتمع, فالأساليب أو الأنماط التي ينتهجها الوالدين في التنشئة تساهم وبشكل فعال في التنشئة الاجتماعية . وقد أسهم كل من علم الاجتماع بمدخله البنائي الوظيفي والاتجاه التفاعلي، وعلم النفس الاجتماعي في زيادة فهم عملية التنشئة الاجتماعية. والطب النفسي والعقلي ومدخل التحليل. وهناك عدد كبيرا من النظريات الشاملة أو الجزئية التي يمكن أن تصلح لتحليل هذه العملية منها:

أولاً - نظرية التفاعل الرمزي:

تعتقد نظرية التفاعل الرمزي أن عملية التنشئة الاجتماعية تستمر مدى الحياة، وأن التنشئة والسلوك الذي يعتبر تعبيرا عن عملياتها لا يعتمد في كثير من

نواحيه على الدوافع أو الحاجات أو العمليات اللاشعورية أو الخصائص الفطرية أو البيولوجية و إنما يعتمد أكثر على العمليات التفاعلية وعلى المعاني المستدمجة للذات أو للآخرين.

لقد حدد جورج هربرت ميد مجموعة كاملة من العمليات التي تحدث بين الأفراد استخدام رموز لها بين مستويين من التفاعل الاجتماعي في المجتمع الإنساني ومن خلالهم ولقد أطلق على المستوى الأول التفاعل (غير الرمزي) أما المستوى الثاني فأطلق عليه (التفاعل الرمزي). ويندمج الأفراد في الحياة بوجه عام أو في الزواج و الأسرة بصفة خاصة، في تفاعل غير رمزي. ويندمج الأفراد في الحياة بوجه عام أو في الزواج و الأسرة بصفة خاصة، في تفاعل غير رمزي حيث يستجيبون في الحال لحركات الآخرين الجسمانية وتعبيراتهم ونبرات أصواتهم، ولكن كثير من تفاعلاتهم تكون على المستوى الرمزي عندما يحاولون فهم معنى فعل كل واحد منهم.

أما وجهة نظر هذه النظرية حول الدور والمركز فهى ترى أن لكل فرد في المجتمع عدة مراكز بعضها مورث وبعضها مكتسب فمثلا الجنس (ذكر.انثى) والطبقة تعتبر مراكز موروثة أما المركز الزواجي والمركز المهني فهو مركز مكتسب وكل منا يشتغل مراكز عديدة مثل طالب مراهق، موظف طبقة متوسطة وكل مركز يتطلب سلوك معين مناسباً وهو ما يسمى بِ(الدور)، هذا ويشير الدور من وجهة نظر معينة إلى مجموعة من المعايير والتوقعات التي تربط بأوضاع معينة والدور كما يستخدم في الإطار التفاعلي يشير إلى العلاقة ما نفعل نحن وبين ما يفعله الآخرون.

لقد أصبح هذا إطار هذه النظرية مرجعا رئيسيا لكثير من الأبحاث الحالية التي تهتم بالأشخاص داخل محيط الأسرة، وهذا الأمر الذي أدى إلى توجيه عناية كبيرة إلى علاقات الزوج بالزوجة والآباء بالأبناء والأدوار التي تحكمها، والموقف الزواجي وتمثل التنشئة من جانب آخر محوراً هاما في مدخل التفاعل الرمزي لمالها من أهمية مركزية في التنظيم الأسري.

ثانياً - النظرية البنائية الوظيفية:

ترتكز النظرية على أن الأسرة بناء يحقق وظيفة مجتمعية، وتنظر للتنشئة الاجتماعية كعملية اجتماعية تعليمية تستهدف إكساب النشء ثقافة المجتمع، وأن الأسرة تقوم بوظيفة هامة لأعضائها ولمجتمعها تتمثل في إشباع حاجات الأعضاء الاجتماعية النفسية والاقتصادية والحماية والأمن وإكساب المكانة التي تعتبر الوظيفة محورية تربط الأسرة بالمجتمع، وذلك لإعداد النشء لأداء أدوارهم الاجتماعية وإكسابهم الهوية.

وتشير النظرية إلى أن الأسرة نسق فرعي للنسق الاجتماعي تتفاعل مع عناصره للمحافظة على البناء الاجتماعي وتحقيق توازنه، وبذلك يتعرض الأبناء أثناء التنشئة الاجتماعية لعمليات التنشئة الأسرية والامتثال التي تساعده على التوافق الاجتماعي وارتباطها بعملية التعلم .وفي هذه العملية يستقي الأبناء اتجاهات الوالدين ومواقفهما عن طريق التقليد والمحاكاة للقول أو الفعل أو السلوك وبذلك نجد أن هناك أدوار محدد للذكور وأخرى للإناث يلتزم بها الجميع. وترتكز النظرية على العلاقات الاجتماعية داخل الأسرة، وبين الأسرة والوحدات الاجتماعية من خلال الدور الذي تؤديه في عملية التنشئة الاجتماعية للأعضاء الجدد في المجتمع

ثالثاً - نظرية التعلم الاجتماعي:

تعرف هذه النظرية بأسماء أخرى مثل نظرية التعلم بالملاحظة والتقليد، أو نظرية التعلم بالنمذجة، وهي من النظريات الانتقائية، تنطلق من افتراض رئيسي مفاده أن " الإنسان كائن اجتماعي يعيش ضمن مجموعة من الأفراد يتفاعل معها ويؤثر ويتأثر فيها"، وبذلك فهو يلاحظ سلوكات وعادات واتجاهات مجموعة من الأفراد الآخرين ويعمل على تعلّمها من خلال الملاحظة والتقليد .فوفقاً لهذه النظرية فإن الأفراد يستطيعون تعلم العديد من الأنماط السلوكية لمجرد ملاحظة سلوك الآخرين، حيث يعتبر هؤلاء بمثابة نماذج تم الاقتداء بهم و بسلوكياتهم.

فسرت نظرية التعلم الاجتماعي التعلم على أساس ما يجري خارج الفرد من عمليات، مع عدم إعطاء أهمية لما يجري داخل الفرد كما فعل واطسون، وإعطاء أهمية قليلة للذاكرة و الإدراك. والمبادئ الأساسية لنظرية التعلم الاجتماعي هي الافتراض الشرطي والملاحظة والتعميم والتدعيم والانطفاء، تفسر كيف يمكن للفرد أن يتعلم المعتقدات والقيم والمفاهيم والسلوكيات، وسلم السلوك المقبول أو المرفوض.

إن نظرية التعلم الاجتماعي تؤكد على دور الوالدين أو غيرهما من النماذج في عملية التعلم للطفل، إن الوالدين كليهما يعملان ويقدمان النموذج لسلوك ذريتهما، وكذلك تقول النظرية بأن الأطفال يكتسبون الاتجاهات السلبية إزاء مختلف الجماعات نتيجة سماعهم لوجهات نظر سليمة حول هذه الجماعات من قبل الأشخاص المهمين في حياتهم، أو نتيجة لمكافأة هؤلاء الأشخاص الأطفال عند التصريح بمثل وجهات النظر هذه، فقد وجد آشمو و ديل بوكا **(Ashmar et Delbaca)** أن اتجاهات الأطفال العنصرية تكون قريبة من اتجاهات والديهم وما يلاحظونه منهم .

رابعاً - نظرية التربية الاجتماعية:

يعد اميل دوركايم من الرواد الذين ألقوا الضوء تبيينا وتفصيلاً على الأهداف والاتجاهات الأساسية لنظرية التنشئة الاجتماعية، وهو يرى أن التنشئة الاجتماعية أو التربية بالنسبة له ما هي إلا تنشئة اجتماعية منهجية للأجيال الناشئة، ويقصد دوركايم بالتنشئة أو التربية الاجتماعية أنها عملية إزاحة الجانب البيولوجي، والبحث عن نفسية الطفل و إحلال نماذج السلوك الاجتماعي محله .

وترى النظرية أن الطفل في مراحل نموه الأولى ما هو إلا كائن بيولوجي بحت، خالي من أي خصائص اجتماعية، ومن ثمة تأتي بعد ذلك عملية التنشئة الاجتماعية التي ربطها دوركايم بالتربية كي يتحقق من خلالها التفاعل بين

إمكانيات الفرد للتعلم وقبول التربية وبين الظروف الاجتماعية التي تخلق منه كائناً اجتماعياً فعالا، لديه من الإمكانيات الاجتماعية التي تخلق منه كائناً اجتماعياً فعالاً ولديه الإمكانيات والقدرات ما يمكنه من القيام بالسلوك الاجتماعي في القطاعات المختلفة للمجتمعً.

خصائص التنشئة الاجتماعية :

هناك مجموعة من الخصائص التي تتميز بها عملية التنشئة منها:

1) **إنها عملية نسبية:** أي تختلف باختلاف الزمان والمكان كما تختلف باختلاف الطبقات الاجتماعية داخل المجتمع الواحد كما أنها تختلف من بناء لآخر ومن تكوين اجتماعي واقتصادي لآخر.

2) **إنها عملية ديناميكية تحركيه مستمرة وفي تفاعل متغير**، وهي بالتالي عملية أخذ وعطاء بحيث يصبح الفرد مكتسبا للثقافة التي يعيشها، ومن ثم ينقل الثقافة للآخرين.

3) **إنها عملية فردية اجتماعية:** بمعنى أنها فردية خاصة بالفرد، بالإضافة إلى كونها اجتماعية لا تتم إلا ضمن الجماعة وفي الإطار الجماعي والاجتماعي.

4) **إنها عملية مستمرة:** فالمشاركة المستمرة في مواقف جديدة متجددة، تتطلب تنشئة مستمرة يقوم بها الفرد بنفسه ولنفسه حتى يتمكن من مقابلة المتطلبات الجديدة للتفاعل وعملياتها المختلفة والتي لانهاية لها مما يترتب عليه ألا تكتمل التنشئة على الإطلاق، ولا تبقى الشخصية ثابتة في تفصيلها أبداً فالتنشئة تساير الإنسان عبر أطوار حياته المتنامية .

5) **عملية تحول اجتماعي:** أي يتحول من خلالها الفرد من طفل يعتمد على غيره متركزا حول ذاته إلى شخص ناضج يدرك معنى المسؤولية الاجتماعية وتحملها.

6) **إنها عملية معقدة**: أي إنها عملية متشعبة تستهدف مهمات كبيرة تعتمد على أساليب ووسائل كثيرة لتحقق ما تهدف إليه.

7) **تعدد وتنوع مؤسساتها وأساليبها**: الأماكن التي تتم بها عملية التنشئة المقصودة وغير المقصودة متنوعة فهناك الاسر الصغيرة، والدولة والمدرسة والمعهد والجامعة ودور العبادة، وأماكن العمل ووسائل الإعلام والنوادي الرياضية والاجتماعية والثقافية والثقافة المجتمعية و...الخ.

أهداف التنشئة الاجتماعية:

1) الهدف الأساسي من عملية التنشئة تكوين الشخصية الإنسانية وتكوين ذات الطفل عن طريق إشباع الحاجات الأولية له، بحيث يستطيع فيما بعد أن يجد نوعاً من التوافق و التآلف مع الآخرين من جهة ومع مطالب المجتمع والثقافة التي يعيش فيها من جهة أخرى.

2) التدريبات الأساسية لضبط السلوك وأساليب إشباع الحاجات: فمن خلال هذه العملية يكتسب الطفل من أسرته اللغة والعادات الفطرية والاجتماعية والنفسية والتقاليد السائدة في مجتمعه، والمعاني المرتبطة بأساليب إشباع حاجاته.

3) اكتساب المعرفة والقيم والاتجاهات وكافة أنماط السلوك وحيث أنها تشمل أساليب التعلم والتفكير الخاصة بالمجتمع الذي يعيش فيه الإنسان واكتساب العناصر الثقافية للجماعات والتي تصلح لتكوينه الشخصي.

4) غرس النظم الأساسية في الفرد، وغرس الطموح والتقدم في النفس وحياة الفرد.

5) غرس الهوية في الفرد وفقا لاحتياجاته وقدراته التعليمية والمهنية ، وغرس الهوية القومية.

وتعرّف بأنها العملية المجتمعية التي يتم خلالها تشكيل وعي الفرد ومشاعره وسلوكه وعلاقاته بحيث يصبح عضواً فاعلاً ومتفاعلاً ومنسجماً ومنتجاً في المجتمع.

شروط التنشئة الاجتماعية:

1) **وجود مجتمع**: الإنسان كائن اجتماعي لا يستطيع أن يعيش بمعزل عن الجماعة فهو منذ أن يولد يمر بجماعات مختلفة فينتقل من جماعة إلى أخرى محققاً بذلك إشباع حاجاته المختلفة، والمجتمع يمثل المحيط الذي ينشأ فيه الطفل اجتماعياً وثقافياً، وبذلك تتحقق التنشئة الاجتماعية من خلال نقل الثقافة والمشاركة في تكوين العلاقات مع باقي أفراد الأسرة بهدف تحقيق تماسك المجتمع ,وللمجتمع عدة معايير وملامح مميزة له وتتمثل: بالمعايير والمكانة والمؤسسات والثقافة.

2) **توفر بيئة بيولوجية سليمة**: توفير البيئة البيولوجية السليمة للطفل يمثل أساس جوهري ذلك لأن عملية التنشئة الاجتماعية تكون شبه مستحيلة إذا كان الطفل معتلاً أو معتوهاً، خاصة وأن هذه المشكلة ستبقى ملازمة ودائمة تميزه عن غيره، وبالرغم من ذلك فإن المجتمع ملزم بتوفير كافة الوسائل التي من شأنها تسهيل عملية التنشئة الاجتماعية لهذه الفئة من الناس، فمن الواضح أن الطبيعة البيولوجية للإنسان تكون وتشكل الجسم، وهي بذلك لها أثر كبير في التنشئة الاجتماعية ولا يمكن عزل العوامل البيولوجية عن الواقع الاجتماعي.

3) **توفر الطابع الإنساني**: وهو أن يكون الطفل أو الفرد ذو طبيعة إنسانية سليمة، وقادراً على أن يقيم علاقات وجدانية مع الآخرين، وهو ما يميز الإنسان عن غيره من الحيوانات وتتألف الطبيعة الإنسانية من العواطف، وتعتبر المشاركة هي أكثر العواطف أهمية، وهي تدخل في عواطف أخرى كالحب والكراهية والطموح والشعور بالخطأ والصواب، والعواطف الموجودة في العقل الإنساني تكتسب عن طريق المشاركة، وتزول بفعل الانطواء وهنا يأتي دور التنشئة الاجتماعية في دفع الإنسان إلى المشاركة الفعالة في واقعه الاجتماعي المحيط به.

العوامل المؤثرة في التنشئة الاجتماعية:

الأسرة هي أول عالم اجتماعي يواجهه الطفل، وأفراد الأسرة هم مرآة لكل طفل لكي يرى نفسه والأسرة بالتأكيد لها دور كبير في التنشئة الاجتماعية، ولكنها ليست الوحيدة في لعب هذا الدور ولكن هناك الحضانة والمدرسة ووسائل الإعلام والمؤسسات المختلفة التي أخذت هذه الوظيفة من الأسرة، لذلك قد تعددت العوامل التي كان لها دور كبير في التنشئة الاجتماعية سواء كانت عوامل داخلية أم خارجية.

أولاً - العوامل الداخلية:

1) **الديــــــــن**: يؤثر الدين بصورة كبيرة في عملية التنشئة الاجتماعية وذلك بسبب اختلاف الأديان والطباع التي تنبع من كل دين، لذلك يحرص كل دين على تنشئة أفراده حسب المبادئ والأفكار التي يؤمن بها.

2) **الأســـــرة**: هي الوحدة الاجتماعية التي تهدف إلى المحافظة على النوع الإنساني فهي أول ما يقابل الإنسان، وهي التي تساهم بشكل أساسي في تكوين شخصية الطفل من خلال التفاعل والعلاقات بين الأفراد، لذلك فهي أولى العوامل المؤثرة في التنشئة الاجتماعية، ويؤثر حجم الأسرة في عملية التنشئة الاجتماعية وخاصة في أساليب ممارستها حيث أن تناقص حجم الأسرة يعتبر عاملاً من عوامل زيادة الرعاية المبذولة للطفل.

3) **نوع العلاقات الأسرية**: تؤثر العلاقات الأسرية في عملية التنشئة الاجتماعية حيث أن السعادة الزوجية تؤدي إلى تماسك الأسرة مما يخلق جواً يساعد على نمو الطفل بطريقة متكاملة.

4) **الطبقة الاجتماعية التي تنتمي إليها الأسرة**: تعد الطبقة التي تنتمي إليها الأسرة عاملاً مهماً في نمو الفرد، حيث تصبغ وتشكل وتضبط النظم التي تساهم في تشكيل شخصية الطفل، فالأسرة تعتبر أهم محور في نقل الثقافة والقيم للطفل التي تصبح جزءاً جوهرياً فيما بعد.

5) **الوضع الاقتصادي والاجتماعي للأسرة**: لقد أكدت العديد من الدراسات أن هناك ارتباط إيجابي بين الوضع الاقتصادي والاجتماعي للطفل وبين الفرص التي تقدم لنمو الطفل، والوضع الاقتصادي من أحد العوامل المسئولة عن شخصية الطفل ونموه الاجتماعي.

6) **المستوى التعليمي والثقافي للأسرة**: يؤثر ذلك من حيث مدى إدراك الأسرة لحاجات الطفل وكيفية إشباعها والأساليب التربوية المناسبة للتعامل مع الطفل.

7) **نوع الطفل (ذكر أو أنثى) وترتيبه في الأسرة**: حيث أن أدوار الذكر تختلف عن أدوار الأنثى فالطفل الذكر ينمى في داخله المسئولية والقيادة والاعتماد على النفس، في حين أن الأنثى في المجتمعات الشرقية خاصة لا تنمى فيها هذه الأدوار، كما أن ترتيب الطفل في الأسرة كأول الأطفال أو الأخير أو الوسط له علاقة بعملية التنشئة الاجتماعية سواء بالتدليل أو عدم خبرة الأسرة بالتنشئة وغير ذلك من العوامل.

ثانياً - العوامل الخارجية:

1) **المؤسسات التعليمية**: وتتمثل في دور الحضانة والمدارس والجامعات ومراكز التأهيل المختلفة.

2) **جماعة الرفاق**: حيث الأصدقاء من المدرسة أو الجامعة أو النادي أو الجيران وقاطني نفس المكان وجماعات الفكر والعقيدة والتنظيمات المختلفة.

3) دور العبادة:مثل المساجد والكنائس وأماكن العبادة المختلفة.

4) **ثقافة المجتمع**: لكل مجتمع ثقافته الخاصة المميزة له والتي تكون لها صلة وثيقة بشخصيات من يحتضنه من الأفراد، لذلك فثقافة المجتمع تؤثر بشكل أساسي في التنشئة وفي صنع الشخصية القومية.

5) **الوضع السياسي والاقتصادي للمجتمع**: حيث أنه كلما كان المجتمع أكثر هدوءاً واستقراراً ولديه الكفاية الاقتصادية كلما ساهم ذلك

بشكل إيجابي في التنشئة الاجتماعية، وكلما اكتنفته الفوضى وعدم الاستقرار السياسي والاقتصادي كان العكس هو الصحيح.

6) **وسائل الإعلام**: لعل أخطر ما يهدد التنشئة الاجتماعية الآن هو الغزو الثقافي الذي يتعرض له الأطفال من خلال وسائل الإعلام المختلفة وخاصة التلفاز، حيث يقوم بتشويه العديد من القيم التي اكتسبها الأطفال إضافة إلى تعليمهم العديد من القيم الأخرى الدخيلة على الثقافة العربية.

مؤسسات التنشئة الاجتماعية:

هناك كثير من المؤسسات والجماعات التي تلعب دوراً رئيسياً في عملية التنشئة منها: الأسرة والمدرسة,و جماعة الرفاق, وأماكن العبادة ,والنوادي ووسائل الأعلام, والوسائط الثقافية المسموعة والمكتوبة والمرئية, وجميعها عوامل حتمية وفاعلة في عملية التنشئة الاجتماعية. وتتداخل هذه العوامل لتشكل سلوك الطفل وتوجه حياته وتشكلها في مراحلها المبكرة. وعلى الرغم من اختلاف تلك المؤسسات في أدوارها إلا أنها تشترك جميعاً في تشكيل قيم الطفل ومعتقداته وسلوكه بحيث يسلك النمط المرغوب فيه دينياً وخلقياً واجتماعياً.ولا يقتصر دور هذه المؤسسات على المراحل المبكرة من عمر الطفل, ولكن يستمر تأثيرها في ممارسة تدخلها فترة طويلة من الزمن .

أولاً - الأســـــــــرة:

إن للأسرة تأثير كبير في حياة الطفل خاصة في السنين الأولى من عمرة فهي تمثل عالم الطفل الكلي وتؤثر بدرجة كبيرة على تطوير شخصيته ونموه. ويبدأ هذا التأثير بالاتصال المادي والمعنوي المباشر بين الأم وطفلها. فالأم ترعاه وتحنو عليه وتشبع حاجاته كما أن لدور الأب والإخوة تأثير كبير على تنشئه الطفل وتطوير شخصيته الاجتماعية. إن شخصية الوالدين وموقع الطفل بالنسبة لأخوته ومركز العائلة الثقافي والاقتصادي وصلة القرابة كلها عوامل أساسية خاصة في

السنين الأولى من عمره. فتأثير الأسرة يصيب أبعاد حياة الطفل الجسدية والمعرفية والعاطفية والسلوكية والاجتماعية مما يجعل تأثيرها حاسماً في حياته.

كما أن الأسرة تنقل للطفل قيم ومعايير وتحدد المواقف من مختلف القضايا الاجتماعية والمثل العليا وكذلك مفهوم القانون والمسموح والممنوع كل هذا يشكل هوية الطفل وانتمائه, ودور الأسرة لا يقتصر فقط على إشباع الحاجات المادية له, وإنما هي المؤسسة الرئيسية التي تساهم في نقل الميراث الاجتماعي وبناء الشخصية وترسيخ الانتماء عنده.

تستخدم الأسرة آليات متعددة لتحقيق وظائفها في التنشئة الاجتماعية، وهذه الآليات تدور حول مفهوم التعلم الاجتماعي الذي يعتبر الآلية المركزية للتنشئة الاجتماعية في كل المجتمعات مهما اختلفت نظرياتها وأساليبها في التنشئة، ومهما تعددت وتنوعت مضامينها في التربية.

وهذه الآليات هي:

1) **التقليـــــــــد**: فالطفل يقلد والديه ومعلميه وبعض الشخصيات الإعلامية أو بعض رفاقه.
2) **الملاحظة**: يتم التعلم فيها من خلال الملاحظة لنموذج سلوكي وتقليده حرفياً.
3) **التوحـــــد**: يقصد به التقليد اللاشعوري وغير المقصود لسلوك النموذج.
4) **الضبـــــط**: تنظيم سلوك الفرد بما يتفق ويتوافق مع ثقافة المجتمع ومعاييره.
5) **الثواب والعقاب**: استخدام الثواب في تعلم السلوك المرغوب، والعقاب لكف السلوك غير المرغوب.

إذا طرأت بعض التغيرات أو المؤثرات داخل الأسرة أدت إلى التضارب في أداء الأدوار وأثرت بالتالي على عملية التنشئة فتصبح هي الأكثر تضرراً من تلك المتغيرات . فالتفكك الأسري أو انفصال أحد الوالدين , وسلبية العلاقة بينهما أو بين

الأبناء, والتميز بين أدوار الذكور والإناث وما ينتج عنه من عدم مساواة, كل ذلك له اثر في توجيه السلوك . كما أن الوضع الاقتصادي المتدني للأسرة يؤثر سلباً في إشباع حاجات الطفل .

إن ما تمر به بعض المجتمعات من مشكلات كالحروب, والمجاعات, وعدم الاستقرار السياسي, وتدهور الأوضاع الاقتصادية, والكوارث الطبيعية, ينعكس سلباً على الخدمات التعليمية والصحية والثقافية وغيرها كلها معيقات حقيقية في وجه عملية التنشئة. ومن الأمثلة على تدني الخدمات المقدمة للأطفال نتيجة لهذه المشكلات معاناة حقيقية شريحة واسعة من أطفال العرب نتيجة لما تمر به مجتمعاتهم من ظروف صعبة كأطفال العراق وجنوب اللبناني وأبناء المخيمات في الأراضي المحتلة والسودان وغيرها والتي أسفرت عن مبادئ اتفاقية حقوق الطفل الصادرة عام 1989 حيث ساهمت في التخفيف من معاناة الأطفال . وقد تضمنت هذه الاتفاقية مبادئ كثيرة منها:

- يجب حماية الطفل بعيداً عن كل اعتبار بسبب الجنس والجنسية أو الدين.
- يجب مساعدة الطفل مع احترام وحدة الأسرة.
- يجب أن يكون الطفل في وضع يمكنه من النمو بشكل عادي من الناحية المادية والمعنوية والروحية.
- يجب أن يكون الطفل أول من يتلقى المعونة وقت الشدة.
- يجب أن يستفيد الطفل استفادة تامة من وسائل الوقاية والأمن الاجتماعية.

وهذه الاتفاقية اكتسبت أهمية خاصة لأنها المرة الأولى في تاريخ القانون الدولي تحدد فيها حقوق الطفل ضمن اتفاقية ملزمة للدول التي تصادق عليها إذا تحدد الاتفاقية معايير لحماية الأطفال وتوفر إطار عمل للجهود التي تبذل للدفاع عنهم وتطوير برامج وسياسيات تكفل لهم مستقبلاً صحياً ومأموناً. وتصنف الحقوق الواردة في الاتفاقية إلى أربع أقسام:

أ- حقوق مدنية.

ب- حقوق اقتصادية .

ج- حقوق اجتماعية وحقوق ثقافية.

ثانياً – المدرســـــــــــة:

تعد المدرسة المؤسسة التعليمية الهامة في المجتمع بعد الأسرة فالطفل يخرج من مجتمع الأسرة المتجانس إلى المجتمع الكبير الأقل تجانساً وهو المدرسة. هذا الاتساع في المجال الاجتماعي وتباين الشخصيات التي يتعامل معها الطفل تزيد من تجاربه الاجتماعية وتدعم إحساسه بالحقوق والواجبات وتقدير المسؤولية، بالإضافة إلى تعليمه آداب التعامل مع الغير .

إن المدرسة تعطي التوجيهات الفكرية والاجتماعية والوجدانية من خلال المناهج الدراسية والكتب التي لا تنقل المعرفة فقط بل أنها تساهم في أنها تساهم في وضع الطفل في قالب معين وتوجهه نحو المجتمع والوطن.

كما تقدم المدرسة إضافة إلى الهدف التعليمي في التنشئة هدفاً آخر من خلال ممارسة السلطة والنظام وأنماط العلاقات في الصف ومع الجهاز التعليمي والرفاق. أي أنها تحدد النماذج المرغوبة للسلوك من خلال صورة التلميذ المثالي أو المشاغب والناجح أو الفاشل وهكذا نلاحظ أن عمليات التربية بين جدران المدرسة تساهم إسهاماً مؤثراً في عملية التنشئة الاجتماعية فهي عبارة عن مجتمع صغير يعيش فيه التلاميذ حيث يوفقون فيه ما بين أنفسهم كأفراد وبين المجتمع الذي يعيشون فيه وهم في هذا المجتمع الصغير يتدربون على العمل الجمعي وتحمل المسؤولية والمشاركة وإطاعة القانون وإدراك معنى الحق والواجب.

ويختلف التعامل في المدرسة بين الطلبة أو الأطفال عنه في البيت, فالطفل في المدرسة يأخذ بمقدار ما يعطي على عكس المعاملة الأسرية التي تتسم بالتسامح والتساهل والتضحية. لذا فالمدرسة تمثل مرحلة هامة من مراحل الفطام النفسي

للطفل فهي تتعهد القالب الذي صاغه المنزل بالتهذيب والتعديل عن طريق أنماط سلوكية جديدة.

ومن أهم العوامل المدرسية التي تؤثر في التنشئة الاجتماعية للطفل: شخصية المدرس فهو مصدر السلطة التي يجب طاعتها, والمثل الأعلى الذي يتمثل به الطفل ومصدر المعرفة, لذا لابد أن يكون المدرس متسلحاً بالتكوين المعرفي والفضائل الأخلاقية والاجتماعية لأن تأثيره كبير في بناء شخصية الطفل اجتماعياً ونفسياً . ولكي تنجح المدرسة كمؤسسة تعليمية في تحقيق وظيفتها الاجتماعية والتربوية لابد أن ترتكز العملية التعليمية على مجموعة من الأسس المقومات يمكن الإشارة منها:

1) **الأهداف التعليمية** : ويقصد بها الأهداف التي تسعي المدرسة إلى تحقيقها علماً بأن لكل مرحلة تعليمية أو نوع من التعليم أهدافه التي تتفق مع احتياجات المجتمع من جهة والى قدرات المتعلم من جهة أخرى.

2) **احتياجات المتعلم وهي:**

أ- مجموعة المعارف والمعلومات والمهارات التي يحتاج المتعلم إلى اكتسابها كي يصل إلى المستوي التعليمي الذي تتطلبه احتياجات المرحلة التعليمية التي يجتازها.

ب- من مجموعة البرامج من أنشطة وخدمات صحية وغذائية وترفيهية ونفسية واجتماعية.

3) **المعلم**. وهو الشخص المتخصص في إيصال المعلومات والمعارف والخبرات التعليمية للمتعلم وذلك باستخدام وسائل وأساليب فنية تحقق الاتصال.

4) **الإمكانيات المادية** : وهي الوسائل اللازمة لتنفيذ العملية التعليمية من مبنى وكتاب ووسائل معينة مختبرات وغرف صفية, و ملاعب إلى آخره. لذلك لابد

أن يتطور مفهوم التعليم من مجرد الدرس والتحصيل للحصول على شهادة إلى اعتبار محور التعليم الإنسان المتعلم كونه عضواً في مجتمع يجب الاهتمام به من خلال مراحل تعليمية في الجوانب النفسية والاجتماعية والخلقية والجسمية والعقلية حتى يتحقق تكامل متزن بين هذه الجوانب. كما يجب أن يتوجه التعليم لتحقيق المبادئ الديمقراطية حتى يسبغ علية الصفة الإنسانية ويصبح التعليم حق لكل فرد بغض النظر عن مستواه الاجتماعي والاقتصادي .

أما إذا أتسم التعليم بالطرق التقليدية في التدريس, وعدم كفاءة المعلمين وعدم كفاية الخدمات التعليمية الأخرى , وتقليدية المناهج وسطحية محتواها تجعل هذه المعارف غير قابلة للاستثمار الوظيفي وبذلك تفقد كل مقومات التعليم القائم على التحليل والاستنتاج والنقد والتفسير والتساؤل وبذلك تصبح المعلومات مفصولة عن الحياة وقضاياها ولا تعطي المجال أمام المشاركة في بناء المعرفة.

وقد حدثت مؤخراً على مستوى العالم بشكل عام إنجازات لا تنكر في ميدان التعليم منذ منتصف القرن الماضي حيث أكدت البحوث التربوية على أهمية سنوات الطفولة المبكرة في تشكيل العقل البشري وتحديد إمكانياته المستقبلية مما يعني التركيز على تعليم الطفل في مرحلة ما قبل المدرسة قبل .كما بدأ الاهتمام بمخرجات التعليم بحيث يتم التركيز على تلبية شروط التنمية ومتطلبات سوق العمل وتفادي البطالة بين المتعلمين حيث بدأ الاهتمام الجدي بالمؤسسة التعليمية حتى تستطيع أن تخدم أهداف التنشئة لان مسؤولية التنشئة الاجتماعية مسؤولية جماعية تقع على عاتق المجتمع والوالدين والمربين والدولة ومؤسساتها الرسمية وغير الرسمية, لأن تحسين أوضاع الطفل تقتضي التنسيق والتكامل بين جميع المؤسسات ذات العلاقة ووضع مصالح الطفل في رأس الأولويات لأن الأطفال الذين يتم الاهتمام بهم اليوم هم ورثه المستقبل فلابد من توفير عناصر البقاء والنماء والحماية لهم يتم التمهيد لبناء مجتمع المستقبل باعتبار أن حقوق الطفل هي أول ما يجب مراعاته واحترامه من قبل المجتمع الدولي وحقوق الطفل هي واجبات على

الآخرين باعتبار أن الاهتمام بالأطفال هو نقطة البداية للوصول إلى التنمية البشرية الشاملة.

ثالثاً - دور العبـادة:

تعمل دور العبادة على تعليم الفرد والجماعة التعاليم والمعايير الدينية التي تمد الفرد بإطار سلوكي معياري، وتنمية الصغير وتوحيد السلوك الاجتماعي، والتقريب بين الطبقات وترجمة التعاليم الدينية إلى سلوك عملي.

رابعاً - جماعة الأقران:

يتلخص دورها في تكوين معايير اجتماعية جديدة وتنمية اتجاهات نفسية جديدة والمساعدة في تحقيق الاستقلال، وإتاحة الفرصة للتجريب، وإشباع حاجات الفرد للمكانة والانتماء.

خامساً - وسائل الإعلام:

يتلخص دورها في نشر المعلومات المتنوعة، وإشباع الحاجات النفسية المختلفة ودعم الاتجاهات النفسية وتعزيز القيم والمعتقدات أو تعديلها، والتوافق في المواقف الجديدة.

الفصل الرابع

القيادة
وعلم النفس الاجتماعي

الفصل الرابع
القيادة وعلم النفس الاجتماعي

- مقدمة
- مفهوم القيادة
- العوامل التي تؤثر في العملية القيادية بعد تسلم القادة مراكز السلطة والنفوذ
- أنماط السلوك القيادي
- القيادة بوصفها عملية
- القيادة والسلطة

الفصل الرابع
القيادة وعلم النفس الاجتماعي

مقدمة

لا بد للمجتمعات البشرية من قيادة تنظم شؤونها وتقيم العدل بينها وقد أمر الرسول صلى الله عليه وسلم بتعيين القائد في أقل التجمعات البشرية حين قال عليه الصلاة والسلام (إذا خرج ثلاثة في سفر فليؤمروا أحدهم)، وقديماً قال القائد الفرنسي نابليون "جيش من الأرانب يقوده أسد أفضل من جيش من الأسود يقوده أرنب" ، وبذلك نرى أن القيادة هي حلقة وصل بين الأفراد لبناء قيم النجاح .

مفهوم القيادة:

فالقود في اللغة نقيض السوق يقال يقود الدابة من أمامها ويسوقها من خلفها فمكان القائد في المقدمة كالدليل والقدوة والمرشد ومن إحدى تعريفات القيادة بأنها هي القدرة على التأثير على الآخرين وتوجيه سلوكهم لتحقيق أهداف مشتركة، فهي إذاً مسؤولية تجاه المجموعة المقودة للوصول إلى الأهداف المرسومة، أما القائد فهو الشخص الذي يستخدم نفوذه وقوته للتأثير على سلوك وتوجهات الأفراد من حوله لإنجاز أهداف محددة.

أما هولاندر (**Hollander**) فيعرّف القائد بأنه الذي يمارس اكبر قدر من التأثير في الجماعة، ويعرف القيادة على أنها العملية التي تمارس من خلالها السلطة على الآخرين. وقد سعت البحوث الأولى في هذا المجال إلى تمييز السمات أو الخصائص التي تؤدي إلى صعود أفراد بعينهم إلى مواقع النفوذ والسلطة. وانصب جل الاهتمام على البحث عما إذا كانت الخصائص القيادية موروثة أم مكتسبة، وبعبارة أخرى ما إذا كان القادة يولدون كذلك أم أن الظروف تصنعهم، وما هو الفرق بين القادة والأتباع؟ ويطلق على المنحى الذي يهتم بالخصائص المميزة للقائد ب"منحى السمات".

أما بحوث المرحلة التالية، فقد ركزت اهتمامها على الكشف عن الظروف التي تؤثر في مدى فعالية الأشخاص الذين يتم تعيينهم للقيام بأدوار قيادية رسمية، وهو ما يحدث في المؤسسات الكبيرة عادة. ويشار إلى هذا المنحى غالبا" ب "المنحى الموقفي" ويقر هذا المنهج بأن القيادة عملية اجتماعية معقدة يعتمد فيها القائد على الجماعة وتعتمد فيها الجماعة على القائد. ويهدف هذا الفصل إلى مراجعة نظريات وبحوث علم النفس الاجتماعي المتصلة بظهور القادة.

العوامل التي تؤثر في العملية القيادية بعد أن يتسلم القادة مراكز السلطة والنفوذ هي :

أولاً - السمات وظهور القائد:

سادت نظرية الشخص العظيم في تفسير ظهور القائد لسنوات طويلة. وخلاصة هذه النظرية أن القادة أشخاص متميزون وغير عاديين، يصعدون بطريقة طبيعية إلى مراكز السلطة والمسؤولية لأنهم يملكون خصائص أو سمات شخصية خاصة تجعلهم ملائمين للبقاء على القمة. وبناء على هذه النظرية فان مستقبل المجتمعات... رهين بأيدي مجموعة صغيرة من الأشخاص الذين يتمتعون بسلطة كبيرة، وأن هؤلاء الأشخاص يصلون إلى مواقع النفوذ والسلطة من خلال قوة شخصياتهم، ويتمكنون في مواقعهم تلك من توجيه حياة الآخرين والسيطرة عليها. ومثل هؤلاء الأشخاص يولدون عظماء ويصعدون إلى مراكز السلطة بغض النظر عن الظروف الاجتماعية أو التاريخية.

وقد قام ستوغديل **Stogdill** بمراجعة عدد كبير من دراسات القيادة التي أجريت في بيئات مختلفة شملت المؤسسة العسكرية، ومدارس الأطفال، والأحزاب السياسية. واستنتج ستوغديل من مراجعته الشاملة تلك أن القادة يميلون إلى أن يتميزوا قليلا" عن الاتباع من حيث الذكاء، والمهارة الاجتماعية، والتوجه للانجاز، والخبرة، والعمر، وطول القامة، في حين توصلت دراسات أخرى إلى نتائج تشير إلى

أن القادة يحصلون على درجات أعلى على مقاييس الثقة بالذات والسيطرة ، والى أنهم يجمعون بين الاهتمام بالنجاح، والميل إلى الانتماء والتوصل مع الآخرين.

أما نتائج الدراسات المتعلقة باكتشاف الخصائص المميزة للقادة فكانت متضاربة بوجه عام، فلم تكشف هذه الدراسات عن فروق ثابتة بين القادة وغير القادة في السمات الشخصية.

وعلى الرغم من استمرار ظهور الادعاءات بوجود سمات تميز القادة عن غير القادة، إلا أنَ المتفق علية الآن أن نظرية السمات محدودة وان السمات التي يحتاجها القائد تختلف من جماعة إلى أخرى، ومن موقف إلى آخر ومن مشكلة إلى أخرى.

ثانياً - الموقف وظهور القائد:

قام بيلز (**Bales**) بدراسة وجهة النظر القائلة بأن المواقف المختلفة تتطلب سمات شخصية مختلفة، وهي وجهة نظر تؤكد دور متطلبات الموقف في تحديد القيادة المناسبة. وبناء على هذا المنظور فإن الشخص الذي يحظى بأكبر فرصة للوصول إلى موقع القيادة هو الشخص المؤهل أفضل تأهيل لمساعدة الجماعة على تحقيق أهدافها في ظروف محددة. وبعبارة أخرى، هو الفرد الذي يتمتع بالمهارات والقدرات الأكثر فائدة للجماعة في موقف معين، على أن موقع القيادة قد يحتاج إلى شخص آخر في ظل ظروف أخرى أو في فترة زمنية أخرى.

وتقدم تجربة شريف المعروفة بتجربة "روبر كيف" (**Robber s Cave Field Experiment**) دليلا" داعما" لوجهة النظر هذه، حيث وجد الباحث في تلك التجربة أن زيادة حدة التنافس بين جماعتين من الأولاد في مخيم صيفي أدت إلى قيام إحدى المجموعتين بتغير قائدها، واختيار شخص آخر يتمتع بقدر أكبر من القوة الجسمية من القائد الأول.

ورغم وجود الأدلة التي تؤيد الرأي القائل بأن خصائص الموقف هي التي تحدد ظهور القائد، إلا أنها في الوقت ذاته لا تؤيد ما يذهب إليه دعاة هذا الاتجاه

من أن أي فرد يمكن أن يصلح لتولي مركز القيادة في ظل شروط معينة. وعلى الرغم من أن السمات الشخصية قد لا تكون بمستوى الأهمية التي يفترضها أصحاب "اتجاه السمات" إلا أن بعض الأفراد يبدون أكثر استعدادا" لتبوؤ دور القائد من البعض الآخر ، كما يبدو أن الناس يعرفون جيدا" مقدار ما لديهم من قدرة على تبوء مراكز السلطة والنفوذ.

ثالثاً: التفاعل وظهور القائد:

تم في السنوات الأخيرة تطبيق النظرية التفاعلية على كل من نظرية السمات ونظرية الموقف في ظهور القادة وبناء على هذه النظرية فان سمات الفرد ومتطلبات الموقف تحددان ظهور القائد معاً.

أنماط السلوك القيادي:

سوف نستعرض ثلاثة أنماط للقيادة وهي الأساليب الديمقراطية والأوتوقراطية واللامبالية ونقوم بشرحها فيما يلي :

أجرى ليفين وزملاؤه (**Lewin et al**) واحدة من أوائل الدراسات في هذا المجال، عمدوا فيها إلى استقصاء آثار ثلاثة أنماط قيادية على مجموعة من طلبة المدارس في العاشرة من العمر، وكان هؤلاء الطلبة ينضمون إلى نواد معينة بعد انتهاء اليوم المدرسي. أما النشاط الذي كانت تتولاه تلك النوادي فيتمثل في تصميم النماذج . وقد اتبع في الإشراف على هؤلاء الأولاد ثلاثة أساليب مبينة على النحو التالي:

- **القادة الأوتوقراطيون**: كان هؤلاء القادة يحددون للأولاد النماذج الواجب عليهم عملها والأشخاص الذين يمكنهم العمل معهم، وكانوا يوجهون المديح أو اللوم للأولاد أحيانا" على ما يقومون به من عمل دون أن يوضحوا لهم مبررات ذلك اللوم أو المديح. ورغم أنهم كانوا يتعاملون مع الأولاد بشيء من

الود إلا أنهم كانوا يتعاملون معهم في الوقت ذاته بطريقة متعالية وغير شخصية.

- **القادة الديمقراطيون**: كان هؤلاء القادة يقومون بمناقشة المشاريع الممكنة مع الأولاد ويسمحون لهم باختيار زملاء العمل، واتخاذ قراراتهم بأنفسهم بوجه عام، ويوضحون لهم ملاحظاتهم بأن العمل، ويشاركونهم النشاطات الجماعية.
- **القادة غير المبالين**: كان هذا النوع من القادة يتركون الأولاد يفعلون ما يشاؤون، ولا يقدمون لهم المساعدة إلا إذا طلبوها (وهو ما لم يتكرر كثيرا") ولم يوجهوا للأولاد ثناء أو لوما" على ما يفعلون.

ولدى ملاحظة سلوك الأولاد في ظل هذه القيادات المختلفة لوحظ أن العاملين مع القائد الأوتوقراطي أصبحوا أكثر عدوانية إزاء بعضهم البعض عند وقوع أي خطأ، وكانوا يظهرون الخضوع عند تعاملهم مع القائد (وقد لوحظ أن معظم تلك التصرفات كانت تهدف إلى لفت الأنظار). وإذا حدث أن ترك القائد الغرفة، كان هؤلاء الأولاد يتوقفون عن العمل، ويصبحون إما لامبالين أو معطلين لعمل الآخرين.غير أن ما أنتجته هذه المجموعة من نماذج كان يضاهي من ناحيتي الجودة والكمية ما أنتجته مجموعة القائد الديموقراطي.

أما المجموعة التي كان يشرف عليها قائد ديمقراطي، فرغم أن إنتاجها كان أقل بقليل من إنتاج المجموعة التي أدارها مشرف أوتوقراطي، إلا أن العلاقات المتبادلة بين الأولاد كانت أفضل،كما كان الأولاد يميلون إلى بعضهم البعض بدرجة أكبر من أفراد المجموعة التي كان يديرها مشرف أوتوقراطي. وكان اتصالهم بالمشرف يدور حول مهمات العمل بشكل رئيسي، وإذا ما تلاك المشرف الغرفة كان العمل يستمر لديهم دون انقطاع معتمدين على أنفسهم، وعند وقوع أي خطأ كانوا يتعاونون فيما بينهم لتصحيحه والتغلب على ما ينشأ فيه من صعوبات.

وكما حدث مع الأولاد الذين أشرف عليهم قائد أوتوقراطي، فإن الأولاد الذين أشرف عليهم قائد لامبالي أصبحوا أكثر عدائية إزاء بعضهم البعض (على الرغم من أن سلوكهم العدواني كان أقل نوعا" ما مما كان عليه الحال لدى المجموعة التي أشرف عليها المدير الأوتوقراطي). أما بالنسبة لمقدار العمل المنجز فكان ضئيلا" للغاية، سواء كان القائد موجودا" أم لا. وفي حال حدوث أخطاء ظهور صعوبات أثناء العمل، كان يسهل إحباط هؤلاء الطلبة، وثنيهم عن العمل.

و قد تم تغير القادة مرة كل سبعة أسابيع، وكان عليهم استخدام الأسلوب الخاص بكل مجموعة من الأولاد. وهكذا، تعرضت كل مجموعة منهم لنمط واحد فقط من أنماط السلوك القيادي، ومارس هذا الأسلوب في الإشراف عليها ثلاثة أشخاص مختلفين، وكان الهدف من ذلك هو التأكد من أن سلوك الأولاد يعود إلى نمط السلوك الإداري وليس السمات الشخصية الخاصة بالمشرف. ومن المفيد أن نذكر هنا أنه تم نقل اثنين من الأولاد العدوانيين من المجموعة الأوتوقراطية إلى المجموعة فظهر أنهم تخلوا عن عدوانيتهم بسرعة وأصبحوا أكثر تعاونا"، وأكثر التزاما" بالواجبات.

وتشير نتائج دراسة ليفين وزملائه بوضوح إلى أن نمط القيادة هو العامل الحاسم في سلوك الأولاد، وليس سمات شخصية القائد. لكن براون **Brown** يرى أن فهمنا للجماعات وللقادة لا يتحقق إلا إذا أخذنا في الاعتبار البيئة الاجتماعية المحيطة بهم والتي يشكلون هم أنفسهم جزءا" منها. وقد أشارت دراسة ليفين وزملائه ضمنيا" إلى أن أفضل الأساليب وأكثرها قبولا" من بين الأساليب الثلاثة التي تمت دراستها كان الأسلوب الديمقراطي.

غير أن سيليس **Sayles** قام باستعراض نتائج عدة دراسات مسحية وتجريبية حول أنماط السلوك القيادي في المؤسسات الصناعية ولم يجد أن أياً من هذه الأساليب تفوق باستمرار على الأنماط الأخرى في الدراسات التجريبية التي تضمنتها

مراجعته. إلا أن الدراسات المسحية أشارت إلى أن الأسلوب الديموقراطي يرتبط بإنتاجية أعلى، وأنه أكثر قبولا" لدى الناس من الأسلوب الأوتوقراطي. ويرى سيليس أن المهمات التي استخدمت في الدراسات التجريبية كانت مملة ومحدودة لم تستثر اهتمام المشاركين أو حماسهم للعمل مما حال دون ظهور فروق بين الأساليب القيادية المختلفة. كما أشار سيليس أيضا" إلى أن المشرفين الديمقراطيين قد يختلفون عن المشرفين الأوتوقراطيين في جوانب أخرى غير أسلوب القيادة (من مثل الذكاء) مما يؤدي إلى تداخل أثر هذه العوامل وأثر أسلوب القيادة.

الاهتمام بالتنظيم ومراعاة الآخرين:

أجرى هالبن ووايز **Halpin and Winer** واحدة من أكبر الدراسات في مجال القيادة، قاما فيها باستجواب عدد كبير من الجماعات حول المظاهر السلوكية التي يرى أعضاء هذه الجماعات ضرورة تمثلها في القائد. فتمخضت هذه البيانات عن صنفين من الممارسات، دعا هالبن ووايز الفئة الأولى منها "الدرة على التنظيم ، أي أن على القادة تحديد أهداف الجماعة، والتخطيط لكيفية تحقيقها، وتوضيح دور كل عضو من أعضاء الجماعة في تحقيق الهدف. أما الفئة الثانية فدعيت ب"مراعاة الآخرين والاهتمام بهم ، وتتضمن هذه الفئة من الممارسات الاتصال بأعضاء الجماعة، وإظهار الاحترام والتقدير الإيجابي لهم، وشرح أسباب الإجراءات التي تتخذ في العمل.

ويتضمن البعد التنظيمي في سلوك القيادة توجيه الأوامر والتعليمات إلى الآخرين لإنجاز الواجبات، ودفع دفة الانجاز ـ وربما يقتضي ذلك "نتف بعض الريش" أحيانا"! أما بعد الرعاية والاهتمام بالآخرين فيتمثل في الاستماع إلى العاملين وتوضيح مبررات الإجراءات التي اتخذتها الإدارة، وتطوير مشاعر إيجابية لدى الناس وربما يكون من الضروري أحيانا" "الربت على الأكتاف" وتهدئة الخواطر. ورغم أن الجمع بين هذين النمطين من السلوك لدى شخص واحد قد يكون صعبا"، إلا أنه ليس مستحيلا". غير أن عدم التوافق **incompatibility** أو التضارب الكامن بين

هذين النمطين من السلوك إضافة إلى نتائج البحوث التي أشارت إلى أن القادة يظهرون سمات مختلفة في المواقف المختلفة دفع بالباحثين إلى التحقق مما إذا كان بالإمكان تميز توجهات رئيسية لدى القادة إما أن تتمثل بالاهتمام بالآخرين ورعايتهم، أو بالاهتمام بالتنظيم.

نمط الخبير المتخصص ونمط الأخصائي الاجتماعي ـ العاطفي:

استقصى بيلز وسليتر**Bales and Slater**أنماط القيادة التي تنبثق في الجماعات الصغيرة وغير المنظمة (**unstructured**)؛ فقاما بدراسة مجموعة من الطلبة الجامعين أوكلا لها مهمة إيجاد حلول لعدد من القضايا العمالية. وكان يطلب من الطلبة عند نهاية كل يوم تسمية عضو الجماعة الذي قدم الأفكار الخلاقة التي وجهت نقاشات الجماعة توجيها" فعالا"، كما تم قياس ميل أعضاء الجماعة لبعضهم البعض وقد كانت نتائج دراسة بيلز و سليتر كما يلي :

وجد بيلز وسليتر عند نهاية اليوم الأول من الدراسة أن الشخص الذي حظي بأكبر قدر من التفضيل والميل كان الشخص الذي نالت أفكاره أفضل التقديرات من أعضاء الجماعة، والذي أسهام أكبر إسهام في دفع النقاش نحو الوصول إلى حل ناجح للقضية موضوع البحث. على أن النزعة إلى تفضيل الشخص الذي جاء بأفضل الأفكار انحسرت بسرعة بعد انقضاء اليوم الأول، وكان أن ظهر على مدى الأيام التالية قائدان يمكن وصف أحدهما بأخصائي العمل و الآخر بالأخصائي الاجتماعي ـ العاطفي فكان الأول هو من قدم الاقتراحات والآراء بشأن المهمة ووفر المعلومات اللازمة؛ وكان الآخر هو من ساعد أعضاء الجماعة على شرح وجهات نظرهم، ونشر روح الدعابة، وبدد التوتر، وأحاط الآخرين بالمشاعر الإيجابية .

ويبدو أن أسلوب القيادة الذي أطلق عليه بيلز وسليتر مصطلح "أخصائي العمل" يقابل ما أطلق عليه هالبن واينر مصطلح "الاهتمام بالتنظيم". كذلك فان ما أطلق عليه بيلز وسليتر مصطلح "الأخصائي الاجتماعي ـ العاطفي" يقابل ما أطلق عليه هالبن وواينر وصف "مراعاة الناس" .

ورأى بيلز أن هذين الأسلوبين متعاكسان ولا يتوقع أن يظهرا لدى الفرد الواحد في آن. غير أن دراسات جامعة أوهايو حول القيادة **e.g. Stogdill** أشارت إلى أنهما بعدان مستقلان، وأن القادة الفعالين يحققون درجات عالية على كلا البعدين، وقد أسفرت دراسات لاحقة في مجال القيادة عن نتائج تؤكد هذا الافتراض، ومن الأمثلة على ذلك دراسة لسورنتينو وفيلد **Sorrentino and Field** قاما فيها بملاحظة اثنتي عشرة مجموعة عملت على مهمات حل مشكلات على مدى خمسة أسابيع، فظهر أن الأشخاص الذين حصلوا على درجات عالية على كلا الأسلوبين القياديين اللذين أشار إليهما بيلز وسليتر انتخبهم أعضاء جماعتهم قادة لهم.

وهناك نتيجة مثيرة للاهتمام تتصل بالعلاقة بين هذين النمطين من القادة. فعلى الرغم من وجود نوع من التنافس بينهما، إلا أنهما يستطيعان التعايش جنبا" إلى جنب، كما يبدو نهما قادران على التعاون على نطاق واسع **Crider et ai** ولكن سرايدر وزملاءه أشاروا إلى وجود ميل إلى فصل القيادة في الجماعات غير المنظمة **unstructured** (حيث يظهر فيها قائدان يتولى كل منهما جانبا" من الجانبين المشار إليهما)، إلا أن القائد الذي يراعي الجوانب الإنسانية لا يظهر إلا بعد أن يتم التعرف إلى أخصائي العمل والاتفاق على توليه زمام الأمور، وبعد أن تطمئن الجماعة إلى ذلك يفسح المجال لظهور قائد يرعى الشأن الاجتماعي العاطفي لديها.

نموذج فيدلر الخاص بالقيادة الفعالة :

وجد شو (**Shaw, 1981**) لدى مراجعته للبحوث المتصلة بالقيادة الفعالة أدلة تشير إلى فعالية القائد الأوتوقراطي (أو أخصائي العمل)، والقائد الديمقراطي (أو الأخصائي الاجتماعي العاطفي) على حد سواء. ومع أن القيادة الديمقراطية تحقق لأتباعها قدرا" أكبر من الرضا والسعادة، إلا أن القيادة الأوتوقراطية تحقق قدرا" أكبر من الإنتاجية بوجه علم.

غير أن شو لفت النظر إلى بعض الشروط التي تحد من عمومية هذه النتائج، حيث أن إنتاجية الجماعات ذات القيادة الاجتماعية العاطفية تتباين تباينا"واسعا"، فقد تحقق هذه القيادة إنتاجية عالية جدا" في بعض الأحيان وتحقق إنتاجية متدنية للغاية في أحيان أخرى.

بالإضافة إلى ذلك فإن الدراسات التي قارنت بين القيادة المختصة بالعمل والقيادة المهتمة بالشأن الاجتماعي العاطفي من حيث الإنتاجية خرجت بنتائج متضاربة. وقد حدا هذا الوضع بالباحثين إلى الافتراض بأن كلا من هذين الأسلوبين قد يمتاز على الآخر في ظروف معينة.

نموذج الظروف الملائمة للقيادة الفعالة :

كان فيدلر هو أول من وضع هذا النموذج وقد انطلق فيه من افتراض أن القيادة الفعالة مرهونة بالتلاؤم القائم بين الخصائص الشخصية للقائد، أو أسلوب القيادة، وبين متطلبات الموقف الذي تعمل فيه الجماعة. وقد بدأ فيدلر بقياس الفرق في اتجاهات القائد نحو أفضل العاملين وأسوأ العاملين لديه. وقام فيدلر إثر ذلك ببناء مقياس لقياس هذا الاتجاه علماً بأن التركيز لديه ينصب على رفيق العمل غير المفضل ، وفيما يلي توضيح لمقياس فيدلر:

يطلب إلى القائد في هذا المقياس أن يستعرض في ذهنه جميع من عملوا أو مازالوا يعملون تحت إشرافه، وأن ينتقي من بينهم الشخص الذي وجد أكبر قدر من الصعوبة في التعامل معه. ومن ثم تقدير هذا الشخص على (18) مقياساً فرعياً ثنائي القطب تقيس خصائص شخصية مختلفة من مثل "لطيف- غير لطيف" ، "أهل للثقة- غير أهل للثقة" ، "ودود- غير ودود". ويشكل مجموع تقديرات الفرد على المقاييس الفرعية ال(18) درجته على المقياس الكلي؛ فإذا حصل على درجة عالية فان ذلك يعني انه ينظر إلى الشخص غير المفضل لديه نظرة ايجابية نسبيا" ، أما إذا حصل على درجة متدنية فان ذلك يعني انه يحمل اتجاهاً سلبياً نحو ذلك الشخص.

ويميل الذين يحصلون على درجات عالية هذا المقياس إلى الاتسام بالتسامح، ومراعاة مشاعر الآخرين واعتبارهم. ويسمي فيدلر هؤلاء بالقادة المهتمين بالعلاقات، أو الاجتماعي التوجيه (**relationship - oriented leaders**). أما الذين يحصلون على درجات منخفضة فيميلون إلى التحكم والسيطرة في علاقاتهم بأعضاء الجماعة، ويسميهم فيدلر المهتمين بالواجبات أو عملي التوجه.

وقام فيدلر بعد ذلك باستقصاء فعالية أسلوبي القيادة المشار إليهما سابقاً في المواقف المختلفة التي تحيط بالجماعات. وقد كانت الفرضية الأساسية التي انطلق منها فيدلر هي أن فعالية القائد تعتمد على مدى التوافق بين أسلوب القائد ودرجة الملائمة (**degree of favorableness**) المتحققة في الموقف الذي تعمل فيه الجماعة. أما درجة الملائمة فتحددها ثلاثة متغيرات، يختلف مدى تحقق كل منها في الموقف المحيط بعمل القائد؛ فإما إن يكون الواحد منها متحققا" في الموقف بدرجة عالية أو بدرجة قليلة. ويرى فيدلر أن الأول منها هو الأكثر أهمية وأن الثالث هو الأقل أهمية. وهي كما يلي:

أ- **نوعية العلاقة بين القائد وأعضاء الجماعة**: وتشير إلى مدى الولاء والثقة يوليها أعضاء الجماعة للقائد، والمناخ النفسي الذي يسود الجماعة.

ب- **بنية العمل** : أي مدى ما يتميز به العمل المطلوب من وضوح أو مدى ما ينطوي عليه من تعقيد وعدد الحلول الممكنة لمشكلاته، فكلما افتقر العمل إلى البنية المحددة والوضوح احتاج القائد إلى استثارة الدافعية والإبداع لدى الأعضاء لإيجاد الحلول وانجاز المهمات .

ج- **سلطة المركز:** وتشير إلى مقدرا النفوذ والسلطة المتاحين للقائد من حيث الصلاحيات الممنوحة لتقديم المكافآت وإلحاق العقوبات، ومقدار الدعم المتوافر للقائد من رؤسائه.

ويؤدي تفاعل هذه المتغيرات مع بعضها البعض إلى إيجاد ظروف ملائمة أو غير ملائمة للقائد كما هو موضح سابقاً. ويفترض فيدلر أن القائد الذي يتميز بالاهتمام بواجبات العمل سيكون أكثر فعالية في المواقف التي تكون إما ملائمة إلى حد كبير (حيث تكون الدرجات على العوامل الثلاثة جميعها عالية) أو غير ملائمة إلى حد كبير (حيث تكون الدرجات على العوامل الثلاثة منخفضة). أما القائد الذي يتميز بالاهتمام بالآخرين فسيكون أكثر فعالية في المواقف المتوسطة من حيث الملائمة - أي في الظروف التي لا تكون ملائمة إلى حد كبير ولا غير ملائمة إلى حد كبير.

أما مبررات هذه الفرضيات فتكمن في الحالة التي يكون فيها الموقف ملائما" جدا"، فإن القائد المهتم بواجبات العمل لا يكون بحاجة لرعاية الروح المعنوية لأعضاء الجماعة، ولا يكون الاهتمام بالعلاقات غير ضروري فحسب بل قد يكون مزعجا" للجماعة بعض الشيء.أما مبرر افتراض أن القائد المهتم بواجبات العمل سيكون فعالا في المواقف غير الملائمة إلى حد كبير فيعود إلى أن الجماعة في مثل هذه المواقف تكون بحاجة ماسة إلى الإنتاج لأنها بغير الإنتاج ستفقد مبرر وجودها.أما عندما تكون الظروف متوسطة من حيث الملائمة أو من حيث عدم الملائمة فإن القائد المهتم بالعلاقات قد يتمكن من ازالة الخلافات في وجهات النظر لدى الجماعة، وزيادة فرص التعاون لديها الى حد يسمح بالتعويض عن سوء تعريف متطلبات العمل ومحدودية السلطة المخولة للقائد .

تقييم نموذج فيدلر :

يعتقد فيدلر **Fiedler** أننا: "لا نستطيع أن نقول أن هناك قائداً فعالاً وأن هناك قائداً غير فعال، فكل ما نستطيع أن نقوله هو أن هناك قائداً يميل لأن يكون فعالاً في موقف معين والى أن يكون غير فعال في موقف آخر" .

ولقد درس فيدلر القيادة في عدد كبير من الجماعات شملت مديري متاجر كبيرة، وباحثين في مجال الكيمياء، ولاعبي كرة السلة، وعمال أفران الحديد،وفرق قاذفات القنابل،وكانت النتائج منسجمة مع التوقعات المبنية على نموذج النظري. وهناك باحثون آخرون يؤكدون صحة ما ذهب إليه فيدلر في نموذجه، بالرغم من أن ما توافر لنموذجه هذا من دعم جاء من التجارب المخبرية أكثر مما جاء من الدراسات الميدانية.

ولعل أحد الأسباب التي حالت دون دعم نتائج الدراسات لنموذج فيدلر يعود إلى بعض الافتراضات التي انبثقت عنه؛ حيث يزعم فيدلر مثلا" أن أسلوب القيادة يمثل خاصية ثابتة نسبيا" لدى القائد (أي أنها جزء من شخصيته). وبناء على ذلك يتوقع أن يجد القادة صعوبة في تغير أسلوب قيادتهم، غير أن معاملات ثبات مقياس فيدلر المحسوبة وفق طريقة إعادة الاختبار منخفضة، مما يوحي بأن أسلوب القيادة يمكن أن يتغير.

وهناك نقد آخر يوجه إلى افتراض فيدلر القائل بأن أهم المتغيرات الموقفية الثلاثة هو نوعية العلاقة بين القادة والأتباع، وأن المتغير الأقل أهمية هو سلطات القائد المشروعة. لأن الأساس الذي بنى عليه فيدلر هذا الافتراض غير واضح ،كما أن الأهمية النسبية لهذه المتغيرات الثلاثة قد تعتمد على الظروف المحيطة بيئة العمل.

ويعتقد هوغ وفوغان **Hogg and Vaughan** أن نموذج فيدلر يتجاهل أهمية العمليات الجماعية (**group processes**) التي ربما تكون مسؤولة عن صعود القادة وهبوطهم، وعن التعقيدات المحيطة بعملية القيادة. ورغم هذه الانتقادات، فإن الأمر الذي لا شك فيه هو أن نموذج فيدلر هذا كان مفيدا" في تطوير فهمنا لفعالية القيادة. ومع إدخال خصائص قيادية إضافية إلى النموذج (مثل الذكاء والخبرة السابقة)، فإن صورة أكثر كمالاً للعملية القيادية ستأخذ بالظهور.

القيادة بوصفها عملية :

تتطلب القيادة من القادة والأتباع على السواء ، أداء عدد من الأدوار الخاصة بالعلاقة بينهما ، وهناك عدد من الطرق التي يمكن أن يتبعها عضو الجماعة ليصبح قائدا" شرعيا". وتشير قضية الشرعية إلى كيفية وصول القائد إلى المركز القيادي ، أي كيفية تحقيق الشرعية، ففي الجماعات ذات البناء التنظيمي الرسمي تقوم جهة خارجية باختيار قائد الجماعة ، ويسمى هذا الفرد القائد المعين (**appointed leader**) ، أما الجماعات غير الرسمية (**informal groups**) فإن أعضاءها يقومون بمنح القائد السلطة (حيث يتولى القائد السلطة بدعم من أعضاء الجماعة وهم يستطيعون كذلك تغير قرارهم بحرمانه منها).

ويسمى الفرد الذي يصل إلى السلطة بهذه الطريقة القائد المختار (**emergent leader**).ولا بد من الإشارة إلى أن الجماعات الرسمية لا تخلو من قائد مختار (أو غير رسمي) يمارس نفوذه بين زملائه اعتمادا" على خصائصه الشخصية، وعلى قدراته اللغوية بوجه خاص .

وسواء تولى القائد منصبه عن طريق التعين أم عن طريق الاختيار فإن القيادة عملية اجتماعية معقدة، تتضمن تبادلا" أو تفاعلا" مستمرا" بين القائد وأعضاء الجماعة . فالقائد يعتمد على الجماعة ، ويحتاج إلى مودتها وتأيدها ، وتتأثر عملية القيادة بأسرها بطبيعة اتجاهات أعضاء الجماعة نحو القائد. وقد ننسى أحيانا" حقيقة أن القادة هم أعضاء في الجماعات التي يقودونها ، وهم يحتاجون إلى الامتثال لمعايرها وتجسيدها من جهة ، كما يحتاجون إلى العمل على التغير من جهة أخرى. ومن هنا فإن القادة بالامتثال لمعاير الجماعة ، وبالخروج على هذه المعاير في بعض الأحيان لتحقيق التغير المطلوب ، ويعملون كوسطاء للتغير فيوجهون جماعاتهم نحو آفاق جديدة .

لكن القدرة على إحداث التغير، لا بد من أن تكتسب من خلال ما يمكن تسميته بالرصيد الخاص للقائد لدى الجماعة. ويمكن تحقيق ذلك الرصيد من خلال القبول المبدئي للمعاير السائدة، وإظهار الكفاءة الضرورية لتحقيق أهداف الجماعة، وتبني طموحاتها ومثلها العليا . وفي إحدى الدراسات التي أيدت هذا الرأي، أحضر ميري **Merei** عدداً من الأطفال الذين أظهروا قدرات قيادية في وقت سابق، إلى روضة أطفال تضم جماعات صغيرة من الأطفال الأصغر عمرا"، فوجد ميري أن القادة الذين حققوا أكبر قدر من النجاح كانوا أولئك الذين تقبلوا في البداية ممارسات الجماعة السائدة ثم قاموا بإدخال تغيرات صغيرة بالتدريج . وعلى الرغم من تميز هذا الأسلوب في القيادة بالحيوية والديناميكية، إلا أنه كنظرية فيدلر، يتجاهل جانبين أساسين لعملية تفاعل القائد مع الآخرين مبينة كما يلي:

ركزت بحوث القيادة جل اهتمامها على علاقات القائد بمرؤوسيه المباشرين ، لكن الممارسة العملية تشير إلى أن القادة يخصصون نسبة لا بأس بها من وقتهم للاتصال برؤسائهم وزملائهم وآخرين من داخل المؤسسة وخارجها.

ويرى ليكرت **Likert** أن القادة في أي مؤسسة كبيرة يقومون بدور كبير وحيوي؛ وذلك بربط الجماعات المختلفة ببعضها البعض داخل الإطار المؤسسي العام. وقد جرى تطوير هذه الفكرة في النظريات التي أعادت صياغة مفهوم القيادة ليأخذ بعين الاعتبار كفاءة القائد في التعامل مع الحاجات والمتطلبات المتضاربة الكامنة في الدور أي المطالب التي تفرض نفسها على الشخص الذي يحتل دوراً معيناً. وبالنظر إلى تفاعلات القائد من هذا المنظور الواسع يمكن الافتراض بأن القائد يستخدم أساليب قيادية مختلفة، أو أشكالا" مختلفة من التأثير مع الأعضاء المختلفين الذي يقتضي دوره كقائد التعامل معهم .

ولا يقوم القادة بقيادة الجماعات التي ينتمون إليها فحسب؛ ولكنهم يقودون جماعاتهم أيضا" في مواجهة جماعات أخرى . وتتضح هذه الفكرة بجلاء من خلال

ما قد يقوم به القادة السياسيون من إجراءات حين يفتقرون إلى الشعبية في الداخل فيلجأون إلى سياسة عدوانية في الشؤون الخارجية. ومن أفضل الأمثلة في هذا الصدد سياسة مارجريت تاتشر في نزاع جزر الفوكلاند عام 1982، وسياسة جورج بوش في حرب الخليج عام 1991. ونلاحظ أن النظريات والبحوث في هذا المجال قد أهملت حتى الآن هذا الجانب من جوانب القيادة والمتصل بالعلاقات بين الجماعات وتأثيرها على سلوك القائد وقراراته.

القيادة والسلطة:

غني عن البيان أن القيادة والسلطة مفهومان متصلان ببعضهما البعض اتصالا" وثيقا". وكما أن هناك أنواعا" عديدة من القيادة (القائد المعين، والقائد المختار) فإن هناك أنواعا" عديدة من السلطة أيضا".وقد وضع فرنش وريفن **French and Raven** تصنيفا" للأنواع المختلفة من السلطة يعتبر واحدا" من أبرز التصنيفات في هذا المجال ، ويتضمن تصنيفهما خمسة أنواع من السلطة كما هو مبين:

1) السلطة الشرعية **Legitimate power**: وهي الصلاحيات التي يتضمنها دور معين بغض النظر عن الشخص الذي يشغل الدور . ومن الأمثلة على من يتمتعون بالسلطة الشرعية رئيس الوزراء ومدير المدرسة.

2) سلطة الإثابة (المنح) **Reward power**: وتشير إلى مدى التحكم المتاح للفرد بموارد ثمينة كالمال، والطعام، والحب، والاحترام، والتعاون. أما الأشخاص الذين يتمتعون بهذا النوع من السلطة فيتمثلون بأصحاب الأعمال ، ومالكي المتاجر، والوالدين، والأصدقاء، وزملاء العمل.

3) قوة القمع والإكراه **Coercive power**: وهي السلطة التي تستطيع أن توقع العقاب أو تمارس الحرمان وتمنع المكافآت وتحجب العاطفة. وبالرغم من أن سلطة الإثابة وسلطة القمع والإكراه تشكلان جزء من صلاحيات الدور ذاته، إلا أن الشخصية تؤدي دورا" هاما" في مدى استخدام السلطات الممنوحة.

4) سلطة المعرفة والخبرة **Expert power**: ويشير هذا النوع من السلطة إلى امتلاك المعرفة، والمهارة والخبرة، وتشمل الأطباء والمعلمين وميكانيكي السيارة وما إلى ذلك وتتصل هذه السلطة بالسلطة الإعلامية والتي تتعلق بدورها بفرص الوصول إلى مصادر المعلومات الهامة.

5) سلطة الشخصية وجاذبيتها **Referent power**: وتشمل هذه السلطة السمات الشخصية الخاصة لدى الفرد مثل الجاذبية والقدرة على الإقناع. ومن الأمثلة على ذلك القائد الكارزمي (**charismatic leader**) (1995 **Greengerg and Baron,**) الذي يستطيع أن يتجاوز صلاحياته الشرعية . ويمكن أن يكون للوالدين والمعلمين سلطة شخصية بالإضافة إلى السلطة التي يمنحهم إياها الدور الذي يقومون به .

وربما تكون الخاصية المشتركة لدى جميع القادة هي "شهرة السلطة". وإذا قبلنا برأي أدلر **Adler** الذي يزعم فيه أن كلا منا لديه "رغبة في السلطة"، ويقصد بذلك أن لدى كل منا ميلا" للتغلب على مشاعر النقص الأساسية لديه، فإن القيادة بذلك تكون الطريق الذي يحقق القادة من خلاله هذا الهدف.

لكن غيرغن وغيرغن **Gergen and Gergen** لا يتفقان مع هذا الرأي. ويتصديان لوجهة النظر هذه بالقول أنه على الرغم من أن القيادة تتضمن السلطة، إلا أنه الخطأ الافتراض أن كل من يمتلك سلطة يكون مدفوعا" برغبة قوية في امتلاكها، ويدافعان عن رأيهما بالقول بأن الكثير من القادة السياسيين ينخرطون في هذا الميدان بدعم من الآخرين ومساندتهم للوصول الى مراكز السلطة . وربما يكون الدافع إلى الانتماء أقوى بكثير من الدافع إلى السلطة.

الفصل الخامس

الاتجاهـات النفسيَّة

الفصل الخامس
الاتِّجاهـــــــات النفسيَّة

- مقدمة
- مفهوم الاتجاه
- تصنيفات الاتجاه النفسي
- العوامل المؤثرة في تكوين الاتجاهات النفسية
- تكوين الاتجاه
- أنواع الاتجاهات
- وظائف الاتجاهات النفسية
- نظريات الاتجاه النفسي
- تغيير الاتجاهات
- طرق تغيير الاتجاهات النفسية
- عناصر الاتصال الإقناعي
- خصائص عناصر الاتصال الإقناعي
- نماذج تغيير الاتجاهات
- نظريات تأثير السلوك على تغيير الاتجاهات
- قياس الاتجاهات النفسية
- أساليب قياس الاتجاهات
    - أولاً: الطرق المباشرة لقياس الاتجاهات
    - ثانياً: الطرق غير المباشرة للقياس

الفصل الخامس
الاتِّجاهـــات النفسيَّة

مقدمة

لقد اعتبر علماء الدراسات السلوكية والنفسية، دراسة الاتجاهات النفسية أنه من أهم مواضيع علم النفس الاجتماعي، بل لقد ذهب البعض إلى اعتباره أنه هو الميدان الوحيد لذلك العلم.ويستند أصحاب هذه الآراء،إلى أن جميع الظواهر النفسيَّة الاجتماعية،بسيطة كانت أم مركبة،خاصة أو عامة،تخضع في أساسها لمحددات السلوك الإنساني الذي يواجهه ويسيطر عليه تركيب خاص يسمى"الاتجاه النفسي "بالإضافة إلى أن القيم والاهتمامات تؤثر بشكل واضح وفعال على هذا السلوك،فالقيمة هي تلك الدينامكية التي تدفع الفرد إلى سلوك معين في موقف معين،وبمعنى آخر فهي ذلك التنظيم الخاص للخبرة الناتجة عن مواقف الاختيار والمفاضلة والذي يدفع إلى أن يتصرف بصورة محددة في مواقف حياته اليومية.

يعتبر المفكر هربرت سبنسر"من أوائل علماء النفس الذين استخدموا مصطلح الاتجاهات **Attitudes** حيث ذكر أن الوصول إلى الأحكام الصحيحة في المسائل المثيرة للجدل"يعتمد إلى حد كبير على الاتجاه الذهني للفرد. أن مفهوم الاتجاهات،هو أبرز المفاهيم وأكثرها إلزاماً في علم النفس الاجتماعي.

مفهوم الاتجاه:

تعريف عالم النفس"جوردون ألبورت" الذي يصف الاتجاه بأنه"إحدى حالات التهيؤ والتأهب العقلي العصبي التي تنظمها الخبرة،وما يكاد يثبته الاتجاه يمضي مؤثراً وموجها لاستجابات الفرد للأشياء والمواقف المختلفة فهو بذلك ديناميكي.

أما "بوجاردس" فيعرف الاتجاه بأنه"ميل الفرد الذي يدفع سلوكه تجاه بعض عناصر البيئة أو بعيداً عنها متأثراً في ذلك بالمعايير الموجبة أو السالبة تبعاً لقربه منها أو بعده عنها"وهو يشير بذلك إلى مستويين للتأهب هما:أن يكون لحظياً،أو قد يكون ذات أمد بعيد.

1- **التأهب المؤقت أو اللحظي**: حيث ينتج من التفاعل اللحظي بين الفرد وعناصر البيئة التي يعيش فيها، ومن الأمثلة على ذلك اتجاه الجائع نحو الطعام في لحظة إحساسه بالجوع وينتهي هذا التهيؤ المؤقت بمجرد إحساس الجائع بالشبع.
2- **التهيؤ الطويل المدى**: ويتميز هذا الاتجاه بالثبات والاستقرار، ومن الأمثلة على ذلك اتجاه الفرد نحو صديق له،فهو ثابت نسبياً،لا يتأثر غالباً ، بالمضايقات العابرة، ولذلك فمن أهم خصائص هذا النوع من الاتجاهات أنه تأهب أو التهيؤ له صفة الثبات أو الاستقرار النسبي الذي يتبع بطبيعة الحال تطور الفرد في صراعه مع البيئة الاجتماعية والمادية.وعليه فالاتجاهات هي حصيلة تأثر الفرد بالمثيرات العديدة التي تصدر عن اتصاله بالبيئة وأنماط الثقافة، والتراث الحضاري للأجيال السابق، كما أنها مكتسبة وليست فطرية.

تصنيفات الاتجاه النفسي:

تصنف الاتجاهات النفسية إلى عدة تصنيفات ومن هذه التصنيفات ما يلي:

1- **التصنيف الأول** : يقترن الاتجاه النفسي الموجب بالحب والمودة والاتجاه السالب بالنفور والكراهية والاتجاه المحايد بين هذين القطبين.
2- **التصنيف الثاني**: وهو أن يكون الاتجاه النفسي معتدلا باتجاه الموجب أو السالب ويمكن أن يكون قويا أو انفعاليا وعاطفيا
3- **التصنيف الثالث**: يكون الاتجاه النفسي في هذا التصنيف خاصا ككره شخص من الأشخاص مثلا أو ككره الناس جميعا.

العوامل المؤثرة في تكوين الاتجاهات النفسية :

هناك عدة عوامل يشترط توافرها لتكوين الاتجاهات النفسية الاجتماعية منها:

1) **القبول نقدي للمعايير الاجتماعية عن طريق الإيحاء** . يعتبر الإيحاء من أكثر العوامل شيوعاً في تكوين الاتجاهات النفسية،ذلك أنه كثيراً ما يقبل الفرد اتجاهاً ما دون أن يكون له أي اتصال مباشر بالأشياء أو الموضوعات المتصلة بهذا الاتجاه.فالاتجاه أو تكوين رأي ما،لا يكتسب بل تحدده المعايير الاجتماعية العامة التي يمتصها الأطفال عن آبائهم دون نقد أو تفكير،فتصبح جزءاً نمطياً من تقاليدهم وحضارتهم يصعب عليهم التخلص منه،ويلعب الإيحاء دوراً هاماً في تكوين هذا النوع من الاتجاهات فهو أحد الوسائل التي يكتسب بها المعايير السائدة في المجتمع دينية كانت أو اجتماعية أو خلقية أو جمالية، فمثلاً إذا كانت النزعة في بلد ما ديمقراطية فإن الأفراد فيه يعتنقون هذا المبدأ.

2) **تعميم الخبرات** . فالإنسان دائماً يستعين بخبراته الماضية ويعمل على ربطها بالحياة الحاضرة فالطفل(مثلاً)يدرب منذ صغره على الصدق وعدم الكذب أو عدم أخذ شيء ليس له،أو احترام الأكبر منه عمراً..الخ.وهو ينفذ إرادة والديه في هذه النواحي دون أن يكون لديه فكرة عن أسباب ذلك،ودون أن يعلم أنه إذا خالف ذلك يعتبر خائناً وغير آمن،ولكنه عندما يصل إلى درجة من النضج يدرك الفرق بين الأعمال الأخرى التي يوصف فاعلها بالخيانة،وحينما يتكون لديه هذا المبدأ(أي المعيار) يستطيع أن يعممه في حياته الخاصة والعامة.

3) **تمايز الخبرة.** إن اختلاف وحدة الخبرة وتمايزها عن غيرها،يبرزها ويؤكدها عند التكرار،لترتبط بالوحدات المشابهة فيكون الاتجاه النفسي،ونعني بذلك أنه يجب أن تكون الخبرة التي يمارسها الفرد محددة الأبعاد واضحة في محتوى تصويره وإدراكه حتى يربطها بمثلها فيما سبق أو فيما سيجد من تفاعله مع عناصر بيئته الاجتماعية.

4) **حدة الخبرة.** إن الخبرة التي يصاحبها انفعال حاد تساعد على تكوين الاتجاه أكثر من الخبرة التي لا يصاحبها مثل هذا الانفعال،فالانفعال الحاد يعمق الخبرة ويجعلها أكثر أثراً في نفس الفرد وأكثر ارتباطاً بنزوعه وسلوكه في المواقف الاجتماعية المرتبطة بمحتوى هذه الخبرة وبهذا تتكون العاطفة عند الفرد وتصبح ذات تأثير على أحكامه ومعاييره.

تكوين الاتجاه:

يمر تكوين الاتجاه بثلاث مراحل أساسية هي:

1) **المرحلة الإدراكية أو المعرفية**: يكون الاتجاه في هذه المرحلة ظاهرة إدراكية أو معرفية تتضمن تعرف الفرد بصورة مباشرة على بعض عناصر البيئة الطبيعية والبيئة الاجتماعية التي تكون من طبيعة المحتوى العام لطبيعة المجتمع الذي يعيش فيه،وهكذا قد يتبلور الاتجاه في نشأته حول أشياء مادية كالبيت الهادئ والمقعد المريح،وحول نوع خاص من الأفراد كالأخوة والأصدقاء،وحول نوع محدد من الجماعات كالأسرة وجماعة النادي وحول بعض القيم الاجتماعية كالنخوة والشرف والتضحية.

2) **مرحلة نمو الميل نحو شيء معين**: وتتميز هذه المرحلة بميل الفرد نحو شيء معين،فمثلاً أن أي طعام قد يرضي الجائع، ولكن الفرد يميل إلى بعض أصناف خاصة من الطعام،وقد يميل إلى تناول طعامه على شاطئ البحر،وبمعنى أدق أن هذه المرحلة من نشوء الاتجاه تستند إلى خليط من المنطق الموضوعي والمشاعر والإحساسات الذاتية.

3) **مرحلة الثبوت والاستقرار**: إن الثبوت والميل على اختلاف أنواعه ودرجاته يستقر ويثبت على شيء ما عندما يتطور إلى اتجاه نفسي، فالثبوت هذه المرحلة الأخيرة في تكوين الاتجاه.

أنواع الاتجاهات:

تصنف الاتجاهات النفسية إلى الأنواع التالية:

1) **الاتجاه القوي**: يبدو الاتجاه القوي في موقف الفرد من هدف الاتجاه موقفاً حاداً لا رفق فيه ولا هوادة،فالذي يرى المنكر فيغضب ويثور ويحاول تحطيمه إنما يفعل ذلك لأن اتجاهاً قوياً حاداً يسيطر على نفسه.
2) **الاتجاه الضعيف**: هذا النوع من الاتجاه يتمثل في الذي يقف من هدف الاتجاه موقفاً ضعيفاً وهو يفعل ذلك لأنه لا يشعر بشدة الاتجاه كما يشعر بها الفرد في الاتجاه القوي.
3) **الاتجاه الموجب**: هو الاتجاه الذي يدفع الفرد نحو شيء ما(أي إيجابي).
4) **الاتجاه السلبي**: هو الاتجاه الذي يجنح بالفرد بعيداً عن شيء آخر(أي سلبي).
5) **الاتجاه العلني**: هو الاتجاه الذي لا يجد الفرد حرجاً في إظهاره والتحدث عنه أمام الآخرين.
6) **الاتجاه السري**: هو الاتجاه الذي يحاول الفرد إخفائه عن الآخرين ويحتفظ به في قرارة نفسه بل ينكره أحياناً حين يسأل عنه.
7) **الاتجاه الجماعي**: هو الاتجاه المشترك بين عدد كبير من الناس، فإعجاب الناس بالأبطال اتجاه جماعي.
8) **الاتجاه الفردي**: هو الاتجاه الذي يميز فرداً عن آخر، فإعجاب الإنسان بصديق له اتجاه فردي.
9) **الاتجاه العام**: هو الاتجاه الذي ينصب على الكليات وقد دلت الأبحاث التجريبية على وجود الاتجاهات العامة، كالاتجاهات الحزبية السياسية التي تتسم بصفة العموم، ويلاحظ أن الاتجاه العام هو أكثر شيوعاً واستقراراً من الاتجاه النوعي.
10) **الاتجاه النوعي**: هو الاتجاه الذي ينصب على النواحي الذاتية، وتسلك الاتجاهات النوعية مسلكاً يخضع في جوهره لإطار الاتجاهات العامة وبذلك تعتمد الاتجاهات النوعية على العامة وتشتق دوافعها منها.

وظائف الاتجاهات النفسية:

للاتجاهات وظائف نفسية تؤثر على منظومة الفرد الانفعالية وتتمثل هذه الوظائف فيما يلي:

1) الحاجة إلى الانتساب لجماعة معينة. فالإنسان يتخذ الأحكام القبلية للجماعة التي ينتسب إليها، بل و أحيانا ما يتخذ الإنسان في ثورته على جماعته الأحكام القبلية المضادة .فظاهرة اتخاذنا لرأى معين لا تتحدد فقط بالقيمة الحقيقية التي تنسب إلى هذا الرأي بل أيضا بالحاجة إلى الانتساب إلى جماعة معينة . و هذه الفكرة فكرة الحاجة إلى الانتساب هي في غاية الأهمية و تتحكم في عديد من الاتجاهات. ففي علم الجريمة مثلا أوضح (لاجاش) كيف أن المجرم رغم سمعته الاجتماعية السيئة يحس بالحاجة إلى الاندماج في الجماعة . و أن اللغة الخاصة بالجماعات تعتبر من علامات الانتساب إلى هذه الجماعات.

2) الحاجة إلى الاستمرار في حياتنا. تساعدنا الاتجاهات على ألا نتخذ سلوكا جديدا في مواجهة كل تجربة. أو نعجز أمام موقف شبيه شبها بعيداً عن موقف معين بحيث لا ندرك ما فيه من نواحي مفيدة .

3) الحاجة إلى إعطاء الأحداث معنى و دلالة. و خاصة أثناء التغيرات و الأزمات والكوارث والهزائم، إذ تسمح المعتقدات بإعطاء دور جديد للفرد، ومن ثم بإعطاء مغزى للحياة.

4) الحاجة إلى الاحتماء الوجداني و المعرفي من مجهول.

مثالا على ذلك اختبار كلينبرج و هو اختبار المسافة الاجتماعية إزاء 32 بلد منها 3 غير موجودة : لقد جمعت اتجاهات مناهضة إزاء هذه البلدان الثلاثة . و على ذالك يبدو المجهول باعتباره خطرا و تجيب الاتجاهات إذن على حاجة إلى الاحتماء الوجداني و المعرفي على السواء. وبشكل عام يمكن تحديد وظائف الاتجاهات على النحو التالي:

1) الاتجاه يحدد طريق السلوك ويفسره.
2) توجه استجابات الفرد للأشخاص و الأشياء والموضوعات.
3) ينظم العمليات الدافعية والانفعالية و الإدراكية والمعرفية حول بعض النواحي الموجودة في المجال الذي يعيش فيه الفرد.
4) تنعكس في سلوك الفرد في أقواله و أفعاله مع الآخرين.
5) تيسير للفرد القدرة على السلوك واتخاذ القرارات في المواقف النفسية.
6) تبلور وتوضح صورة العلاقة بين الفرد وبين عالمه الاجتماعي.
7) تدفع الفرد إلى أن يحسن ويدرك ويفكر بطريقة محدودة وموضوعية إزاء الموضوعات الخارجية.

نظريات الاتجاه النفسي:

لقد أشارت معظم تعريفات الاتجاهات إلى أنها متعلمة ومكتسبة عن طريق الخبرة من خلال المواقف الاجتماعية والثقافية. وللاتجاهات غالباً أساساً نظرياً مرجعياً , فيتم تناوله بالربط بين مكونات الشخصية الإنسانية والتكيف الاجتماعي والنفسي للفرد . وقد حاولت نظريات الاتجاه الربط بين محتوياته داخل الفرد , ومن هذه النظريات:

1) **النظرية الوظيفية للاتجاه.** وتركز هذه النظرية على أن أساس فهم الاتجاه وبالتالي القدرة على تغييره هو الأساس للاتجاه . كما ركزت هذه النظرية على أن هناك عوامل مختلفة لها تأثير على تغيير الاتجاهات منها: العوامل الموقفية والاتصالية , فعندما يعبر الفرد عن ذاته بالاتجاه فانه يحصل على الإشباع إذا كانت هذه الاتجاهات متسقة مع مفهومه عن ذاته وقيمه, ومن خلال تعبير الفرد عن اتجاهه فان كذلك يحمي نفسه من الاعتراف بان هناك عوامل وحقائق مؤلمة وسلبية حول ذاته , أو حتى الآخرين المحيطين به.

2) **النظرية الاجتماعية نظرية العوامل الثلاثة**. وقد أشار كيلمان إلى أن هناك إمكانية لتغيير اتجاه الفرد من خلال التوحد أو التقمص, عندما يتبنى شخص معين سلوك صادر عن شخص آخر , أو جماعة أخرى لأنه بهذا يعمل على تدعيم مفهوم الذات لديه والذي هو جزء مهم وضروري في العلاقة المرغوب بها مع الآخرين وللبقاء على استمرارية هذه العلاقة.

3) **الاتجاه الاجتماعي**. أكد باندورا على أن تكوين الاتجاهات تتم وفقاً لعملية التعلم بالملاحظة فعندما نلاحظ شخصاً يتلقى تعزيز على سلوكه, فمن المحتمل جداً أن نقوم بتكرار هذا السلوك, أما إذا اتبع سلوكه بالعقاب, فالاحتمال الأكبر أن لا نقوم بتكرار سلوكه أو تقليده. وهنا يبرز دور الأسرة ووسائل الإعلام في تكوين الاتجاهات من خلال ما تقدمه من مواقف اجتماعية وما ترويه من قصص. ويعتبر تعليم الاتجاهات عن طريق القدوة والمحاكاة والتقليد من أهم الوسائل المستخدمة في تكوين وتغيير وتعديل الاتجاهات.

4) **النظرية السلوكية(التعرض للمثير)** . يؤكد بافلوف دور كل من المثير الشرطي والمثير الطبيعي في أمكانية إحداث السلوكات الايجابية بدلاً من السلوكات السلبية , وعن طريق ذلك يتم تعزيز المواقف الايجابية كلما ظهرت لدى الفرد . أما نظرية الاشراط الإجرائي للعالم (سكنر) فتقوم على تعلم الاتجاهات على أساس اعتمادها على مبدأ التعزيز, الذي يزيد من احتمال تكرارها. فتعرض الفرد لمثير معين بصورة متكررة واقتران ذلك التعرض بمشاعر سارة يجعله يكون استجابة ايجابية إزاء ذلك المثير ويكون اتجاه موجب نحوه والعكس صحيح بالنسبة للاتجاه السالب,
فالاتجاهات التي يتم تعزيزها يزيد احتمال حدوثها أكثر من الاتجاهات التي لا يتم تعزيزها

5) **النظرية المعرفية (التنافر المعرفي)**. وتركز هذه النظرية على مساعدة الفرد على إعادة تنظيم معلوماته حول موضوع الاتجاه وإعادة تنظيم البنى المعرفية المرتبطة به في ضوء المعلومات والبيانات المستجدة حول موضوع الاتجاه.

وتشير هذه النظرية أن الفرد الذي يدفع للاتجاه موقف نحو مثير معين يختلف عن الاتجاه النفسي لذلك الفرد نحو ذلك المثير الذي اتخذه وكذلك الشخص الذي يسلك سلوكا في مجال معين يتعارض مع الاتجاه النفسي له في نفس المجال فانه سيعيش حالة الصراع وعدم توازن تدفعه إلى تغيير السلوك أو تغيير الاتجاه النفسي لخلق تطابق بين السلوك والاتجاه والتخلص من هذا التنافر. ويتم إعادة وتنظيم المعلومات وكذلك إعادة تنظيم البنى المعرفية وفق المراحل التالية:

1- تحديد الاتجاهات المراد تكوينها أو تعديلها.

2- تزويد الأفراد بالتغذية الراجعة حول الاتجاه المستهدف.

3- إبراز التناقض حول محاسن الاتجاه المرغوب فيه, وكذلك مساوئ الاتجاه غير المرغوب فيه من خلال الأسئلة والمناقشة.

4- تعزيز الاتجاه المرغوب فيه.

تغيير الاتجاهات:

إن عملية تغيير الاتجاهات عملية صعبة وأحياناً تكون معقدة, وأحد الأسباب التي تقف وراء صعوبة تغيير الاتجاهات هو أن الاتجاه يصبح مع مرور الزمن جزء هام وقوي في مكونات الشخصية. وهناك عدة عوامل تساعد على تغيير الاتجاهات :

العوامل التي تجعل من تغيير الاتجاه عملية صعبة.

1- قيمة الاتجاه بالنسبة للفرد , فارتفاع قيمة الاتجاه يعمل على استقرار الاتجاه في شخصية الفرد.

2- قوة الاتجاه, فالاتجاه القوي يكون من الصعب تغييره.

3- عدم مرونة الفكر عند الفرد , فالصلابة في الرأي عامل مؤثر في مقاومة تغيير الاتجاه.

4- محاولة تغيير الاتجاه دون أن تكون تلك رغبة الفرد .
5- التركيز على تغيير اتجاهات الفرد وعدم الالتفات إلى الجماعة.
6- وضوح الاتجاه القديم المراد تغييره.

العوامل التي تجعل من تغيير الاتجاه عملية سهلة:

1- وجود عدة اتجاهات لدى الفرد تكون متساوية بالقوة وبدرجة الوضوح.
2- ضعف الاتجاه القديم وعدم صلابته.
3- عدم وجود مؤثرات أخرى مضادة للاتجاه.
4- الاتجاه القديم يكون هشاً أو سطحياً خاصة تلك الاتجاهات التي تتكون في جماعات كالأندية والنقابات.
5- وجود خبرات مباشرة وقريبة تتصل بموضوع الاتجاه.

طرق تغيير الاتجاهات النفسية :

1- تغيير الإطار المرجعي. والإطار المرجعي يشتمل على كل معايير الفرد وقيمة, فإذا ما أريد للشخص أن يغير اتجاه فان الحاجة تصبح ملحة للعمل على تغيير إطاره المرجعي, أي العمل على تغيير قيمه ومعاييره.
2- التغيير القسري في السلوك. إذا ما تعرض الفرد لظروف اضطرارية فان ذلك يساهم في تغيير اتجاهاته سواء نحو السلبية أو الايجابية.
3- تغيير الجماعة المرجعية. والجماعة المرجعية هي الجماعة التي يرتبط بها الفرد أي أنه يحمل نفس قيمها ويسعى نحو أهدافها ومعاييرها, ويكمن أن يغير الفرد اتجاهاته إذا انتقل إلى جماعة أخرى لها قيم ومعايير وأهداف مختلفة, وبالتالي فانه يرتبط بهذه الجماعة الجديدة فتتغير اتجاهاته وفق اتجاهات الجماعة الجديدة.
4- تغيير موضوع الاتجاه. ويتغير الاتجاه إذا تغير موضوع الاتجاه نفسه وأدرك الفرد جيداً هذا التغير, كأن تتغير النظرة لمؤهل من يشغل منصب معين, مثال على ذلك: إمكانية أن يتولى العمال العاديين مناصب إدارية في

الشركات, وهذا يحث العمال على توسيع مداركهم وزيادة ثقافتهم حتى يحققون النجاح في هذه المناصب التي من الممكن أن يحصلوا عليها.

5- تغيير المواقف وأوضاع الفرد . من المعروف أن كل وضع اجتماعي يترتب علية أن يكون للفرد اتجاهات معينة تتناسب مع هذا الوضع, فاتجاه الطالب يتغير نحو الحياة والكثير من المواضيع إذا أصبح موظفاً والفقير يتغير اتجاهه نحو موضوعات عديدة إذا ما أتيحت له الفرصة ليصبح غنياً وهكذا.

6- مساهمة وسائل الإعلام. عندما تقدم وسائل الإعلام الحقائق والأفكار والآراء حول موضوع ما, فإنها تعمل على تغيير اتجاهات الأفراد نحو هذا الموضوع .

7- المعلومات التي يحصل عليها الفرد. يتم تغيير اتجاه الفرد من خلال ما يقدم له من معلومات حول موضوع الاتجاه المراد اكتسابه , ومن مصادر هذه المعلومات: الوالدين, وجماعة الأقران, والكتب, وشبكة الانترنت, ووسائل الإعلام وغيرها.

العوامل المؤثرة في تعديل اتجاهات الفرد:

أ. الطريقة التي قدمت بها المعلومات للفرد.

ب. اتجاه الفرد نحو مصدر المعلومات.

ج. خصائص الفرد النفسية للفرد الذي يتلقى هذه المعلومات.

8- رأي الأغلبية والخبراء والقادة. يكون لرأي الخبراء والأغلبية والقادة قوة كبيرة في تغيير اتجاهات الأفراد ذلك لأنهم عادة ما يضعون ثقتهم في هؤلاء وبدرجة كبيرة.

9- الدافعية حيث تلعب الدافعية دورا هاما في تكوين وتغيير الاتجاه النفسي.

وتحدث الاتجاهات من خلال الموقف أو الدور الذي يلعبه الفرد ومن المعروف بأن الفرد يتعرض في حياته اليومية للكثير من المحاولات التي تستهدف تغيير اتجاهاته وهي ما يطلق عليها أحياناً (الرسائل الاقناعية) نحو

موضوعات معينة. ويكمن وراء هذا الهدف المباشر هدف نهائي وهو تغيير أو توجيه سلوك الأفراد.

10- طريقة لعب الأدوار. فمثلاً أذا أردنا لشخص تغيير اتجاهه نحو موضوع معين, فيمكن أن يتم ذلك عن طريق لعب الأدوار, كأن نطلب من شخص مدخن أن يلعب دور غير المدخن ويقوم بتقديم رسالة اقناعية للمدخنين لحثهم على ترك التدخين.

11- طريقة سحب القدم. وتتلخص هذه الطريقة في إقناع صاحب اتجاه معين أن يقدم معلومات بسيطة تخالف مواقفه واتجاهاته, فيقدم الشخص هذه المعلومات متنازلاً على نحو بسيط عن بعض مواقفه والتزاماته, وهنا فان التنازل البسيط يؤدي إلى تحطيم دفاعات الشخص صاحب الاتجاه, ومع مرور الوقت يصبح أكثر استعداداً لتقديم تنازلات أخرى تساعد على اكتساب اتجاهات أخرى جديدة يعدل فيها من اتجاهاته السابقة.

عناصر الاتصال الإقناعي:

1-المصدر.

2- الرسالة.

3- المتلقي.

4- و المحيط.

تنطوي أي محاولة للتأثير على اتجاهات الأفراد على تأثيرات متباينة لتلك العناصر من خلال العمليات الوسيطة (الذهنية والعاطفية والسلوكية) التي تحدث داخل الفرد.

فتأثيرات عناصر الاتصال الإقناعي تحدث من خلال تفعيل تلك العمليات الداخلية، وهذه العمليات تتوسط التأثير المتوقع لخصائص عناصر الاتصال ألإقناعي على اتجاهات المتلقي.

والعمليات الوسيطة ليست مستقلة عن بعضها، وإنما تتفاعل كجوانب مختلفة من الحياة النفسية. فالجوانب العاطفية قد تهيئ الفرد لتلقي معلومات معينة وفي طريقة تفسيره لها. كما يمكن أن تؤثر اعتقادات الفرد أو توقعاته عن موضوع معين في استجابته العاطفية نحو هذا الموضوع.

خصائص عناصر الاتصال الإقناعي:

خصائص المصدر، لخصائص المصدر تأثيرات مستقلة عن خصائص أي عنصر آخر من عناصر الاتصال ألإقناعي . والفرد ا يستجيب لأفعال وأقوال الآخرين بناءً على إدراكه لهم. وأهم خصائص المصدر المؤثرة في الإقناع هي :

أولاً: مصداقية المصدر:

مصداقية المصدر كما يدركها المتلقون. فالخبرة المدركة لمصدر الاتصال تزيد من تأثيره في اتجاهات المتلقي، لأن الخبرة المدركة تزيد من مصداقية المصدر. بالإضافة إلى موثوقية المصدر وهو عامل آخر يزيد من مصداقيته. فلو ظهر للمتلقين أن للمصدر مصلحة مباشرة لقلت موثوقيته وبالتالي تقل مصداقيته. وقد لا تؤثر مصداقية المصدر أو أن تأثيرها يكون أقل من تأثير عوامل أخرى في مواقف معينة

وقد جاءت نتائج البحوث فيما يتعلق بمصداقية المصدر على النحو التالي:

1) إذا كان الاتصال الإقناعي صادر من مصادر منخفضة المصداقية فإنه يُدْرَكْ على أنه أكثر تحيزا وأقل عدلا في تقديمه مقارنة بما لو كانت مصادره عالية المصداقية؛
2) المصادر ذات الموثوقية العالية لها تأثير مباشر على آراء المتلقين أقوى من تأثير المصادر منخفضة الموثوقية.
3) تلك الفروق لم تكن نتيجة لمستوى الانتباه أو الفهم لمحتوى الاتصال لأن مستوى التعليم كان موحدا.

4) قد تزول التأثيرات الإيجابية للاتصال عالي الموثوقية والتأثيرات السلبية للاتصال منخفض الموثوقية بعد عدة أسابيع، وهذا ما سمي بأثر النائم، وهو أي تأثير متأخر الظهور لجودة أو رداءة الرسالة الإقناعية.

ثانياً: جاذبيه المصدر:

لقد وجدت دراسات عديدة نوعا من التحيز الإدراكي يتمثل في إدراك الشخص الأكثر جاذبية على أنه أيضا أكثر سعادة وإخلاصا واجتماعية, وهو ما سمي بالصورة النمطية للجاذبية الفيزيقية. ومن المؤكد أن للجاذبية الفيزيقية للمصدر تأثير قوي على اتجاهات المتلقين إلا أن ذلك يختلف باختلاف الموقف أيضا.

ثالثاً: خصائص الرسالة:

للرسالة الإقناعية خصائص قد تقوّي تأثيرات الاتصال وقد تضعفها وهو ما يسمى بالحجة في الرسالة الاقناعية ومن هذه الخصائص:

1) **عدد الحجج:** القاعدة العامة هي أن عدد الحجج يزيد من تأثير الرسالة، وذلك لأن المتلقين يعتقدون بأن المصدر ذو خبرة عالية. إلا أن كثرة عدد الحجج قد تؤدي أحيانا إلى تشتيت انتباه المتلقين أو أنها تعد تكرارا مملا مما قد يؤدي إلى انخفاض تأثيراتها. أما التكرار في حد ذاته فقد يكون كذلك مؤثرا إلى حد معين ثم يفقد بعد ذلك تأثيره أو أنه يعمل ضد هدف الاتصال ألإقناعي.

2) **درجة اختلاف حجة الرسالة عن اتجاهات المتلقي:** هناك علاقة منحنية بين درجة اختلاف حجة الرسالة عن اتجاهات المتلقين.

3) **تقديم حجج تدعم الاتجاه المرغوب أو تقديم حجج مضادة للاتجاه غير المرغوب:** إذا كانت اتجاهات المتلقين مع الاتجاه المراد تقويته فمن الأفضل عدم مناقشة الرأي المناقض، والعكس صحيح. ولكن إذا كان من

المحتمل تعرض المتلقين للرأي المناقض في المستقبل فمن الأفضل إثارة حججه ودحضها من البداية (نظرية التحصين لمغواير).

4) **الحجة الضمنية والحجة الصريحة**: من الأفضل أن تعبر الرسالة بوضوح عن دعم الاتجاه المقصود تقويته، فليس لدى كل المتلقين نفس الدرجة من الدافعية للتفكير في محتوى الرسالة وحججها، وحتى لو كان لديهم المستوى المرغوب من الدافعية فقد لا يكون لديهم جميعا القدرة على التحليل.

5) **استثارة الرسالة للانفعالات ولمشاعر الخوف عند المتلقي**: إذا اعتمدت الرسالة على إثارة الخوف فقط، فالدرجة المتوسطة من الخوف تؤثر في اتجاهات المتلقين أكثر من الدرجة المنخفضة ومن الدرجة العالية من الخوف (علاقة منحنية)، ويرى (مغواير) أن السبب في ذلك هو أن الاستثارة العالية تقلل من تركيز المتلقي على محتوى الرسالة وبالتالي تقلل من تعلم الفرد وفهمه لمحتواها، بينما لا يثير الخوف المنخفض اهتماما كافيا بالرسالة؛ أما إذا جمعت الرسالة بين إثارة الخوف وتقديم المعلومات فإن العلاقة بين الخوف وتأثير الرسالة تصبح طردية.

6) **التناسب بين محتوى الرسالة العاطفي والذهني واتجاهات المتلقي**: إذا كان الاتجاه المقصود بالتأثير يعتمد على معتقدات وأفكار فقد يكون تأثير الرسالة أقل إذا اعتمدت على استثارة الانفعالات، والعكس صحيح.

رابعاً: خصائص المستقبل وحالاته الانفعالية(العاطفية والمزاجية والدافعية):

وهي الحالة الانفعالية التي يكون عليها المستقبل عند استقباله للرسالة وهي كما يلي:

1. **المزاج وتأثير الاتصال الإقناعي**: الحالة المزاجية التي يكون عليها الفرد تؤثر في احتمال نجاح الرسالة الإقناعية في التأثير على اتجاهاته، مع الأخذ بعين الاعتبار تفاعل نوع محتوى الرسالة مع نوع بناء الاتجاه (ذهني أو عاطفي).

كما أن أثر المزاج مشروط بالدافعية للتفكير في محتوى الرسالة وبقوة الحجة التي تتضمنها.

2. **الدافعية**: الرسائل الإقناعية يجب أن توجه للأشخاص الذين يتوقع أن يكون لديهم اهتمام شخصي بموضوعها. والبرامج الذكية هي التي توجد هذا الاهتمام إن لم يكن موجودا أصلا. والأفراد الذين لهم اهتمام شخصي بموضوع الرسالة يتأثرون أكثر بالرسائل التي تعتمد على الحجة وقوة الأفكار، بينما غير المهتمين بموضوع الرسالة يتأثرون أكثر بالرسائل التي تعتمد على إثارة الجوانب العاطفية مثل الخوف وجاذبية المصدر.

خامساً: السمات الشخصية والاستجابة للاتصال ألإقناعي:

ويقصد بها ما يتمتع به مستقبل الرسالة من سمات شخصية مرتبطة بالاتصال الإقناعي وهي كما يلي:-

أ- **رصد الذات والقابلية للإقناع**: الأفراد الذين لديهم درجة عالية في رصد الذات يتأثرون بالإعلانات التي توظف نظرة الآخرين للفرد أو تقييمهم له، بينما يتأثر الأفراد الذين تكون درجاتهم منخفضة في رصد الذات بالإعلانات التي تبرز الجودة والخصوصية للسلعة المعلن عنها.

ب- **الحاجة للذهن والقابلية للإقناع**: الحاجة للذهن ميل مكتسب يتضح من خلال بذل أقل جهد ذهني في فهم الأحداث المحيطة أو الميل إلى بذل جهد ذهني عال في التعامل مع أحداث الحياة اليومية حتى عندما تبدو هذه الأحداث عادية. والأفراد الذين يحصلون على درجة مرتفعة في الحاجة للذهن يقيمون الحجة الضعيفة تقييما سلبيا مقارنة بذوي الدرجات المنخفضة في الحاجة إلى الذهن. كما تتأثر اتجاهات ذوي الدرجة المنخفضة في الحاجة إلى الذهن بالحجة الضعيفة أكثر من تأثر اتجاهات أفراد المجموعة الأخرى. ,وهذه الفروق لا تعزى إلى الذكاء.

سادساً- العمر والجنس والقابلية للإقناع:

أ. **العمـــــــــــر**: لا يؤدي التقدم في العمر إلى خفض القابلية للإقناع. فاتجاهات الصغار والكبار تتغير إذا توفرت الشروط المناسبة. أما ما يلاحظ من ارتباط التقدم في العمر بثبات نسبي في الاتجاهات السياسية والفكرية فمرده إلى استقرار أنماط حياة كبار السن مقارنة بصغار السن الذين يتأثرون بخبرات مختلفة ومتنوعة مقارنة بكبار السن.

ب. **الجنس**: يكاد يكون هناك إجماع على أن النساء أكثر قابلية من الرجال للإقناع. هذه النتائج تُعزى أحيانا إلى طبيعة المرأة وأخرى إلى الفروق في أساليب التنشئة المبكرة للذكور والإناث والفروق التي توجدها المعايير التي تحدد ما هو متوقع من الذكور والإناث. فالفروق في القابلية للإقناع بين الذكور والإناث قلت أو قُلبت عندما تحكم الباحثون في موضوع الاتجاه ومحتوى الرسالة. وهناك اقتراح مفاده أن الإناث بحكم تنشئتهن يملن إلى دعم التناغم الاجتماعي على العكس من الرجال الذين يستمدون قيمة ذاتية من تأكيد الذات وثبات الرأي.

خصائص طريقة الاتصال الإقناعي:

1- أثر الأولية والآخرية على الإقناع:

يرى كل من ميللر وكامبل أن أثر الأولية والآخرية على أنه نتيجة لنسيان محتوى الرسالة. فعند تقديم رسالتين متتاليتين دون فاصل زمني بينهما، ثم قياس الاستجابة بعد مضي وقت سينتج عنه أثر الأولية. وعند تقديم رسالتين إقناعيتين بينهما فاصل زمني ثم قياس الاستجابة بعد تقديم الرسالة الثانية مباشرة فسينتج عن ذلك حدوث أثر الآخرية. أما إذا لم يتم قياس الاستجابة مباشرة بعد تقديم الرسالة الثانية فإن أثر الأولية سيظهر في استجابات المتلقي.

2- الرسائل الإ قناعية المقروءة والمسموعة والمرئية:

لا يمكن القول أي من هذه الرسائل سيكون أكثر تأثيرا في اتجاهات المتلقين، إذ يعتمد الأمر على درجة سهولة أو صعوبة الرسالة. فالرسائل الصعبة تكون مؤثرة أكثر من الرسائل السهلة إذا تم تقديمها مكتوبة. وأقل ما تكون الرسالة الصعبة مؤثرة إذا تم تقديمها صوتيا فقط ويرتفع تأثيرها قليلا إذا تم تقديمها مصورة بالفيديو.

أما الرسالة السهلة فيكون تأثيرها أقل من تأثير الرسالة الصعبة عند تقديمها مكتوبة ويزداد تأثيرها إذا تم تقديمها صوتيا لكنها أكثر ما تكون مؤثرة إذا تم تقديمها بالفيديو. ويبدو أن الرسالة المكتوبة تتيح للمتلقي فرصة أكبر للتمعن في محتواها. أما نجاح الرسائل المصورة فيعتمد على عوامل مثل جاذبية المصدر وإثارة الانفعالات أكثر من اعتمادها على قوة الحجة وكثافة المعلومات.

عمليات معالجة المعلومات في تغيير الاتجاهات :

يتطلب الإقناع حدوث ثلاث مراحل تعتمد عملية معالجة المعلومات في الإقناع وهي:

1. الانتباه للرسالة.
2. استيعاب محتوى الرسالة.
3. قبول توصيات الرسالة أو الموقف الذي تدعمه.

نماذج تغيير الاتجاهات :

- نموذج مغواير لمعالجة المعلومات:

يرى مغواير أن هناك سلسلة من الخطوات التي تؤدي كل منها إلى الأخرى. فلكي يتغير اتجاه فلابد من:

1. وصول الرسالة إلى المتلقين، وهذا يقتضي جذب انتباههم.
2. ضرورة أن يستوعب المتلقون محتوى الرسالة.

3. أن يقبل المستقبل محتوى الرسالة.
4. الاحتفاظ بالرسالة فلكي تكون الرسالة مؤثرة في قرارات المتلقي فلابد أن يحتفظ بها، أي يتعلمها وتكون جزءا من تقييمه لموضوعها.

■ نموذج العاملين:

ويتلخص هذا النموذج بِـ (درجة إقناع الرسالة = احتمال استقبالها × احتمال قبولها) وهو اختصار للنموذج العام. ويقترح هذا النموذج أن أثر كل المتغيرات الخاصة بالإقناع يتحدد بدرجة تأثيرها على درجة الاستقبال والقبول. كما أن النموذج يوحي بإمكانية أن تكون هناك تأثيرات متناقضة لأي خاصية من خصائص عناصر الاتصال ألإقناعي من خلال تأثيراتها المتناقضة على عمليتي الاستقبال والقبول. فقد وجدت إحدى الدراسات، مثلا، أن الرسائل التي تضمنت حججا معقدة أثرت بدرجة أكبر مع الطلاب ذوي الدرجات المرتفعة في الذكاء اللفظي، بينما اعتمد تأثير الرسائل البسيطة على اتجاهات الأفراد المسبقة وليس على الذكاء اللفظي حيث كانت علاقة سلبية بين الذكاء وقبول الرسالة غير المدعمة بالحجج.وقد ساهمت عدة عوامل في تطوير نظريات أكثر دقة منها:

1. ليس من الضروري دائما أن يكون هناك تسلسل في خطوات عملية الإقناع، فقد يحدث التأثير في الاتجاه دون وعي من الفرد (الاشراط دون مستوى الوعي).
2. ليس من الضروري أن تكون هناك دائما معالجة ذهنية نشطة لحجج الرسالة الإقناعية، فقد تُقبل الرسالة دون أي اعتبار لمحتواها، وبناء على مفاهيم وخبرات سابقة.
3. لا يقدم نموذج العاملين أي توقعات عن أنواع العوامل التي قد تؤثر في الاستقبال والقبول، ولا يقدم تحليلا واضحا عن العمليات التي قد يحدث من خلالها التأثير، أي أنه لا يوضح كيفية استجابة الفرد ذهنيا لمحتوى الرسالة.

- نموذج مستوى التدقيق المحتمل ونموذج المعالجة الحدسية والمعالجة المنظمة:

وهو من النماذج الثنائية التي تقترح مسارين لمعالجة المعلومات. والأول أكثر شمولا من الثاني ويشتمل عليه مع أنه ليس بديلا له لأنه نشأ نتيجة لجهود مختلفة.

يكون للفرد حسب نموذج المعالجة الحدسية-المعالجة المنظمة أهدافا متعددة يختلف بروز أو أهمية أي منها من موقف لآخر. وبناءً على نوع الأهداف البارزة في الموقف وظروفه ستكون معالجة الفرد للمعلومات إما حدسية أو منظمة. والمعالجة الحدسية هي المعالجة السريعة غير الواعية غالبا، كالاعتماد على القواعد الحدسية، وغير ذلك من الأحكام الجاهزة التي تكون حاضرة في ذهن الفرد في موقف الإقناع. أما المعالجة المنظمة فهي المعالجة النشطة للمعلومات وتمحيصها ومحاولة التوصل إلى أحكام معينة في ضوء المعلومات المتوفرة. والمعالجة الحدسية هي الأصل في أغلب المواقف ما لم تكن هناك حاجة تدعو إلى المعالجة المنظمة (حرص الفرد على التوصل لأحكام دقيقة، أو محاولة ترك انطباع إيجابي).

- نموذج مستوى التدقيق المحتمل:

يميز نموذج مستوى التدقيق المحتمل بين استجابتين تتصف إحداهما ببذل جهد ذهني عال (تدقيق في محتوى الرسالة الإقناعية، وإضافة معلومات إليها)، وتتصف الأخرى ببذل جهد (تدقيق) منخفض (أخذ محتوى الرسالة كما هو تقريبا).

وعندما تكون هناك درجة عالية من التدقيق فستزداد احتمالية اتخاذ معالجة المعلومات (استجابة الفرد للاتصال الإقناعي) للمسار المركزي، وعندما يكون مستوى التدقيق منخفضا فستزداد احتمالية اتخاذ معالجة المعلومات للمسار الطرفي.

فالبعد الرئيس في نموذج مستوى التدقيق المحتمل هو متصل مستوى التدقيق. أي أن استجابات الأفراد يمكن تصورها على بعد يمتد بين قطبين (تدقيق مرتفع-تدقيق منخفض)، والدرجة على هذا المتصل هي التي تمكننا من التنبؤ بنوع الاستجابة للاتصال ألإقناعي.

هناك محددات مستوى التدقيق المحتمل منها:

إن العوامل التي تحدد مستوى التدقيق المحتمل، ومن ثم المسار الذي تتخذه عملية الإقناع، هي أي عوامل تتعلق بالدافعية والقدرة. فالفرد ليس دائما مدفوعا للتفكير بشكل دقيق في كل معلومة، كما أنه ليس لديه القدرة على ذلك دائما حتى لو وجدت الدافعية. فعندما يكون لدى الفرد اهتمام شخصي بموضوع الرسالة فإنه سيميل إلى التفكير في محتوى الرسالة بشكل دقيق، ولكنه يجب أن يكون قادرا على معالجة المعلومات الواردة في الرسالة. والقدرة تعني بجانب القدرات الفردية عدم وجود عوائق خارجية للتفكير الدقيق في محتوى الاتصال، مثل تشتت الانتباه. فعندما تتخذ عملية الإقناع المسار المركزي تستثار أفكار حول الرسالة، وتعتمد هذه على تفاعل خصائص الرسالة مع الاتجاهات الموجودة عند الفرد مسبقا، وغيرها من العوامل. هذه الأفكار قد تكون مع موقف الرسالة (تفضيلية)، وقد تكون ضدها (غير تفضيلية)، وقد تكون محايدة أو غير تقييمية.

فإذا سادت الأفكار (غير التفضيلية)، وتم تخزينها في الذاكرة، وأدى ذلك إلى تغير في البناء الذهني للفرد، وإلى بروز استجابات جديدة أكثر من بروز استجابات موجودة مسبقا في هذا البناء، أدى ذلك إلى تكون اتجاه إيجابي (سلبي).

فسيادة الأفكار الإيجابية أو السلبية أثناء المعالجة الذهنية للمعلومات ليست كافية لتكون اتجاه، إذ يجب أن تكتمل عملية التخزين، وتندمج ضمن البناء الذهني للفرد، وتبرز نسبة إلى غيرها. فلو كان هناك عامل يمنع عملية الاندماج هذه فإنه سيعطل تأثير الأفكار السائدة على اتجاهات الفرد. ولو حدثت هذه العملية ولكن كانت هناك وحدات ذهنية تعارضها أو تمنع بروزها في البناء الذهني للفرد، فإن التغير لن يحدث، ولو حدث فسيكون طارئا. لكن الاتجاه الذي يتكون نتيجة لحدوث نشاط ذهني عال يكون أكثر ديمومة وثباتا ومقاومة للتغيير من الاتجاه الذي يتكون في غياب التدقيق العالي، كما أنه سيكون أكثر ارتباطا بالسلوك الفعلي.

أما إذا اتخذت عملية معالجة المعلومات المسار الطرفي بسبب عدم وجود القدرة و/أو الدافعية فسيبرز دور الأمارات الطرفية في الموقف ككل سواء كان مصدرها حالة الفرد نفسه (مزاجه وانفعالاته) أو خصائص المثيرات (عناصر الاتصال الإقناعي). وفي هذه الحالة ستتحدد نتائج الاتصال بعوامل طرفية مثل جاذبية المصدر أو مصداقيته، وعدد حجج الرسالة، والحالات التي تثيرها الرسالة (انفعالات إيجابية أو سلبية)، وحالة المتلقي النفسية، وجاذبية طريقة التقديم.

اختبارات نموذج مستوى التدقيق المحتمل:

تشير فرضية الأدوار المتعددة إلى أن لكل خاصية من خصائص عناصر الاتصال الإقناعي تأثيرات مختلفة حسب المسار الذي تتخذه عملية الإقناع.

1. **أثر نوع حجة الرسالة وتشتيت الانتباه على الإقناع:** إذا كانت الرسالة تتضمن حجة قوية وواضحة فإن تركيز انتباه الفرد عليها سيؤدي إلى اتفاق أكبر معها، والعكس بالنسبة للحجة الضعيفة. كما يؤدي تشتيت الانتباه إلى انخفاض أثر الحجة القوية وازدياد أثر الحجة الضعيفة.
2. **أثر الدافعية ونوع حجة الرسالة والمصدر على الإقناع:** يزداد تأثير الحجة القوية على الاتجاه عندما تكون الدافعية عالية أكثر منه عندما تكون الدافعية منخفضة. وعندما تكون حجة الرسالة ضعيفة فستؤدي الدافعية العالية إلى خفض التأثر بها. كما أن المصدر الخبير يكون أكثر تأثيرا في اتجاهات المتلقين ذوي الدافعية المنخفضة. فزيادة الدافعية تؤدي إلى تدقيق أكبر في محتويات الرسالة وإلى تأثر أقل بخصائص مصدرها
3. **أثر العاطفة الإيجابية والدافعية:** عندما يكون مستوى التدقيق منخفضا فإن العاطفة الإيجابية تكون إحدى الأمارات الطرفية في الإقناع. ولكن عندما يكون مستوى التدقيق مرتفعا فإن العاطفة الإيجابية ستجعل معالجة المعلومات متحيزة بحيث تكون الأفكار الإيجابية أكثر قابلية للاستدعاء. فأثر الحالة العاطفية التي يكون عليها المتلقي أثناء الاتصال الإقناعي يختلف

من موقف إلى آخر. فإذا كان للمتلقي اهتمام شخصي بموضوع الرسالة فستؤدي العاطفة الإيجابية إلى زيادة الأفكار الإيجابية حول هذا الموضوع، وستقل هذه الأفكار إذا لم عند للمتلقي ذلك الاهتمام.

نظريات تأثير السلوك على تغيير الاتجاهات:

أولاً: نظرية التنافر الذهني :

هل من الممكن أن تتغير اتجاهات الأفراد نتيجة لسلوكهم؟

هذا ما قد يحدث حينما يتصرف الفرد بطريقة تخالف اتجاهاته. فنظرية التنافر الذهني تقترح أن الإنسان ينفر من التناقض بين أفكاره واعتقاداته. فالفرد يميل إلى التفاعل مع بيئة ذات معنى وانتظام، حتى ولو كان هذا المعنى لا يتطابق مع واقع الأشياء. وتبين نظرية التنافر الذهني أهمية الكشف عن كيفية تأثر سلوك الأفراد بدوافع ذهنية مثل الميل إلى المعنوية والاتساق في إدراك العالم الاجتماعي.

والتنافر الذهني، وهو خبرة منفرة حسب هذه النظرية، يحدث عندما تكون لدى الفرد وحدتين ذهنيتين غير متسقتين نفسيا. وكلما زادت أهمية هاتين الوحدتين نفسيا، زاد التنافر الذهني، وزادت دافعية الفرد لخفض هذا التنافر.

ونظرية التنافر الذهني تقترح نمطا جديدا من الدافعية، حيث توضح أن سلوكنا وقراراتنا يمكن أن تكون مدفوعة ذهنيا , لكن في أي المواقف تستطيع النظرية أن تتنبأ بحدوث التنافر؟

للإجابة على هذا السؤال أدخلت تعديلات على نظرية التنافر الذهني بإدخال مفهوم الذات ضمن إطارها العام. ويرى أرنسون أن التنافر يحدث عندما يكون سلوك الفرد غير متسق مع أفكاره عن نفسه. وهذا التعديل يؤدي إلى توقع حدوث التنافر في المواقف التي تتعلق بمفهوم الذات. فما يحدث في مثل هذه المواقف هو نوع من تبرير الذات أو تبرير الجهد.

ثانياً: نظرية إدراك الذات ونظرية تقديم الذات:

تعد نظريتي إدراك الذات وتقديم الذات تفسيرات بديلة لتفسير التنافر الذهني. فتنكر وجود التنافر الذهني كتفسير لنتائج تجارب السلوك المضاد للاتجاهات. فنظرية إدراك الذات تفترض أن الأمارات الداخلية كالمشاعر والأفكار أمارات ضعيفة وغير ثابتة، ولذلك فإن الفرد يستخدم سلوكه للاستدلال على اتجاهه.

أما نظرية تقديم الذات فتقترح أن التغير في اتجاهات المفحوصين لم يكن حقيقيا وإنما هو نوع من إدارة الانطباع. لكن دراسات أخرى أكدت تأثير التنافر الذهني. فقد بينت نتائج إحدى الدراسات أن سلوك الفرد المضاد لاتجاهه أدى إلى تغيير هذا الاتجاه بدرجة أكبر عندما كان له شيء من الخيار في القيام بهذا السلوك. ويرى فازيو وزملاؤه أن نظرية التنافر الذهني قد تكون أقدر على تفسير تغير الاتجاه في المواقف التي يكون السلوك فيها مضادا للاتجاه بدرجة كبيرة، أي خارج مدى القبول بالنسبة للشخص.

أما نظرية إدراك الذات فربما تكون أقدر على تفسير تأثر الاتجاه بالسلوك عندما يكون السلوك الذي يقوم به الفرد ضمن مدى القبول، وعندما يكون الموقف غامضا بحيث لا يكون هناك اتجاه واضح لدى الفرد، أي قبل تكونه.

تغير الاتجاهات نتيجة للمسايرة المبدئية:

- فنية القدم في الباب: ويلخص هذه الفنية بالمثال التالي: (لو تقدمت إلى شخص بطلب صغير فسيكون احتمال قبوله لطلب كبير أكبر من قبول شخص آخر تتقدم له بالطلب الكبير للوهلة الأولى.
- فنية الباب في الوجه: لو تقدمت إلى شخص بطلب كبير فسيكون احتمال قبوله لطلب صغير أكبر من قبول شخص آخر تتقدم له بالطلب الصغير للوهلة الأولى.
- فنية الكرة المنخفضة: لو استعرضت أسعار سلع معينة ثم قررت شراء واحدة لكنك اكتشفت أن السعر الحقيقي أعلى مما قيل لك وأنت تتسوق في البداية، فالاحتمال كبير أن تقدم على الشراء أكبر من شخص آخر يعرف السعر الأعلى من المرة الأولى.

قياس الاتجاهات النفسية :

لقد أشارت البحوث والدراسات النفسية،إلى وجود طرق عديدة لقياس الاتجاهات النفسية منها:

1) **الطرق التي تعتمد على التعبير اللفظي للفرد:** ويعتبر من أكثر الطرق تقدماً نظراً للاعتماد فيه على الاستفتاءات والحصول على الإجابات لعدد كبير من الأفراد في وقت وجيز.

2) **الطرق التي تعتمد على الملاحظة، أو المراقبة البصرية للسلوك الحركي للفرد:** فإن عملية ملاحظة السلوك الحركي للفرد تتطلب وقتاً طويلاً، وتستدعي تكرار الملاحظة في ظروف مختلفة.ومن أمثلة ذلك،الحكم على الاتجاه النفسي للفرد عن طريق ملاحظة لباسه أو ذهابه إلى الجامعة أو لتأدية الصلاة،أو ملاحظ الشخص الذي يتردد على نوع معين من المكتبات،أو ملاحظة الركن أو الموضوع الذي يهتم به شخص ما عند قراءته للصحف دائماً، وهكذا.

3) **الطرق التي تعتمد على قياس التعبيرات الانفعالية للفرد:** فهي تتمثل في دراسة ردود الشخص الانفعالية على مجموعة من المؤثرات، وهذا الأسلوب لا يصلح للاتجاهات النفسية عند مجموعة كبيرة من الأفراد.ويلاحظ أن قياس الاتجاه يتطلب بناء اختبار خاص أو مقياس خاص لهذا الغرض

الشروط الأساسية التي يجب توافرها في بناء المقاييس:

شروط أساسية يجب توافرها في بناء المقاييس وهي:

أ- اختيار عبارات المقياس،وتركيب العبارة في حد ذاتها، يعتبر أساسا ضرورياً، وهذا يعني انتقاء عباراته وتركيبها بطريقة صحيحة ملائمة لنوعية الاتجاه المراد قياسه وتقديره.

ب- تحليل عبارات المقاييس، ويعني ذلك الناحية الكيفية للحكم على صلاحية كل عبارة من عبارات المقياس لتقدير الاتجاه المطلوب قياسه.وبتفسير أوضح، لا بد من معرفة مدى اتفاق كل عبارة مع الهدف العام للاختيار.

أساليب قياس الاتجاهات:

أولاً:الطرق المباشرة لقياس الاتجاهات:

1) **إيجاد النسبة المئوية للإجابات المؤيدة و المعارضة** : هذا الإحصاء للاتجاهات المؤيدة و المعارضة يشبه الدراسات الأولى التي عملت على الراى العام.
ولكن هذه الطريقة أهملت الآن لعدم دقتها، إذا كانت الأسئلة توضع في صور مسرفة في البساطة و كان يترتب عليها إجابات عشوائية إلى حد ما. أما في الأبحاث الحاضرة فهذه الأسئلة التي تتطلب الإجابة بنعم أو لا تضبطها على الأقل أسئلة أخرى.

2) **استخدام سلالم الاتجاهات**: هناك نوعان رئيسيان من السلالم هما:

أ- **السلالم القبلية** : هي كسلم المسافة الاجتماعية لبوجادروس ، و يقال عن هذه السلالم إنها سابقة على التجربة لان الباحث يحدد مقدما ترتيب العبارات المختلفة المتعلقة بالقبول أو الرفض ، و لهذا النوع من السلالم عيب هم أن ترتيب العبارات بحسب درجة التغلب يختلف باختلاف الأفراد. فمن الممكن أن لا يتفق الترتيب الذي يقترحه الباحث مع الترتيب الذي يقترحه المختبرون، و لإصلاح هذا العيب انشأ ثرستون السلالم المسماة بالسلالم النفسية الفيزيائية.

ب- **السلالم النفسفيزيائية:** تعتمد بصفة عامة على الطرق المستخدمة في الأبحاث النفسفيزيائية، ومن هنا جاء اسمها. و نقطة البداية فيها هي تحديد العتبة و يعمل السلم النفسفيزيائي على مرحلتين :

- **المرحلة الأولى:** وهي وضع الاختبار على أساس تجريبي، و ذلك بإجراء بحث على عينة محدودة، لكي يتم تحديد دلالة الاتجاهات المتضمنة بشكل دقيق في أسئلة السلم عند الأشخاص الذين يتم سؤالهم .
- **المرحلة الثانية:** هي تطبيق السلم بعد ضبطه على هذا مجموعة الأشخاص المقترح اختبارهم.

ثانياً: الطرق غير مباشرة للقياس :

1) المقابلة الإكلينيكية.

2) دراسة تواريخ الحياة. فان دراسة التواريخ الذاتية للحياة دراسة مقارنة يوضح بعض الاتجاهات

3) استخدام التكتيكات الاسقاطية: وهي نوع من الإدراك الداخلي للموضوع . فقد قدم بروشانسكي لطلاب أمريكيين صورا مستخرجة من الصحف، تتضمن مشاهد صراعات اجتماعية كالبطالة و الإضراب، و بحيث يكون مدلول الموقف ملتبسا، وكان قد قاس مقدما اتجاهاتهم الاجتماعية فظهر أن أوصاف الطلاب للصور الواحدة مختلفة اشد الاختلاف.

4) الطريقة القائمة على دراسة سلوك الشخص في المواقف الواقعية: وغرض هذه الطريقة استبعاد الأخطاء التي قد تنشأ من عدم الصراحة عند الأشخاص في إجابتهم الشفوية.

إن ضبط قياس الاتجاهات عن طريق السلوك مشكلة معقدة، لأنه لا شيء يثبت أن الأفعال أكثر إخلاصا من الأقوال، فان جميع مظاهر الشخصية يمكن اعتبارها حقيقية بمعنى ما. لأنها إن لم تعبر عن الواقع المر فإنها تعبر عما يريد أن يكون.

مشكلات القياس:

1- مشكلة تنوع الإجابات بتنوع العرض .في بعض الأحيان لا نستطيع أن تحدد الإجابات على السؤال معين بحسب العرض هناك إجابات تكون(بنعم لا أو نعم) و هناك إجابات تتطلب إجابات اختيارية أو تعبيرية.

2- مشكلة قياس شدة الإجابات . و الأمر يتعلق بمقدار الشدة التي بها يتخذ الناس حلولهم والشدة تساعدنا على تحديد نسبة الإجابات الايجابية أو السلبية.

3- مشكلة مضمون السؤال. غالبا لا نستطيع للوصول إلى الصيغة الجيدة التي تساعد على فهم جميع المفحوصين للسؤال بنفس الطريقة.

4- صعوبة تحقيق الثبات و الصحة في الإجابات.

وخلاصة القول أن الاتجاهات النفسية تمثل نظاماً متطوراً للمعتقدات، فالمشاعر والميول السلوكية تنمو في الفرد باستمرار نموه وتطوره، والاتجاهات دائماً تكون تجاه شيء محدد أو موضوع معين،وتمثل تفاعلاً وتشابكاً بين العناصر البيئية المختلفة ولا يستطيع الفرد أن يكون أو ينشئ اتجاه عن شيء معين إلا إذا كان في محيط إدراكه،أي أن الفرد لا يستطيع تكوين اتجاهات حيال أشياء لا يعرفها أو حيال أشخاص لا يتفاعل معهم.

والاتجاه عبارة عن وجهة نظر يكونها الفرد في محاولته للتأقلم مع البيئة المحيطة به، وأن تفسير السلوك يرتبط جزئياً بالتعرف على اتجاهات الأفراد .وتعتبر عمليات القياس بشكل عام والاتجاهات بشكل خاص، عمليات أساسية في ميدان علم النفس الاجتماعي، ويعود ذلك إلى أن عملية القياس تحدد إلى أي مدى

يمكن أن يعتمد على صحة النظريات والفروض القائمة.وبذلك يمكن مساعدة الباحث على تعزيز أو رفض بعض النظريات فتفتح أمامه مجالات أخرى للبحث والتجريب.فالإنسان يميل دائماً إلى التعميم سواء عن طريق الاستقصاء أو التبرير.وفي هذا الميل إلى التعميم يبدو وكأن الاتجاه الذي يتحدث عنه الفرد، إنما هو اتجاه عام وسائد.ولكن عند استخدام الأسلوب العلمي في القياس يثبت عكس ذلك،بل قد يثبت أن مثل هذا الاتجاه ما هو إلا اتجاه فردي أو اتجاه محدود،وبناء على ذلك،فإن معظم الافتراضات أو النظريات التي قامت على غير مثل هذا التعميم،تعتبر لا أساس لها .كما أن قياس الاتجاه النفسي كأي عملية من عمليات القياس يساعد على التنبؤ بما يحدث في المجال الاجتماعي للجماعة.وهذا هو أهم هدف تسعى له البحوث والدراسات النفسية الاجتماعية.فعن طريق قياس الاتجاه النفسي الاجتماعي يمكن التنبؤ بمدى(حدود) وزمن التغير الاجتماعي المرتقب في أي جماعة من الجماعات.كما يمكن التنبؤ أيضا بإمكانية إدخال عامل جديد إلى حيز التفاعل النفسي الاجتماعي للجماعة.وعليه يمكن القول بأن عملية قياس الاتجاه النفسي، هي إحدى العمليات الهامة التي يجب أن يلم بها كل من يعمل في الميدان الاجتماعي، وخاصة المعلم والأخصائي الاجتماعي.

الفصل السادس

ديناميَّـــات الجماعـــــة

الفصل السادس
ديناميّـــــــــات الجماعة

- مقدمة
- مفهوم ديناميات الجماعة
- تعريف ديناميات الجماعة
- دوافع تكوين الجماعات الصغيرة
- محددات التجاذب بين الأفراد
- أنواع الجماعات
- العلامات المميزة للجماعة
- مميزات الجماعة
- خصائص الجماعة الأولية أو المحصور
- خصائص الجماعة الثانوية

الفصل السادس
ديناميّـــــــــات الجماعـــــة

مقدمة

يعد موضوع ديناميكيات الجماعة أحد فروع علم النفس الاجتماعي، وموضوعها الرئيس هو الدراسة العلمية للجماعات الصغيرة، من حيث تكوينها، ونموها، ونشاطها وإنتاجها، وأدائها لوظائفها المختلفة، بهدف الوصول إلى القوانين العلمية التي تنظم هذه الجوانب، وما يرتبط بها من جوانب أخرى.

إن دراسة ديناميكية الجماعة هي الدراسة التي تتعلق بطبيعة التغيرات التي تطرأ على الجماعات الصغيرة نتيجة حدوث تغيرات ديناميكية في بعض أجزاء الجماعات الكبيرة التي تتكون فيها الجماعات الصغيرة. غير أن المصطلح يشير بشكل عام إلى دراسة الجماعات الاجتماعية الصغيرة دراسة ديناميكية أي دراسة التحولات الاجتماعية المستمرة التي تطرأ عليها.

لقد أصبحت دراسات الجماعات الصغيرة متطورة وغنية عندما وضع كل من جارلس كولي وجورج زيمل أسس هذه الدراسة ومنهجها العلمي في مطلع هذا القرن العشرين.

مفهوم ديناميات الجماعة :

هي احد فروع علم النفس الاجتماعي، و موضوعها الرئيسي هو "الدراسة العلمية للجماعات الصغيرة، من حيث تكونها، و نموها، و نشاطها، وإنتاجها، و أدائها لوظائفها المختلفة، بهدف التوصل إلأى القوانين العلمية المنظمة لهذه الجوانب، و ما يرتبط بها من جوانب أخرى.

وقد بدأ الاهتمام بديناميات الجماعة منذ نهاية الثلاثينات في القرن العشرين، ثم ازدهرت كمجال متميز بين مجالات علم النفس الاجتماعي، بعد أن أنشأ كيرت ليفين **K.Lewin** وتلاميذه مركز بحوث ديناميات الجماعة في جامعة ميتشجان بالولايات المتحدة الأمريكية، عام 1945.

تعريف ديناميات الجماعة :

تشير كلمة دينامية في الأصل الاشتقاقي إلى معنى القوة عند اليونان، ترجع أغلب الدراسات استخدام كلمة دينامية الجماعات إلى"كورت ليفين" عام 1944 في مقال له حول العلاقات بين النظرية والتطبيق في علم النفس الاجتماعي.

أما"ميزونوف "فقد تناول هذا المفهوم في كتابه"دينامية الجماعات" وعرفه بقوله: «إن تعبير دينامية الجماعات، مأخوذ في معناه الواسع. يهتم بمجموع المركبات والتطورات التي تتدخل في حياة الجماعات، وخاصة الجماعات"وجها لوجه" أي التي يكون أعضاؤها جميعهم موجودين سيكولوجيا بالنسبة لبعضهم البعض، ويجدون أنفسهم على علاقة متبادلة وتفاعل تقديري.

وتعتبر دينامية الجماعات حقلا معرفيا يهتم بالكشف عن:

- **طبيعة الجماعات**: من حيث الخصائص التي تميز بعض الجماعات عن الأخرى.
- **خصائص الجماعة**: من حيث النشأة والنمو والعلاقات بين الأفراد أعضاء الجماعة, والعلاقات مابين الجماعات والجماعات الأخرى المناظرة لها.
- **تصنيف الجماعة**: فقد وضح جارلس كولي الفروق الأساسية بين الجماعات الأولية والجماعات الثانوية.

أولاً : الجماعة الأولية بأنها جماعة صغيرة الحجم تتميز بعواطف وعلاقات اجتماعية متماسكة، وهي الجماعة التي تزرع المقاييس الأخلاقية والقيمية الأساسية عند أعضائها وتلعب دوراً كبيراً في تشكيل سلوكهم وأخلاقهم ووضع إيديولوجيتهم في قالب معين.

كما أنها تساعد على إرساء قواعد الاستقرار والطمأنينة في المجتمع من خلال سيطرتها على وسائل الضبط الاجتماعي التي تدفع الأفراد على الالتزام بالقواعد السلوكية التي يقرها ويلتزم بها المجتمع. وقد اعتبر كولي العائلة من الجماعات الأولية الأساسية التي ينتمي إليها الأفراد تلقائياً, وكذلك النادي أو المجتمعات الخيرية أو الجماعات غير الرسمية التي يكونها الأفراد لسد حاجاتهم وإشباع رغباتهم.

ثانياً: أما الجماعات الثانوية فهي الجماعات الكبيرة التي يطلق عليها اسم المنظمات الاجتماعية كالجيش والقوات المسلحة، الجامعة والمصنع الكبير.... الخ.

والجماعات الثانوية حسب رأي كولي هي أصناف من الناس يتقيدون بنظام أخلاقي معين أو مقاييس سلوكية وأخلاقية تحدد طبيعة تفاعلهم وعلاقاتهم الواحد بالآخر. لكن العلاقات الاجتماعية في الجماعة الثانوية هي علاقات رسمية تعتمد على التعاقد أكثر مما تعتمد على العواطف والانفعـــــــــــالات السيكولوجية. والجماعة الثانوية تتمثل بنقابة العمل، المصنع، الكلية، الجامع أو الكنيسة... الخ.

لقد اهتمت الأبحاث والدراسات الاجتماعية اهتماماً متزايداً بدراسة الجماعات الأولية، فقد قام ادورد شلز بتأليف كتابه (دراسة الجماعة الأولية)، وجورج زيمل في الكتابة والبحث عن نواحي العلاقات المجتمعية إذ أوضح طبيعة العلاقة بين الرئيس وتابعه في نطاق العمل ودرس مزايا الجمعيات السرية وبقية الظواهر الاجتماعية التي تأخذ محلها على مستوى المكروسسيولوجي.

وقد ازدادت أهمية دراسة الجماعات الصغيرة خلال الحرب العالمية الثانية بعدما أدركت المنظمات العسكرية للحلفاء أهمية الجماعة الصغيرة في رفع الروح المعنوية للجندي وبالتالي زيادة كفاءته العسكرية والقتالية. وأول من قام بهذا النوع من الدراسة علماء في الولايات المتحدة الأمريكية .

ثم بدأ علماء الاجتماع والنفس البريطانيون في دراسة هذا المجال هذه الدراسة عندما عينوا في وزارة الدفاع البريطانية للقيام بدراسة الأحوال الاجتماعية والنفسية للجماعات الرسمية وغير الرسمية التي يتكون منها الجيش البريطاني من أجل رفع المعنوية القتالية للجنود بعد تقوية أواصر العلاقات الاجتماعية التي تربطهم مع الضباط.

وقد تميزت دراسات الجماعات الصغيرة بالعمل التجريبي و المختبري، حيث قام (كيرت لون) بتجاربه على جماعات من الأطفال لها أنواع مختلفة من القيادات، ودراسته هذه كشفت له معلومات مفصلة عن أثر القيادة في نوعية وكمية العمل الذي تنجزه الجماعة.

وبعد هذه التجربة حدثت تجارب أخرى لا تقل أهمية عن التجربة الأولى أهمها التجربة التي قام بها ليفت (**Levitte**) ورفقاؤه عام 1950 والتي كانت حول دراسة العلاقة بين إنجاز العمل وهيكل العلاقات الاجتماعية في الجماعات الصغيرة. وقد أوضحت هذه التجربة بأن لطبيعة العمل وهيكل العلاقات تأثيراً كبيراً على القدرة والكفاءة الإنتاجية التي يتمتع بها العامل. وفي نفس الوقت أجرى جي. هيس واي. ميلر تجارب معملية أخرى على الجماعات الصغيرة كان الهدف منها تحسين المناهج والطرق النظرية لدراسة الجماعات الصغيرة دراسة تجريبية مختبرية.

وتطورت البحوث النظرية حول ديناميكية الجماعات على يد جورج (هومنز) عندما ألف كتابه (الجماعة البشرية) في عام 1950 والذي فيه وضح فائدة الفكر الوظيفي في دراسة الجماعات الصغيرة دراسة مقارنة. ولعب ار. اف بيلز دوراً مهما في تطوير دراسات الجماعات الصغيرة من خلال اكتشافه نظاماً وطريقة لمشاهدة وتحليل فعاليات الجماعة الصغيرة وألف بهذا الخصوص كتاباً يدعى (تحليل عملية التفاعل) في عام 1951.

إن من أهم مواضيع الجماعات الصغيرة التي يهتم بها علماء الاجتماع وعلماء النفس الاجتماعي هي تماسك أعضاء الجماعة والعلاقات الاجتماعية التي تربطهم وتأثير الجماعة على إدراك وشعور ومقاييس أعضائها والحالة المعنوية والقيادية للجماعة.

وقد استطاع علم النفس الاجتماعي في الآونة الأخيرة إنجاز بحوث موضوعية كثيرة حول هذه المواضيع ساعدت العلماء والمختصين على فهم الجماعات الاجتماعية الصغيرة. كما قطع علم الاجتماع أشواطاً كبيرة في دراسة ميدان المكروسسيولوجي، غير أن المشكلة التي يجابهها علم النفس الاجتماعي في الوقت الحاضر هي مدى قدرته على تطبيق التعميمات السسيولوجية المشتقة من الجماعات الصغيرة على المنظمات الاجتماعية الكبيرة.

وفي الوقت الحاضر نستطيع تطبيق الحقائق والمعلومات المشتقة من نظرية الجماعة الصغيرة على الجماعات العمالية، صفوف المدارس، والجماعات التي تعالج عقلياً في مستشفيات الأمراض العقلية وفي نطاق العمل الاجتماعي.

ويشير الباحثون إلى أربع خصائص أساسية تميز دراسات هذا المجال وهي:

1- **<u>الاهتمام بالبحوث الواقعية المستندة إلى أسس نظرية</u>**: ففي بداية هذا القرن كان الاعتماد الأساسي من جانب المهتمين بفهم طبيعة الجماعات على الخبرات الشخصية والسجلات التاريخية، وقد شهد العقد الثاني من القرن العشرين، اتجاهات متزايدا نحو البحوث التجريبية (الواقعية) في مجالي علم النفس وعلم الاجتماع، حيث بدأ الاهتمام بالبيانات الموضوعية وبالأساليب الواقعية في البحث، و يلاحظ أن الباحثين الذين اتجهوا إلى دراسة ديناميات الجماعة قد اعتنوا ببناء النظريات واشتقاق العروض القابلة للاختبار من ناحية، وبإجراء المشاهدات المضبوطة و القياس و التجريب و التحليل الإحصائي للبيانات من ناحية أخرى.

حيث بدأ الاهتمام بالبيانات الموضوعية و الأساليب الواقعية في البحث، ويلاحظ أن الباحثين الذين اتجهوا إلى دراسة ديناميات الجماعة قد اعتنوا ببناء النظريات و اشتقاق العروض القابلة للاختبار من ناحية، وبإجراء المشاهدات المضبوطة و القياس و التجريب و التحليل الإحصائي للبيانات من ناحية أخرى.

2- **الاهتمام بالعلاقات الدينامية بين الظواهر**: لم يقتصر الباحثون في ديناميات الجماعة على تصنيف الجماعات، ووصف خصائصها ذات الطبيعة الثابتة، بل وجهوا اهتمامهم الأكبر إلى "الديناميات" أي إلى صور التغير في ظروف الجماعة و ما يمكن أن يترتب عليها من تأثير في الأبعاد الأخرى. و لذلك وجه الاهتمام إلى عدد من الموضوعات التي تبرز تلك الطبيعة الدينامية للظواهر النفسية الاجتماعية المتعلقة بالجماعات، ومن بينها الكشف عن الظروف التي تدفع الجماعة إلى تغيير أسلوب القيادة داخلها، و تأثير ذلك التغير في الروح المعنوية لأعضائها، ودراسة طبيعة الظروف التي تزيد إنتاجية الجماعة أو تخفضها، وتأثير التماسك على الأبعاد الأساسية للجماعة، وغير ذلك من الموضوعات التي تشير إلى صور التفاعل، أو الاعتماد المتبادل فيما بين ذلك هذه الظواهر السابقة و بعضها البعض.

3- **الصلة الوثيقة بين ديناميات الجماعة ببعض العلوم الإنسانية** التي تعني بالجماعة من نواحي مختلفة، ومن تلك العلوم: علم الاجتماع، الذي يعني بدراسة الجماعات و المؤسسات الاجتماعية، والسياسة، حيث التركيز على الجماعات المسئولة عن اتخاذ القرار والتشريع وأساليب التصويت، وعلم الاقتصاد، الذي يهتم بالمتغيرات التي تحكم اتخاذ القرارات الاقتصادية، والأنثروبولوجيا الثقافية.

وتوحي العلاقة الوثيقة بين ديناميات الجماعة وتلك العلوم بإمكان إجراء العديد من البحوث المشتركة، التي يتعاون فيها باحثون من مختلف التخصصات. بما يؤدى إلى بلوغ رؤية شاملة ومتكاملة للجماعة، يمكن من خلالها تفسير الظواهر النفسية الاجتماعية المتصلة بالجماعة، بمختلف أبعادها.

دوافع تكوين الجماعة الصغيرة :

تعد دراسة الدوافع النفسية و الاجتماعية من الموضوعات التي يهتم بها العلماء والباحثون في علم النفس الاجتماعي من حيث التكوين ودوافع تكوينها أو الدوافع التي تكمن وراء انتماء الأفراد إلى جماعات قائمة بالفعل. فالجماعات تتكون بقيام علاقة تفاعل بين شخصين أو أكثر، ففي المراحل الأولى لتكوين الجماعة يتميز هذا التفاعل الاجتماعي بوجود قدر كبير من النشاط، والتغير، وعدم الاستقرار، حيث يحاول الأفراد إقامة بناء الجماعة، (أي تنظيم العلاقات الداخلية فيما بين الأعضاء) وتحديد أهداف الجماعة، وتوزيع الأدوار بما يتلاءم مع قدرات ميول كل عضو من أعضائها.

أما المراحل التالية فتتسم في تاريخ الجماعة بالاستقرار النسبي، حيث يقل التغاير إلى حد ما، ولكنه لا يتوقف. والجماعات تختلف من حيث المراحل التي تمر بها، منذ بداية تشكلها على اكتمال تكونها، باختلاف نوع الجماعة ونوع المهام المكلفة بها. ولكنها في كل الحالات تعايش اكبر قدر من التغاير في مراحلها المبكرة، ثم تتجه بعد ذلك إلى الاستقرار في المراحل اللاحقة.

وتختلف تفسيرات الباحثين لدوافع تكوين الجماعات أو انتماء الأفراد إلى جماعات معينة، فالبعض يكتفي بتقديم تفسيرات عامة، بينما يركز آخرون بتقديم تفسيرات نوعية لدوافع تكوين الجماعات، حيث تتضمن تفسيراتهم تصنيفات مختلفة للحاجات النفسية التي يشبعها الأفراد من خلال عضويتهم في الجماعة.

ومن التفسيرات العامة، ما قدمه كل من تيبوت **Thibaut**، وكيلى **Kelley** الذي يشير إلى أن الأفراد ينضمون إلى الجماعات لإشباع حاجات خاصة، ولم يحدد في هذا التفسير، بشكل مفصل ما هي طبيعة تلك الحاجات، وقد أكد

الباحثان على أن الفرد يقيم الاشباعات التي يحصل عليها من الجماعة في ضوء محكين رئيسيين هما:

1) محك المقارنة الشخصي :ويعني أن الفرد يحافظ على عضويته في الجماعة التي تحقق له الحد الأدنى من الإشباع كما يتصوره هو، أي بمقارنة الاشباعات بمحك شخصي، فإما أن يقنع الشخص بالاشباعات التي توفرها له الجماعة فيرضى عن الجماعة، أو لا يقنع بما تمنحه من إشباع فينصرف عن الاشتراك في عضوية هذه الجماعة.

2) محك المقارنة بين البدائل: ويقصد به أن الفرد يقارن الاشباعات التي يحصل عليها من علاقة معينة، بكم ونوع الاشباعات التي يمكنه أن يحصل عليها من علاقة أخرى بديلة، ومن المعروف إن الفرد يسعى إلى العلاقة التي توفر له اعلي مستوى من الإشباع، ويستمر في الحفاظ عليها، ما لم تغلب عليها علاقة بديلة مع جماعة أخرى . وفي التفسيرات النوعية، اهتم الباحثون بتصنيف مصادر التدعيم، أو أنواع الاشباعات التي تتيحها الجماعة للأفراد، والتي تشجع على الانضمام إليها والحفاظ على عضويتهم فيها، ومنها أشكال الإشباع للدوافع أو الحاجات النفسية ما يلي:

أ- الحاجة إلى الانتماء:

يؤكد الباحثون أن الإنسان كائن اجتماعي، ولذا فهو في حالة سعي دائم إلى الانتماء و الارتباط بالآخرين، بهدف خفض التوترات الانفعالية التي تعتريه عندما ينعزل أو ينأى عن الجماعة. وتكتشف دلائل واقعية متعددة أن حاجة الفرد إلى الانتماء تقوى . تعد بحوث سشتر **Schchter** من أهم البحوث التي أبرزت نوع التجمع في خفض درجة القلق، وهي بحوث قام فيها بتنويع مقدار التهديد الذي يعانيه أعضاء الجماعة، وتوصل سشتر **Schchter** وآخرون إلى إن التهديد المرتفع يسبب قدرا اكبر من الجاذبية لأعضاء الجماعة بالمقارنة بالتهديد المنخفض، وقد قام سشتر في إحدى تجاربه بإثارة قلق مجموعة من الطالبات بطريقة تجريبية معتمدة

بأن أوهمن بأنهن سوف يتلقين صدمة كهربائية، وقام بتنويع درجة القلق، فأخبر بعض الطالبات بأن الصدمة ستكون مؤلمة، غير أنها لن تحدث أثرا جسميا دائما (مجموعة القلق المرتفع)، واخبر المجموعة الثانية بأن الصدمة ستكون خفيفة ولن تحول دون استمتاعهن بالتجربة (مجموعة القلق المنخفض).

كما اخبر الطالبات في كلتا المجموعتين، بضرورة الانتظار لمدة عشر دقائق قبل تقديم الصدمات، وخيرهن بين الانتظار بمفردهن، أو مع بعضهن البعض، وكشفت التجربة ان62.5% من الطالبات المتوقعات للصدمة المؤلمة فضلن الانتظار معا، في مقابل3.33% فقط من الطالبات المتوقعات للصدمة الخفيفة، بالتالي تؤكد هذه التجربة أن الأفراد يتجمعون معا بهدف خفض القلق، وان مواقف الشدة تزيد من الرغبة في الصحبة .وقد افترض سشتر، فيما بعد أن هذا الميل إلى التجمع يرجع إلى رغبة الأفراد في عقد مقارنات اجتماعية بينهم وبين الآخرين عندما يواجهون حالات انفعالية جديدة أو غير مألوفة، أو عندما يتصف الموقف بالغموض، وقد تحقق من صحة فرضيته هذه بعد أن أجرى تجربة أخرى أخبر فيها كل المبحوثين بأنهم سوف يتعرضون لصدمة كهربائية شديدة. خير بعضهم بين الانتظار بمفردهم أو مع زملاء لهم يمرون بالتجربة نفسها، وخير البعض الآخر بين الانتظار بمفردهم أو مع طالب لا يمر بتلك التجربة، وإنما تصادف وجوده في المكان الذي تجرى فيه الدراسة، وبينت النتائج أن المبحوثين في الظرف الأول فضلوا الانتظار مع زملائهم الذين يمرون بظروف مماثلة عن الانتظار بمفردهم، أما في الظرف الثاني فقد فضل المفحوصون الانتظار مع شخص لا تتشابه حالتهم الوجدانية معه.

وتشير دراسات أخرى إلى أن الرغبة في المقارنة تتعدى حدود السمات المزاجية (الشعور بالقلق على سبيل المثال)، لتشمل القدرات العقلية أيضا، بمعنى إن الأفراد قد يتجمعون معا لكي يقارنوا بين قدراتهم وقدرات الآخرين.

وقد أجريت تجربة تم فيها توزيع (39) طالبا بطريقة عشوائية في ظرفين تجريبيين مختلفين، في أولهما قدمت للمبحوثين معلومات عن مستوى أدائهم. لمهمة تجريبية معينة، أما في الظرف الثاني فلم تقدم للطلاب معلومات عن مستوى أدائهم. ثم طلب من المبحوثين الانتظار لحين بدء الجزء الثاني من التجربة، وسمح لهم بالانتظار كما يشاءون، إما بمفردهم أو مع زملائهم وكشفت التجربة أن الطلاب الذين لم أتيحت لهم فرصة الاطلاع على مستوى أدائهم، فضلوا بدرجة اكبر الانتظار مع زملائهم، وذلك لرغبتهم في مقارنة أدائهم و قدراتهم بقدرات الآخرين .

ويفسر بعض الباحثين تلك الرغبة في عقد مقارنات اجتماعية بين الذات والآخرين بأنه في أوقات الأزمات، أو تحت وطأة الشعور بالعزلة تهتز ثقة الأفراد في قدراتهم على تحمل الضغوط، وهنا يصبح الشخص أكثر استعدادا للاعتماد على الآخرين، إما بهدف مقارنة نفسه بهم، والتحقق من صحة آرائه وتصرفاتها والتماسا للمساندة النفسية من جانبهم .

ب- التجاذب بين أعضاء الجماعة:

يمثل التجاذب بين أعضاء الجماعة حاجة نفسية اجتماعية دافعة إلى تكوين الجماعة، ويشير التجاذب بين الأشخاص في معناه العام إلى"الاتجاه الايجابي الذي يشعر به شخص ما، نحو شخص آخر، ويمكن أن يعرف التجاذب بأنه نمط خاص من الاتجاهات يتضمن توجها نحو، (أو بعيدا عن شخص ما)،ويمكن أن تكون وجهة هذا التجاذب ايجابية أو سلبية، أو محايدة، ويقوم هذا التجاذب (بوصفه اتجاها) على ثلاثة مكونات رئيسية هي:

1) المكون المعرفي. ويتضمن المعتقدات والمعلومات عن الشخص المرغوب فيه.
2) المكون الوجداني ويتعلق بمشاعر الحب أو الكراهية نحو شخص معين.
3) المكون السلوكي. ويتضح من خلال الميل على الاقتراب أو الابتعاد عن الشخص موضوع هذا الاتجاه. وقد اهتم كثير من الباحثين بدراسة المحددات

النفسية والاجتماعية للتجاذب بين الأشخاص واستهدفت بحوثهم الكشف عن طبيعة الخصال النفسية، أو الظروف الاجتماعية، التي إذا توافرت لأحد الأشخاص فإنها تجعله جذابا أي مرغوبا ومحببا لدى الآخرين. وكشفت هذه الدراسات عن وجود محددات متنوعة للتجاذب بين الأفراد، منها ما يلي:

محددات التجاوب بين الأفراد :

أولاً - التقارب المكاني:

يتحدد التجاذب بين الأشخاص أحيانا بتأثير عوامل بيئية كالتقارب المكاني، الذي يهيئ للأشخاص فرصا متعددة للاتصال والتفاعل مع بعضهم البعض، فكثيرا ما يبدأ التعارف بين الأشخاص نتيجة لقربهم وتجاورهم، سواء في المسكن، أو الفصل الدراسي، أو محل العمل. وهناك العديد من الدراسات النفسية والاجتماعية التي تكشف عن العلاقة الايجابية بين التقارب المكاني والتجاذب بين الأشخاص.

أوضحت دراسات أجرت مقارنات بين علاقات البيض والسود الذين يعيشون في مبان سكنية مشتركة (تجمع بين البيض والزنوج) أو غير مشتركة، وتبين أن البيض والزنوج الذين أقاموا على مقربة من بعضهم البعض عقدوا فيما بينهم علاقات اجتماعية حميمة بقدر لم يتيسر للبيض والزنوج الذين أقاموا في مساكن متباعدة.أأوضحت دراسة أخرى أن الطلاب الذين تجاورت مقاعدهم في قاعة المحاضرات، تعرفوا على بعضهم البعض بدرجة تفوق ما حدث من تعارف بين طلاب تباعدت مقاعدهم.

وأظهرت دراسة أخرى أجريت على طلاب إحدى المدن الجماعية، وزع فيها الطلاب على الحجرات بحيث يقطن طالبان فقط في كل حجرة. ولم يؤخذ بالتخصص الدراسي أو بأي متغير آخر يمكن أن يؤثر على علاقات الصداقة، كأساس لتوزيع الطلاب على الحجرات، وكشفت النتائج أن معظم الطلاب الذين كانوا معا توثقت بينهم الصداقة، وان أغلب الطلاب الذين سكنوا في أماكن متطرفة تقلصت علاقاتهم الاجتماعية مع زملائهم .

من خلال ما سبق يتضح مدى تأثير التقارب المكاني كمحدد للتجاذب دائما. بل قد يترتب عليه أحيانا شعور بالنفور، وهو ما يمكن أن نلاحظه في علاقات الجيران ببعضهم البعض. وبهذا المعنى تتمثل قيمة التقارب المكاني في انه يهيئ فرص التفاعل و الاتصال بين الأشخاص، لكن علاقتهم يمكن أن تقوى أو تفتر أو تنعدم، بناء على ما يتوفر من محددات أخرى في الموقف تلعب دورا أساسيا في دعم التجاذب، وفي مقدمتها تماثل الاتجاهات، أو القيم، أو سمات شخصية، أو الظروف الأسرية و الاجتماعية .... الخ.

ثانياً - الجاذبية الجسمية:

نعني بالجاذبية الجسمية مستوى الوسامة، أو الجمال، أو تناسق الملامح الذي يتصف به أحد الأشخاص، ذكرا أو أنثى، كعامل مؤثر في تحديد درجة التجاذب بين الأفراد. ويتوقع أن يزداد هذا التأثير في حالة العلاقات بين الجنسين بصفة خاصة. فقد أوضحت إحدى الدراسات التي تناولت هذا المتغير أن الجاذبية الجسمية تظل محددا قويا للتجاذب بين الأشخاص، حتى وان تعارضت تصرفات الشخص الجذاب مع النشاطات التي تنهض بها الجماعة لتحقيق هدف مشترك.

كما أوضحت دراسة أخرى أن هناك ميلا عام لدى معظم الأفراد للإدراك الأشخاص المتمتعين بالجاذبية الجسمية على أنهم أفضل، في وجوه متعددة من الأشخاص الأقل جاذبية أو جمالا أو وسامة،ففي تلك الدراسة عرضت على مجموعة من المفحوصين صور لثلاثة أشخاص متفاوتين في الجاذبية الجسمية،(الأول منخفض في درجة الجاذبية، والثاني متوسط والثالث على درجة عالية من الجاذبية الجسمية).وطلب من كل مبحوث شارك في التجربة النظر إلى الصور الثلاث، ثم تقدير بعض الخصال الشخصية التي يرى أنها تميز صاحب كل صورة منها، وبدون توفير أية معلومات إضافية عن صاحب.
وأوضحت النتائج أن المبحوثين قد نسبوا إلى الأشخاص مرتفعي الجاذبية الجسمية قدرا من الخصال الايجابية يفوق ما نسب إلى

منخفضي الجاذبية، فقد تصور المفحوصين أن الأفراد ذو الجاذبية العالية أكثر نجاحا في عملهم، وأكثر سعادة في حياتهم الزوجية، وأفضل توافقا في حياتهم الاجتماعية بصفة عامة، وظل هذا التقدير قائما وثابتا سواء كانت الصور لأشخاص من نفس الجنس أو من الجنس الأخر.

ويبدوا أن النظرة المتحيزة لخصال الأشخاص مرتفعي الجاذبية الجسمية تؤدي إلى تحيز في الأسلوب الذي يعاملون به في حياتهم اليومية، بالقياس إلى الأشخاص منخفضي الجاذبية، والدليل على ذلك ما أظهرته دراسة تجريبية قدمت فيها مجموعة من المقالات لمجموعة من المبحوثين، وطلب منهم تقييم كفاءة المقالة و قدرة كاتبها، و أرفقت بالمقالات صور شخصية لكتاب لتلك المقالات و روعي أن تتفاوت فيما يظهر فيها من عناصر الجاذبية الجسمية (الجمال، الوسامة...الخ). وأظهرت النتائج انه كلما تميزت صورة كاتب المقالة بالجاذبية ارتفعت التقديرات التي تحصل عليها مقالته بصرف النظر عن المستوى الحقيقي للمقالة، أما ما استنتجه الباحث بناء على هذه النتيجة فهو أن الجمال يمكن أن يؤدي إلى التحيز في الحكم على جودة الأعمال الصادرة من الشخص الجميل أو الوسيم، في اتجاه المبالغة في تقدير كفاءتها.

واهتم الباحثون كذلك بالتعرف على حدود و ظروف تأثير الجاذبية الجسمية في تشكيل علاقات الأفراد، وتوصلوا إلى خلاصة مؤداها أن الجاذبية الجسمية يكون لها أثرها القوى في تحديد درجة التجاذب بين الأشخاص عند بدء التعارف، وفي بدايات التفاعل الاجتماعي فيما بينهم، وعندما لا تتوافر لديهم معلومات كافية عن الآخرين، حيث يصبح الشكل أو المظهر الخارجي هو المعيار الذي يعتمد عليه في إدراك خصالهم، ولكن بمضي الوقت ومع تراكم خبرات التفاعل الحقيقي فيما بين أعضاء الجماعة يقل التركيز على الجوانب الجسيمة أو المظهر، ويزداد تأثير المتغيرات الشخصية الجوهرية في تحديد درجة التجاذب فيما بينهم.

ثالثاً - التماثل في القدرات العقلية وسمات الشخصية والظروف الاجتماعية:

يعد التماثل (أو التشابه) أكثر المحددات تأثيرا في التجاذب بين الأشخاص، فالأفراد عادة أكثر قبولا لمن يشبهونهم في سماتهم الشخصية أو قدراتهم العقلية، أو ميولهم، أو اهتماماتهم، أو عاداتهم، أو مستواهم الاجتماعي و الاقتصادي. ويكتسب هذا التماثل أهمية خاصة في هذا الصدد لاعتبارات متعددة،منها أن الأشخاص المتشابهين يكونون أكثر تفاهما؛ إذ تلتقي أفكارهم حول العديد من الموضوعات الأساسية في الحياة و بالتالي يؤيد و يدعم كل منهم وجهة نظر الطرف الأخر نحو هذه الموضوعات، مما ينمي روابط المحبة و المودة بينهم.

وقد أوضحت الدراسات وجود علاقة طردية قوية بين التماثل و التجاذب بين الأشخاص. ومنها التصديق على الآراء و المعتقدات الشخصية، وتأكيد صحتها، ودعم الثقة بالنفس، وتهيأت فرص أوفر للمشاركة في اهتمامات و نشاطات و ميول محببة إلى النفس نظرا لتشابه اهتمامات هؤلاء الأشخاص.

وقد أشارت دراسة أجراها بيرن **byrne** هدفت إلى كشف علاقة التماثل بالتجاذب. حيث قدم مجموعة من المفحوصين من طلاب الجامعة اختباراً يقيس سماتهم الشخصية، واتجاهاتهم نحو بعض الموضوعات، وبعد أن صحح الباحث الاختبار اعد مجموعة من الاختبارات المماثلة، وراعي في إعدادها تنويع وجه التماثل بينها وبين إجابات المبحوثين، بمعنى أن تكون متماثلة تماما مع إجابتهم، أو غير متماثلة على الإطلاق. ثم قدم الاختبارات المجاب عنها إلى المبحوثين، وادعي أن بعض الأشخاص قد أجابوا عنها، وطلب منهم أن يعبروا عن مدى شعورهم بالتجاذب أوعدم التجاذب نحو الأشخاص الذين نسبت إليهم تلك الاختبارات.

وقد أوضحت نتائج التجربة بوضوح انه كلما زادت نسبة الاتجاهات المتماثلة لدى بعض الأشخاص، زاد الشعور بالتجاذب فيما بينهم. ويطلق بيرن على هذه العلاقة المطردة بين التماثل و التجاذب اسم(قانون التجاذب) . إلا أنه في بعض

الأحيان يؤدي توافق حاجات بحيث يشبع كل طرف حاجات الطرف الأخر؛ فيقوى التجاذب فيما بينهم، ويتحقق توافق الحاجات عندما تتوافر الحاجة نفسها بين شخصين. ولكن بدرجات متفاوتة الشدة، كان يشعر أحدهما برغبة أقل أو أضعف في السيطرة، فتنشأ بينهما نتيجة هذا التفاوت في هذه الرغبة علاقة ناجحة لا يشوبها التنازع على السيطرة. ويحدث توافق الحاجات أيضا عندما تنشا بين طرفي العلاقة دوافع متقابلة، كأن يشعر أحدهما بحاجة قوية إلى احتواء الأخر ورعايته في حين يشعر الطرف الأخر بحاجة شديدة إلى الحنان وتلقى الرعاية، وهنا يمكن أن تقوم بينما علاقة متناغمة يشبع فيها كل منهما حاجته الخاصة .

رابعاً: جاذبية نشاطات الجماعة وأهدافها:

عادةً ينضم الأفراد إلى الجماعات التي تحقق الأهداف التي يتطلعون إلى تحقيقها، كانضمام فرد ما إلى جماعة معينة تكونت بهدف جمع تبرعات لبناء مدرسة أو مسجد أو ناد اجتماعي أو سياحة رياضية مثلا، لاقتناعه بأهمية وجدارة هذا الهدف.

وفي بعض الأحيان ينتمي الفرد إلى جماعة معينة لشعوره بالانجذاب نحو النشاطات التي تمارس فيها كالتحاق شخص ما بأحد النوادي، أو رغبته في الاستمتاع بالنشاط الاجتماعي أو الرياضي الذي يمارس فيه.

وغالباً تقترن الجاذبية لأهداف الجماعة، بالجاذبية نحو نشاطاتها، فأغلب الظن أن الفرد الذي ينتمي إلى جماعة هدفها جمع تبرعات لبناء مدرسة، على سبيل المثال سيكون راضيا في الوقت نفسه عن النشاطات التي تمارسها الجماعة لتحقيق هذا الهدف. ويندر أن ينظم فرد إلى جماعة وهو يشعر بالرضا عن أهدافها دون أنشطتها، أو العكس، ومن الأمثلة على بعض هذه الحالات النادرة انضمام شخص لإحدى الجماعات التي تستهدف جمع الأموال لأحد المشروعات، ليس لحرصه على هذا الهدف، ولكن لرغبته في الاستمتاع بالنشاطات الفنية أو الرياضية التي تنظمها الجماعة لجمع التبرعات وتدبير الأموال اللازمة .

هذه هي الحاجات أو الدوافع النفسية، التي تسهم بدور فعال في تكوين الجماعات الإنسانية، وهي الحاجة إلى الانتماء، والجاذبية نحو أهداف الجماعة ونشاطاتها. إن الجماعة، مع كونها تشبع كل هذه الحاجات من داخلها، فإنها تشبع حاجات نفسية للأفراد من خارجها أيضا، وذلك حين ينتمي الفرد إلى جماعة معينة لاعتقاده بأنها يمكن أن تحقق له أهدافا خارجية لن تتيسر له إلا من خلال عضويته فيها، حيث تصبح الجماعة في هذه الحالة وسيلة لإشباع حاجات شخصية، وليست غاية في ذاتها.

ومن بين الحاجات التي يمكن أن تشبعها الجماعة لأعضائها من خارجها:

- الجاذبية لأشخاص خارج الجماعة.
- الجاذبية لأهداف خارج الجماعة.

فقد ينضم بعض الأشخاص إلى أحزاب سياسية مثلاً اعتقاداً منهم بأن عضويتهم الحزبية ستهيئ لهم فرص الاتصال بمسئولين من ذوي السلطة و النفوذ (أو الجماعة)، الأمر الذي يمهد لهم فرص تحقيق مصالحهم أو أهدافهم الشخصية التي تمكن خارج الجماعة .

أنواع الجماعات:

- الجماعة من حيث زمن وجودها :
  1. جماعة طويلة الأمد مثل: الأسرة .
  2. جماعه قصيرة الأمد مثل: البنات في المحاضرة.
- الجماعة من حيث نوعية العلاقات بين أفرادها:
  1. جماعات ديمقراطيه.
  2. جماعات استبداديه.

- الجماعة من حيث طبيعة تكوينها:

1- جماعه تلقائية مثل: الاسره.

2- جماعه مقصوده مثل: النقابات، النوادي....

- الجماعة من حيث عمق العلاقات بين أفرادها:

1- جماعه أوليه مثل: الاسره، الرفاق.

2- جماعه ثانوية مثل: العلاقات التي لا تدوم.

- الجماعة من حيث التزام أفرادها بأدوارهم الاجتماعية:

1- جماعه رسميه مثل:الفصل الدراسي,قاعة محاضرات.

2- جماعه غير رسميه مثل :الأصدقاء.

أما الاسره تعتبر جماعه رسميه وغير رسميه في آن واحد وحسب طبيعة العلاقات التي تسود الأسرة.

العلاقات المميزة للجماعة: هناك ميزات للعلاقة بين أفراد الجماعة تتمثل فيما يلي:

1) العلاقة الدائرية **Relation circulaire** .

2) العلاقة المنفردة **Relation individuelle** .

3) العلاقة الصفرية**Relation Zero**

4) العلاقة الثلاثية**Relation triangle ou triade**

5) العلاقة المزدوجة المتبادلة **Relation paire ou dyade**

6) العلاقة المركزية **Relation Etoilem**

مميزات الجماعة :

قد ذكر **KLewin (1951) :** أن تصور الجماعة ككل دينامي لابد أن يتضمن تعريفا للجماعة يعتمد على التأثير المتبادل بين أعضائها، وأنه من الضروري تأكيد هذه النقطة لأن تعريفات متعددة للجماعة تستخدم التشابه بين أعضاء الجماعة أكثر من استخدامها التأثير المتبادل الدينامي للجماعة كعامل أساسي.

إن الجماعة هي أكبر من مجموع أعضائها، وهذه النظرية الكيفية تتميز بكونها تنصب على حر كيات أعضائها في نسق واحد وتماسك في الزمان والمكان لأجل تحقيق أهداف محددة .إن التفاعلات المستمرة داخل بنية الجماعة هو ما يكسبها شخصيتها المعنوية وما يجعل بناءها رهين بمدى التماسك.

الجماعة النفسية الاجتماعيـة: يحدد كل من هريروديقيـد **(Harari& David 1968)** الجماعة النفسية الاجتماعية: بأنها عبارة عن نسق تنظيمي مكونة من فردين أو أكثر مترابطين معا لكي يقوم النسق التنظيمي ببعض وظائفه، وله مجموعة محددة من الأدوار التي تربط بين أعضائه، وله مجموعة من المعايير والتي تنظم وظيفة الجماعة وكل عضو من أعضائها.

كما يؤكد **(1977) " Shaver"** على الخصائص المتعددة قائلا:«....إن الجماعة الاجتماعية عبارة عن جمع له مضمونه السيكولوجي الخاص بالأفراد، والذي يعتمد على وعي الفرد بأعضاء الجماعات الأخرى، وعلى عضويته في الجماعة وعلى المعنى الانفعالي للجماعة، وتبرز المميزات التالية:

1) إن الجماعة يتميز أعضائها بالاشتراك في مجموعة من المعايير والمعتقدات والقيم...
2) بالأهداف المشتركة المعلنة وغير المعلنة الواعية وغير الواعية
3) بالفضاء التواصلي والمناخ السيكوسسيولوجي الذي يحدد نوعية العمل والمنهج.

4) بالمرجعية التي تمد الجماعة بكل مقومات أفعالها السابقة والتطورات اللاحقة.
5) بالحجم الذي يعطي للجماعة مكانتها ومساحتها وقوة أفكارها ومعتقداتها.
6) بالدينامية التي تغذيها بالتعديلات والتغيرات والتقلبات في الاتجاه والمسار.
7) بالمعايير التي تحدد مدى انزياح الجماعة وقيادتها عن السياق والإستراتيجية المرسومة.
8) بالحاجة إلى الانتماء واستمرارية التجاذبات أو الانصياعات في إطار قانون الجماعة، وبالحاجة إلى التعاطف وبناء التوازنات السيكوسسيولوجية.
9) بافتراض العلاقات وتبادل الأدوار والمهام وتوزيعها بين أعضائها من جهة ومع مختلف الجماعات الأخرى المتشابهة أو الفرعية من جهة أخرى.
10) تحديد مستويات الطموح وعقلنة الأهداف وضبطها ومراقبتها. (ميتا معرفية التواصل) وذلك تجنبا للفشل .

خصائص الجماعة الأولية أو المحصورة:

هناك مجموعة من الخصائص تنفرد فيها الجماعة الأولية وهي كالتالي:

1-تأسيس معايير معتقدات علامات طقوس خاصة بالجماعة لغة رموز الجماعة.

2-عدد محدود من الأعضاء .

3- تنوع الأدوار بين الأعضاء .

4-تابعة مشتركة لنفس الأهداف.

5- علاقات عاطفية يمكن أن تلاحظ مكثفة بين الأعضاء.

6- تبعية متبادلة قوية بين الأفراد .

خصائص الجماعة الثانوية:

للجماعة الثانوية خصائص مشتركة بين جميع الجماعات الثانوية أينما وجدت وفي أي زمان كانت وهي كما يلي :

1. تعمل تبعا لمؤسسات قانونية.
2. مجموعة من الأفراد يتابعون غايات متكاملة
3. توجد داخل جزء خاص من الواقع الاجتماعي (سوق، إدارة..)
4. الروابط ما بين الأعضاء غير شخصية (البيروقراطية).
5. بنيات العمل التي تنظم روابط الأجزاء المكونة فيما بينها (مصالح - مكاتب.....).
6. العلاقات بين الأعضاء باردة، غير شخصية عقلانية تعاقدية رسمية.

الفصل السابع

الفرد في المواقف الإجتماعيَّة

الفصل السابع
الفرد في المواقف الإجتماعية

- مقدمة
- الآثار النفسية للاشتراك في الجماعات
- عدم المسايرة والقيادة
- الآثار النفسية للاختلافات في الجماعة
- الأبنية المنظمة وغير المنظمة للجماعات
- الجماعات ذات البناء الديمقراطي والأوتوقراطي
- البناء التعاوني والتنافسي للجماعات
- سيكولوجية الصراع بين الجماعات

الفصل السابع
الفرد في المواقف الإجتماعية

مقدمة

هدفنا في هذا الفصل فحص النتائج النفسية للانتماء الى الجماعات وكلما ازدادت معرفتنا بهذا الموضوع المشوّق، كلما تحسن فهمنا لمجال كامل من السلوك يبقى دون ذلك سراً مستغلقاً، فلماذ ، مثلاً ، يكيّف معظم الناس باهتمام أفعالهم، بل وحتى طرق تفكيرهم، مع ما يعتقدون أن الآخرين يتوقعون منهم؟ وفي نفس الوقت، لماذا ينظر بعض الأفراد إلى الجماعات على أنها تمثل فرصاً بالنسبة لهم كي يقودوا بدلاً من أن يسايروا معايير الآخرين ؟ ومع فحصنا للآثار النفسية المتنوعة الناجمة عن الاشتراك في الجماعات، سنبين أيضاً بالأمثلة المشتقة من البحوث كيف يتأثر سلوك الأفراد غالباً بصورة درامية بالتغيرات الدقيقة جداُ في الطرق التي تنظم بها الجماعات . ثم نفحص بعد ذلك كيف ينشأ الارتباط أحياناً مما يؤدي إلى صراعات بين الجماعات يصعب حلها للغاية . وفي القسم الأخير سيؤدي بنا التحليل إلى النظر إلى نوع شخصي وإلى درجة عالية من الصراع بين الجماعات يواجه كل منا عندما يعاني ولاؤنا لجماعات مختلفة من عدم الاتساق . وسنرى أن صراعات الولاء محبطة على وجه خاص بالنسبة للمهاجرين أو أعضاء جماعات الأقليات العنصرية الذين يشعرون بعدم التأكد من عضوية الجماعة ، والذين يتساءلون غالباً عما إذا كانوا في الواقع منتمين على الإطلاق .

وطوال البحث سنضع في أذهاننا تعريف الجماعة النفسية: على أنها فردان أو أكثر يعتمد أحدهما على الآخر من خلال التفاعل الاجتماعي للقيام بأدوار مميزة من أجل السعي وراء مصالح أو أهداف مشتركة. وهكذا، فالأسرة، وجماعة الأصدقاء، وأعضاء النادي هي كلها جماعات نفسية لأن الأعضاء المتفاعلين قد نشأت لديهم توقعات عن كيفية سلوك الآخرين سعياً نحو أهداف

مشتركة. ولكن تجمعات الأشخاص غير المتعارفين أو مجرد تجمعات الطلبة ليسوا بجماعات نفسية (على الرغم من أنه جرت العادة على الإشارة إلى تجمعات الأشخاص المشتركين في التجارب على أنهم جماعات تجريبية أو جماعات فقط) . وسوف نقارن في أمثلة معينة بين الجماعات النفسية وبين مجرد التجمعات البشرية وذلك من حيث تأثيرها على سلوك الأفراد .

وسوف تعتمد المناقشة الراهنة على مفاهيم طورت بالفعل في الفصول السابقة، فسيتضح، مثلاً أن عضوية الجماعة تؤثر على الأحكام الاجتماعية والاتجاهات، و أن العوامل المتنوعة لعملية التنشئة الاجتماعية تسهم في الفروق الفردية المتعلقة بردود الفعل تجاه الجماعات. وسوف نزيد على وجه خاص من استكشافنا لمفهوم التفاعل الاجتماعي ومن خلال بحثنا لكيفية تأثير الجماعات على الأفراد .

لكن هناك شيئاً خاصاً يحيط بموضوع هذا الفصل ، وهو يتصل بالوعي . فعندما بحثنا التفاعل حاولنا أن نسلط الضوء على عدة عمليات دقيقة تبقى عادة خفية. فنحن، مثلاً، لا نعي عادة وقوعنا تحت تأثير التدعيمات الاجتماعية للغير، كما أننا لا ندعم الآخرين عمداً في تفاعلاتنا اليومية، حتى على الرغم من أن السلوك يمكن التحكم فيه اجتماعياً، بدون وعي على ما يبدو. ونحن أيضاً لا نعي أننا عنصر داخل نظام اجتماعي مترابط عندما نتفاعل مع الآخرين . وعلى العكس، فنحن نعي جداً وقوعنا تحت التأثير والتنظيم اللذين تفرضهما توقعات الجماعات التي تنتمي إليها، فنحن نعرف ما الذي لا يجب أن نفعله في مواقف اجتماعية معينة، وما الذي يجب أن نفعله في مواقف أخرى. وعندما يتضح لنا كأطفال أننا لا نستطيع تفسير كل شيء لوالدينا أو حتى لرفاقنا، وعندما نبدأ ملاحظة التغيرات في سلوكنا حينما نواجه الفصل لإلقاء قطعة محفوظات ، وعندما نتجنب الخروج على المألوف، فإننا بذلك نعترف بالمقاييس الاجتماعية التي تجد من سلوكنا وتنمطه في أشكال تقليدية . ولكن زيادة الوعي إلى حد ما بالتأثير القوي للجماعات لا يعني أننا نفهم كيف تؤثر الجماعات على سلوكنا . وفي الواقع إن التأثيرات النفسية

للعضوية في الجماعات قد بدأت الآن فقط تخضع للفهم بسبب التقدم الأخير في العلوم السلوكية . ومن المأمول أنه سوف يكون من الممتع ومن المفيد أن نقوم بدراسة عينة من هذه التطورات الجديدة .

الآثار النفسية للاشتراك في الجماعات :

اولاً - التسهيل الاجتماعي :

بدأت سيكولوجية الجماعات فعلاً حوالي عام 1920 عندما أجرى فلويد ألبورت **Floyd Allport** سلسلة من من التجارب ليجيب عن تساؤله بشأن أثر الجماعات على السلوك الفردي . وقد استخدم طلبة الجامعة في تجربته، وقاس ارتباط الأفكار وصحة الحجج مقارناً كمية وكيفية الأفكار المتولدة عند أداء المفحوصين وهم في جماعات وهم منفردون . ووجد أن حضور الآخرين يزيد من طاقة الأفراد (وقد استخدم مصطلح التسهيل الاجتماعي)، وفي نفس الوقت الذي يؤدي فيه إلى تخفيض كيفية التفكير . وعلى الرغم من أنه استنتج أن العمل المتطلب للتركيز أو التفكير المبدع يتم بصورة أفضل في حالة الوحدة، إلا أن استنتاجاته بشأن مبدأ التسهيل الاجتماعي لا يمكن أن تعمم على كل الجماعات كما سنرى. ولكن ألبورت أيقظ بأبحاثه هذه اهتمام علماء النفس وحفزهم على تطوير مناهج أفضل لدراسة سلوك الأفراد في المواقف الجماعية المتنوعة. وينظر الباحثون المعاصرون بعناية أكثر في كل من البناء الاجتماعي للجماعات موضوع البحث، وفي سمات الشخصية لدى أعضائها. وهم يهتمون أيضاً بمدى واسع من أنواع السلوك التي قد تتعدل في المواقف الجماعية.

وما زالت أفكار ألبورت الرئيسية، رغم غموضها، موضع اهتمام كبير. فقد أعيدت مؤخراً صياغة فكرته عن التسهيل الاجتماعي وترجمت إلى تعبير "تشتيت الانتباه المسبب اجتماعياً" . وأعيد تفسيرها كحالة من الاستشارة (مستوى عصبي فسيولوجي من التنشيط) تجاوزت نقطة ما مثلي .

وبالطبع، فإن هذه التعديلات الأخيرة للفكرة الأساسية علمتنا الكثير، فمثلاً، إن مجرد وجود الآخرين غالباً ما يؤدي إلى ظهور دوافع اجتماعية خاصة تشتت وتكبت. وقد علمتنا أيضاً أن هذا الشكل من التشتت الاجتماعي يزول لحسن الحظ مع مرور الزمن .

ثانياً – تقنين السلوك :

أجري منذ دراسة ألبورت المبكرة عدد كبير جداً من التجارب وطلب فيها من الأفراد، إما بمفردهم أو في جماعات، أن يقوموا بأنواع شتى من التقديرات لأطوال خطوط، أو أحجام مستطيلات، أو عد حبات من الفول في زجاجة، أو عدّ الطقطقات المسموعة، أو كمية مقدار الحركة الظاهرة لبقعة ضوء صغيرة في حجرة مظلمة. وقد تبين أن أحكام الأفراد في المواقف الجماعية تتشابه بصورة مميزة, وتنحو إلى التجمع حول حكم توسط. أي أن الذين أبدوا أحكاماً متطرفة عندما كانوا بمفردهم ينحون إلى إبداء الأحكام طبقاً لمتوسط الجماعة عند وجود الآخرين. ويقول مظفر شريف أن هذه الحركة للاتجاه إلى متوسط أو معيار الجماعة ترجع إلى ظهور إطار مرجعي مشترك بشأن ماهية السلوك الملائم المتوقع. فمن المحتمل، مثلاً، أن يكيف أعضاء الجماعة أفعالهم مع الاتجاه الذي يضعه قائد الجماعة، وذلك لأنهم يرون القائد باعتباره الشخص الذي يضع معايير (الجماعة) أو باعتباره ممثلاً مثالياً لهم . ولاحظ شريف من خلال التجارب حول هذه المسألة، أنه بمجرد أن ينتقل عضو الجماعة نحو المتوسط، فإن معيار الجماعة هذا سوف يسود حتى ولو حاول قائد الجماعة أن ينشئ معياراً جديداً بتغيير تقديره الأصلي. فالمعيار، إذن، له على ما يبدو، قوة مستقلة، وينظم الأفراد سلوكهم بالرجوع إليه.

ومع ذلك، فإن هذه الدلائل على أهمية معايير الجماعة ليست مقنعة تماماً لأنها تهتم في الأعم بإدراك حجم الأشياء المادية ، أو عددها، أو حركتها. فهل تؤثر معايير الجماعة على الوظائف النفسية الأخرى غير الأحكام و الإدراكات الحسية؟

هل تنتقل اتجاهات الأفراد نحو متوسط الجماعة عندما يتأثرون بمناقشات الآخرين؟ وقد درس لامبرت ولوي هذه المشكلة في دراسة على طلبة جامعة مكاجيل. وقارنا في دراستهما بين الجماعات النفسية وجماعات من الطلبة غير المتعارفين . وقيست الاتجاهات المعادية للديمقراطية بأشكال مختلفة لمقياس الفاشية الذي أعطي في البداية للأفراد عندما كانوا منفردين ، ثم قدم لهم في حضور الآخرين مع تعليمات بألا يتبادلوا الحديث، وعرض عليهم مرة ثالثة عندما كانوا معاً ومع السماح لهم بالاتصال بحرية بصدد الاستبيان قبل ذكر اتجاهاتهم. وقد أكمل مفحوصو المجموعة الضابطة الأشكال الثلاثة للاستبيان في ثلاثة أوقات مختلفة، ولكن كانوا دائماً منفردين. وتبين أنه بالنسبة للطلبة المتعارفين جيداً، التقت الاتجاهات بوضوح صوب متوسط الجماعة وذلك عند قياسها إما في مواقف جماعية سمحت بالاتصال، أو في المواقف التي جلس فيها الأعضاء متجاورين دون أن يسمح لهم بالكلام. وبالإضافة إلى ذلك، أصبحت اتجاهات الجماعة ككل أكثر ديمقراطية إلى درجة بارزة في حالة التجمع بدون كلام، لكنها عادت إلى المستوى الأصلي عند السماح بالنقاش. ويبدو أنهم في محاولتهم الالتقاء على المتوسط العام للاتجاه في مرحلة عدم الكلام قد أجروا تقديراً غير ملائم اضطروا إلى تعديله بسبب المناقشة. وفي مقابل ذلك، لم يتغير الطلبة غير المتعارفين لا بوجود الآخرين ولا بالمناقشة معهم. فلم تتغير اتجاهاتهم أكثر من تغير المجموعة الضابطة.

وتشير هذه النتائج إلى أن الناس يغيرون اتجاهاتهم، أو على الأقل يغيرون التعبير عنها، إذا كانت منفعة شخصية ما ستنجم عن التغيير. وربما استمد الطلبة وثيقو التعارف الفائدة والراحة من هذه الصداقات، وكانوا بلا شك قادرين على تقدير المدى المقبول لاتجاهات الجماعة بمجرد ملاحظة الجالسين إلى جوارهم وبدون نقاش. ومع توقع الطلبة بأن اتجاهاتهم قد تطرح للمناقشة عقب ذهاب المجربين، فقد يكونوا قد احتسوا من الظهور بمظهر المنحرفين، حيث أن الانحراف قد يهدد مكانتهم في الجماعة. أما بالنسبة للذين طلب منهم ذكر

اتجاهاتهم في حضور آخرين لا يحتمل أن يقابلوهم مرة ثانية، فلم يكن هناك شيء على ما يبدو، يجني من التغيير مهما كانوا مختلفين.

وكان كيرت **Kurt Lewin** أحد الأوائل الذين تبنوا تضمينات آثار معايير الجماعة على الاتجاهات. وكان يعتقد أن الاتجاهات الفردية قد تعدل بكفاءة أكثر خلال تغيير معايير الجماعة منها خلال محاولة التأثير المباشر على الفرد. وبهذه الطريقة يمكن تعديل المدى المقبول للاتجاهات لكل أعضاء الجماعة في الاتجاه المرغوب، بينما قد يؤدي تغيير اتجاه شخص واحد إلى تعديل مكانته في الجماعة بصورة غير لائقة، مما يجعله منحرفاً في نظر الأعضاء الآخرين وربما عاد الفرد إلى اتجاهه القديم مفضلاً ذلك على الشعور بالاغتراب فمن الصعب جداً على شخص واحد أن يخالف الجماعة.

ثالثاً - التغييرات التي تسببها الجماعة في الاتجاهات واختيارات القرارات:

يشير المثل الذي ذكرناه سابقاً إلى أنه على الرغم من وجود الآخرين يحفز الأفراد على تجميع ردود أفعالهم حول معيار مقدر، فإنه ليس من الضروري أن يكون المعيار محافظاً أو محايداً وفي الحقيقة أن المثال يظهر ما يكون عليه الموقف عندما تتحرك الجماعة نحو اتجاه أكثر تطوراً.

وهناك شكل جذاب آخر من أشكال تأثير الجماعة على أحكام الأفراد وهو المعروف بالتحول المجازف فعندما يطلب من الأفراد اتخاذ قرارات بشأن بعض مشكلات الحياة الواقعية، فإن من المحتمل جداً أن يتخذوا بعد المناقشة داخل الجماعة قراراً أكثر مجازفة مما يتخذونه عندما يقررون بمفردهم.

وتجري الآن حملة نشطة من البحوث لتفسير هذا الأثر المهم اجتماعياً وذي الدلالة من الناحية النظرية، وكذلك لاكتشاف مفردات المناقشة التي تؤدي إلى المجازفة الأكبر أو إلى المحافظة الأكبر.

رابعاً - المسايرة :

حدثت تحسينات مضطردة في تفسيرات علم النفس لأثر الجماعة على الفرد منذ العشرينات. وقد انتقلت اهتمامات الباحثين في الوقت الحاضر من تكوين معايير الجماعة إلى تحليل أكثر دقة لردود الفعل الفردية تجاه المعايير، أي إلى ظاهرة المسايرة.

تخيل أنه طلب منك الاشتراك في تجربة مع سبعة طلبة جامعيين آخرين، وأنكم تجمعون كلكم معاً ويشرح لكم أستاذ أن عليكم النظر إلى عدة خطوط مستقيمة ، والقول أيها أقصر في مجموعته، ثم رفع الصوت في الإجابة كل في دوره. ولنفرض أنك جلست على آخر مقعد حول منضدة كبيرة وأنك آخر من يدلي بالرأي. وتظهر على البطاقة الأولى ثلاثة خطوط، أحدها هو الأقصر بوضوح، وأنتم الثمانية جميعاً متفقون على ذلك. أما بالنسبة للبطاقة الثانية فإنك أيضاً متأكد من أن أحد الخطوط هو الأقصر بوضوح، لكن تسمع كلاً من الآخرين يشير إلى خط آخر. وأنت لا تدرك أن أفراد الجماعة الآخرين متعاونون بالأجر مع الأستاذ ودربوا على اتخاذ قرارات خاطئة معينة بطريقة تبعث على الإقناع. والفكرة هي دفعك إلى المسايرة. ومع إبداء كل شخص لرأيه، فإن ابتسامتك غير المصدقة تواجه بتعبيرات جادة عند الآخرين. وعندما يحين دورك فكيف يكون رد فعلك؟

وإذا حكمنا بناءً على نتائج آش **Asch** ، فإن حوالي 42% فقط من طلبة جامعة سوارثمور يحتفظون بآرائهم في وجه الأغلبية الخاطئة، بينما يساير الكثيرون الأغلبية على الرغم من تأكدهم الخاص وقد أجرى آش مقابلة مع كل طالب تعرض لمخالفة الآخرين له عقب التجربة ووجد أن أقلية ضئيلة فقط رأت الخط غير الصحيح بالفعل على أنه الخط الأقصر. أما معظم المسايرين فقد رأوا الخطوط بصورة واحدة لكنهم بدأوا يتشككون في إدراكاتهم. وساير آخرون خوفاً من أن يبدوا مختلفين، فقد تجاهلوا ما هو الصحيح أو الخاطئ وانتبهوا فقط إلى ما يجب أن يقولوه لكي يتفقوا مع الأغلبية.

ومما يثير الاهتمام أن تنويع هذه التجربة أثبت أن أغلبية من ثلاثة أفراد كونت جماعة تأثير في نفس قوة سبعة أشخاص أو أكثر. ومع ذلك، فعندما كان مفحوص ساذج يتلقى التأييد من شخص آخر ضد أغلبية من المتعارفين، فإن أثر المسايرة كان ينخفض بصورة بارزة.

وقد حول ريتشارد كرتشفيلد **Richard Crutchfield** الإجراء الأساسي بحيث يمكن في وقت واحد ملاحظة عدد من المفحوصين الذين يتعرضون لمخالفة الآخرين لهم . وفي هذا الترتيب يجلس عدد يصل إلى خمسة أفراد في المرة الواحدة في أكشاك خاصة لكل منها شاشة عرض. وتظهر شريحة على كل شاشة تبين خطأ مقنن بجانب عدة خطوط للمقارنة مع مفاتيح للإجابة لتدل على أيها الخط الأقصر. وتظهر شريحة أخرى مكتوب فيها من الضروري السكوت عن الكلام في أوقات الأزمة، تدعو المفحوص ليبين موافقته أو عدم موافقته بالضغط على المفتاح الملائم. وبينما يعتقد كل فرد أنه يستطيع أن يقرأ الإجابات التي يدلي بها الآخرون وذلك من خلال لوحة للأضواء بكشكه الخاص، فإن القائم بالتجربة يتحكم فعلا في تتابع الأضواء بكل الأكشاك. وكما يحدث في إجراء آش، فإن كل مفحوص يتلقى التعليمات أحياناً بالانتظار حتى يجيب الآخرون قبل أن يعطي إجابته ، وهو يعتقد في هذه المحاولات الحرجة أن الآخرين قد وافقوا على ما يبدو له كإجابة غير صحيحة.

ووجد كرتشفيلد أن 30 إلى 70% من البالغين يسايرون إجماع الجماعة بالنسبة لمفردات معينة. وعندما وضعت الاتجاهات على محك هذا الاختبار ساير حوالي 30% إجماعاً زائفاً للجماعة. فعلى سبيل المثال، لم يختلف أحد تقريباً في جماعة ضابطة مع مقولة "أعتقد أننا نتحسن من خلال محن الحياة وتجاربها"، بينما عارضها 31% عندما وقعوا تحت ضغط الجماعة. وحتى الشك الشخصي فإنه يظهر من خلال ذلك الأسلوب. فعند توجيه السؤال "أشك فيما إذا كنت أصلح قائداً جيداً"، وقع أكثر من 30% من الرجال ممن كانت لديهم إمكانية القيادة في مهنهم تحت الضغط ليعبروا عن عدم التأكد من أنفسهم.

واستخدم كرتشفيلد هذا الأسلوب في تجربة أخرى لاكتشاف الاتجاهات نحو القضايا الاجتماعية ذات الصلة. وقد طلب آراء المفحوصين بخصوص قضايا مثل "حيث أن حرية الكلام كلما شعر بتهديد". وعندما واجه المفحوصون إجماع زائف للجماعة يوافق فيما بدا على هذه المقولة، فإن عدداً منهم ساير الجماعة يبلغ ثلاثة أضعاف الموافقين في حالة سؤالهم منفردين. وفي هذه الأمثلة تتضح الدلالة الاجتماعية لآثار ضغوط الجماعة.

ولاحظ كرتشفيلد فروقاً فردية كبيرة في مدى المسايرة. فقد استلم بعض الأفراد 17 مرة من بين 21 محاولة، بينما لم يستسلم آخرون إلا مرة واحدة. وعندئذ درس كرتشفيلد سمات شخصية متنوعة للمفحوصين مستخدماً مقاييس جيدة لسمات الشخصية، وبين ارتباط هذه السمات مع مدى المسايرة. فظهر أن الشخص المستقل، في مقابل الشخص المساير، هو أكثر فعالية من الناحية العقلية، وأكثر نضوجاً، وأكثر ثقة، وأقل جموداً أو تسلطاً.

كذلك فإن لدى الجماعتين اتجاهات جد مختلفة تجاه الوالدين والأبناء. إذ ينحو المسايرون إلى إضفاء الطابع المثالي على والديهم، بينما يكون المستقلون أكثر موضوعية وواقعية، حيث يمتدحان وينتقدان. بالإضافة إلى ذلك، فإن المسايرين أكثر تقييداً في اتجاهاتهم نحو تربية الأطفال، بينما المستقلون أكثر تسامحاً. ويلاحظ أن السمات المميزة للمسايرة أكثر شبهاً بالسمات المميزة للشخصية التسلطية. ومثلما يمكن إرجاع نشأة التسلط إلى خبرات الطفولة المبكرة، فربما نستطيع أيضاً مع تقدم البحث اكتشاف المزيد من جذور المسايرة.

وتشير بعض الدراسات الحديثة إلى أن أحد الجذور العميقة للمسايرة هي الحاجة إلى الانتماء. فالأشخاص ذوو الحاجات الشخصية القوية للإنتماء معرضون بالذات للمسايرة في الظروف الاجتماعية المشابهة لما درسه آش. ويأتي التأييد لهذا التفسير من أبحاث ووكر **Waker** و هينز **Heyns** اللذين يقولان أن المسايرة هي

طريقة للسلوك تساعد الشخص على أن يحظى بالقبول والحب من الآخرين. وقد وجدا من دراساتهما أن مدى المسايرة يتوقف على جاذبية الفرد في جماعة معينة، إي على المكافآت الاجتماعية المستمدة من الانتماء. فالشخص يساير المعايير في تلك الجماعة التي يريد أن يقبل فيها، وهو لن يساير وبالتالي يظهر تمرده، في الجماعات التي لا يجدها مرضية. ولكن بأن معظم الناس يريدون أن يقبلوا في بعض الجماعات على الأقل فإنه ينتج عن ذلك أنه يمكن فرض المسايرة على كل شخص تقريباً، بصرف النظر عن أسلوبه الشخصي، إذ كان الموقف مناسباً. وهكذا يتضح أن التفسير النهائي للمسايرة لابد أن يعالج كلاً من سمات الشخصية والعوامل الموقفية.

ولا بد أن ينظر التفسير النهائي أيضاً في عمق المسايرة. ففي بعض الحالات يوجد فقط إذعان سطحي لضغط الجماعة، بينما يعتقد الإذعان في حالات أخرى على تقبل حقيقي لتأثير الجماعة. ويركز شارلز **Charles** وسارا كيسلر **Sara Kiesler** على أهمية التمييز بين محض الإذعان والتقبل الخاص. فمثلاً أنهما يقدمان أدلة تظهر أن الضغط القوي العامل على الإذعان قد يجبر الأشخاص على المسايرة مع الجماعة، ولكن يكون ذا تأثير قليل على تقبلهم الداخلي لمحاولة التأثير. وفي الواقع يمكن للضبط الشديد أن يكون ذا أثر عكسي، فقد تصبح اتجاهات الفرد الخاصة أكثر معارضة لاتجاهات الجماعة.

خامساً:القلق من الجمهور:

لا يعتبر التفاعل الاجتماعي النشط لأعضاء الجماعة المؤثر الوحيد على سلوك الأفراد. فالناس يتأثرون أيضاً بأعضاء الجماعة السلبيين الصامتين بنفس الطريقة التي يتأثر بها الممثل بجمع الوجوه التي تمثل جمهوره. وفي الحقيقة، يمكن للمرء أن ينظر للحياة الاجتماعية كسلسلة من الدخول على خشبات مسرح مختلفة تلقي من فوقها الأدوار أمام جمهور يتنوع في درجة خبرته، وحجمه، أو أهميته بالنسبة للمثل. وقد حاول وابنر **Wapner** وألبر **Alper** في مشروع لهما أن يختبرا هذه

الفكرة باستخدام طلبة جامعيين طلب منهم "الأداء" أمام جماهير متنوعة التكوين. وفي إحدى الحالات كان الجمهور غير مرئي، لكن الطلبة أدركوا أن أناساً كانوا يراقبونهم ويستمعون لهم. وفي حالة أخرى كان الجمهور -وهو يتألف من لأحد أعضاء هيئة التدريس وعدة طلبة- حاضراً بالفعب. وفي حالة ثالثة لم يكن هناك جمهور باستثناء المجرِّب. وكانت مهمة المفحوصين انتقاء الكلمات المناسبة لإكمال عبارات معينة. وتبين أن التردد في الاستجابة كان على أعلى درجات في حالة الجمهور غير المرئي، وفي أقل حالاته مع وجود المجرب وحده. وفحوى الدراسة هي أن سلوكنا يتنوع من جمهور إلى آخر وأننا من المحتمل أن نصبح مقيدين وحذرين إذا لم تتوفر لدينا معلومات كافية حول جمهور معين.

وحب المرء لجمهور ما أو عدم حبه له ليس بالأمر البسيط الذي يقوم فقط على ما إذا كان مستمعونا يوافقون على ما نقول أم لا.. ويظهر البحث الحديث لهارولد سيجال **Harold Sigall** أن المتحدث يفضل الجمهور الذي يختلف معه ثم يغير رأيه حسب الحجة، أكثر من الجمهور الذي يوافقه بأدب ولكنه لا يغير من اتجاهه. فردود فعلنا تجاه الجماهير تتوقف، إذن، على درجة تأثر الجماهير باتصالنا.

لماذا لا يتمتع إلا القليل جداً من الناس بالمثول تحت أضواء المسرح؟ إن معظمنا يشعر على الأقل بدرجة ما من خوف المسرح. لقد تمكن بافيو **Pavio** من تتبع الفروق الفردية في درجة القلق من الجمهور إلى أنواع معينة من خبرات تربية الأطفال. ومع تقدم البحث حول هذه النقطة، سيتقدم فهمنا للعديد من جوانب أثر الجماعات على سلوك الأفراد.

عدم المسايرة والقيادة:

يختلف الأفراد إلى درجة كبيرة من حيث ردود أفعالهم تجاه الجماعة. فالبعض يقلقون للغاية أمام الجماهير، والبعض سريعون جداً في المسايرة مع معايير الجماعة. ولكن لا يساير الجميع المعايير، كما لا يساير الفرد مع كل الجماعات التي يرتبط بها. وفي الحقيقة، ينظر بعض الناس إلى الجماعات الاجتماعية على أنها فرص لفرض المعايير أكثر منها فرص للتكيف معها، وعلى أنها فرص لكي يكونوا أنفسهم بدلاً من أن يسايروا، ولكي يقدوا بدلاً من أن يتبعوا. فما هي الصفات التي تميز غير المسايرين وزعماء الجماعة؟

نظر علماء النفس الاجتماعيون في هذا السؤال من عدة وجهات للنظر. فيعتقد هولاندر **Hollander**، مثلاً، أن الفرد لا بد أن يكتسب حق عدم المسايرة. وإذا كانت اقتراحات غير المساير الجديدة أو اللاتقليدية بشأن فعل الجماعة قد أثبتت قيمتها للأعضاء الآخرين في الماضي، فإن الجماعة تنسب إليه فضل المزاج الخاص. أي أنه يعطي الفرصة للتعبير عن أفكاره لأن الآخرين يعتقدون أن من صالحهم الاستماع إليه. وإذا كانت أفكاره تتطلب التكيف من جانب الآخرين ويثبت عدم نجاحها، فإن هذا الفضل المنسوب إليه يستنفد ويتوقع منه حينئذ أن يحتفظ بأفكاره لنفسه وأن يستمع لاقتراحات الآخرين. وبمعنى آخر، فإنه يتوقع منه أن يترك لشخص آخر محاولة تجربة نفسه في القيادة. وهناك عدد قليل من الأشخاص يتمكنون من اكتناز احتياطي كبير من فضل المزاج الخاص، مما يكسبهم ميزة اتخاذ القرارات للجامعة. وهكذا، فالشخص يستطيع أن يكون لنفسه سمعة امتلاكه للأفكار الجيدة ويصبح قائداً للجماعة.

وقد درس ر.ف.بيلس **R.F.Bales** القادة من هذا النوع مستخدماً أساليب تحليل التفاعل الاجتماعي التي فحصناها في الفصل الأخير. ووجد بيلس أن القادة تدفعهم رغبة قوية في السيطرة على نشاطات الآخرين مع تحرير أنفسهم من

السيطرة الخارجية. وعلى الرغم من أن هذا الدور يمكنهم من الحصول على نوع معين من الاحترام، مثلما يحظى به المختصون الأكفاء، إلا أنه من غير المحتمل، حسب ما يقوله بيلس، أن يتمتعوا بالحب. وإذا احتفظ الشخص بحساسية تجاه حاجات الآخرين وساعدهم في التعبير عن آرائهم، بدلاً من أن يقوم بدور المختص بصورة زائدة عن الحد، فإنه قد يصبح أكثر الأشخاص المحبوبين في الجماعة. ويرى بيلس أنه من غير المحتمل جداً أن يستطيع شخص القيام بكل من دور أفضل المفكرين وأفضل المحبوبين في الجماعة الواحدة. وفي الواقع، يبرز عادة نوعان متميزان من القادة في معظم الجماعات. ويبدو أن القائد الأكثر تمتعاً بالحب تدفعه حاجات قوية للانتماء والحب.

وقد أثار هذا النوع من القادة اهتمام سيجموند فرويد **Sigmund Freud** على وجه خاص. ويقول فرويد في كتاب صغير مشوق عن سيكولوجية الجماعات أن القائد يبرز في الجماعة عندما يجده الآخرون موضوعاً للحب. وحيث أنهم جميعاً يحسون بشعور واحد تجاه القائد، فإن أفراد الجماعة يقتربون نفسياً من بعضهم البعض. فالشخص الذي يسعى لكي يكون الأكثر تمتعاً بالحب يمكن، إذن ، أن يصبح قائداً ناجحاً إذا تمكن من الإبقاء على نفسه في مركز شبكة المعلومات، وإذا حافظ على أواصر الحب التي تربط بين أعضاء الجماعة.

وطبيعة القيادة معقدة. فقد يسعى الفرد بثقة لنوع معين من الزعامة في جماعة ما، ولكنه يكون مسايراً بطريقة سلبية في جماعة أخرى. وقد تستخرج مواقف معينة إمكانية القيادة الكامنة في العديد من أعضاء الجماعة، بينما لا يسعى أحد للقيادة في ظل سباقات أخرى. ويرى فريد فيدلر **Fred Fiedler** أن السياق أو العوامل الموقفية ترجح خواص الشخصية في تحديد الشخص الذي سيصبح قائداً فعالاً، بينما لا يستطيع أحد أن يقود بفعالية في ظل مواقف أخرى.

ويوجد في مدخل فيدلر ما يبعث على الأمل، فالعديد من الشباب اليوم يشعرون بالقلق من جراء دور القيادة، لأن القائد القوي يعني عادة السلبية بالنسبة لبقية الجماعة. ويقترح فيدلر أن نستفيد بالاستعاضة عن اللغز المحيط بالقائد، بأن نجعل القيادة دورية بين أعضاء الجماعة. وعندئذ يمكن الاستعانة باستعدادات كل عضو في حل مشكلات خاصة.

الآثار النفسية للاختلافات في الجماعة:

اولاً - في تنظيم الجماعة :

ركزنا حتى الآن على كيفية تأثر السلوك بالاشتراك في الجماعات دون أن تعير اهتماماً كبيراً للاختلافات في بناء الجماعة. وتختلف الجماعات، بالطبع، في تنظيمها. فبعضها رسمي، والآخر غير رسمي، وبعضها له بناء أوتوقراطي، وبعضها ديمقراطي، وبعضها مؤلف بطريقة تعاونية، والبعض الآخر مشكل بصورة تنافسية. ويعي الناس بوضوح الفوارق في جو الجماعة المرتبطة بمثل هذه الفوارق. وقد نشط علماء النفس الاجتماعيون في دراسة كيفية تأثير التغيرات الدقيقة في تنظيم الجماعة، بصورة مثيرة في الغالب، ليس فقط على أفعال الأفراد، وإنما أيضاً على أداء الجماعة ككل. وهذا التيار من البحوث هو موضع اهتمامنا هنا.

ثانيا - الاختلافات في شكل شبكات اتصال الجماعة:

تختلف الجماعات الاجتماعية في الدرجة التي يكون بها العضو حراً في الاتصال بالآخرين. فبعض هذه الجماعات مبني بصورة رسمية إلى حد أنه يتحتم على كل شخص أن يتصل فقط بمن هم أعلى أو أقل منه مباشرة في التنظيم الهرمي. والبعض الآخر من الجماعات منظم حول شخص أو شخصين يقومان بدور مركز الاتصال، يتلقيان الطلبات ويخرجان المعلومات. والبعض الآخر أيضاً غير رسمي ويسمح بالاتصال الحر بين كل الأعضاء. ويشعر بعض الأعضاء حسب الشبكة المستخدمة، بأن لهم أوضاعاً مركزية في الجماعة، بينما يشعر آخرون بأن مواقعهم هامشية.

وقد طور أليكس بافيلاس **Alex Bavelas** وهارولد ليفيت **Harold Leavitt** وسيلة لفحص الاختلافات في شبكات اتصال الجماعات وملاحظة آثارها على سلوك المشتركين. وقد كونا معادلاً تجريبياً للأنماط المتنوعة من الاتصالات التي تنشأ عادة في كل من الجماعات الصغيرة والمنظمات الكبيرة المعقدة. وعلى سبيل المثال، حددا الطرق التي يمكن أن تتصل بها فرق من خمسة أشخاص خلال محاولتها حل مشكلات تستدعي نقل المعلومات عبر الجماعة وعلى الرغم من أن كل عضو تلقى في البداية إشارة معينة للحل، إلا أنه كان على الجماعة دراسة كل الإشارات الخمس قبل أن تصبح المشكلة قابلة للحل. ولكي يتم تبادل المعلومات، طلب من كل مشترك كتابة رسائل وتمريرها لأشخاص معينين في الشبكة. واستخدمت أربعة أنماط: دائرة، وخط مستقيم، شكل حرف **y**، وشكل حرف **x**، وسمح لكل شخص في نمط الدائرة بأن يتصل مع الذين على كل جانب منه. أما في الخط المستقيم فقد سرت نفس القاعدة فيما عدا أن الاتصال كان محدداً بالنسبة للأشخاص في كلا النهايتين حيث لم يكن هناك أحد بجانبها. وفي نمط **x** اتصل الأعضاء الأربعة في الأركان بالشخص الموجود ف التقاطع الذي كان يمكنه بدوره أن يمرر المعلومات عائدة إليهم مرة ثانية. أما الشخصان الكائنان في طرفي شكل الشوكة في نمط **y** فلم يتمكنا من تمرير المعلومات إلا للشخص الكائن في التقاطع، ومن الواضح أنه بالنسبة لكل الأنماط باستثناء الدائرة توجد مراكز معينة مركزية وأخرى هامشية بالنسبة لتدفق المعلومات. كذلك تتنوع الأبنية من حيث مرونتها التنظيمية. فالدائرة، مثلاً، تعطي كل الأعضاء، فرصة متكافئة لتولي المسؤولية، بينما يتضمن النمط الواقع أن يكون الرجل في التقاطع هو مركز المعلومات.

وقد اهتم ليفيت وبافيلاس بالأثر الذي يحتمل أن يكون لاختلافات الشبكات هذه على سرعة وكفاءة حل المشكلة. واتضح أن الجماعات في بناء الدائرة والخط كانت، على النقيض من الجماعات في أنماط **x** و **y** ، أقل كفاءة

من حيث أنها استخدمت رسائل أكثر للوصول إلى حلول. ومع ذلك، فعندما حدثت أخطاء في شبكة الدائرة كان من الممكن تصحيحها بسهولة أكثر. وهكذا، فعلى الرغم من أن الدائرة غير فعالة من ناحية ما، إلا أنها تقدم فرصاً أكبر لكل الأعضاء كي يتعلموا كيفية الاتصال، وهو أمر يمكن أن يكون ذا ميزة في حل المشكلات اللاحقة. وبالإضافة إلى ذلك، فعندما طلب من الأعضاء التعبير عن درجة تمتعهم بالاشتراك في التجربة كان المشتركون في نمط الدائرة هم الأكثر شعوراً بالرضا، وربما من جراء الحرية الأوسع التي منحها لهم تنظيم الدائرة. ويعطي نمط الدائرة أكبر استقلالية في التصرف لكل الأعضاء، وأقل احتمالاً لقيام القادة، وأقل ثباتاً للتنظيم، وكذلك،كما هو واضح، أقل مشاعر بالهامشية.

وقد وسع البحث المبكر لبافيلاس وليفيت إلى حد كبير في السنوات العشرين الأخيرة، ولكن فارقاً واحداً ثابتاً بين الشبكات يبقى بين الشبكات المركزية (نمطي **x,y**) والأنماط اللامركزية (الدائرة). وعلى الرغم من أن الشبكات اللامركزية تسهل حلول المشكلات الأكثر تعقيداً التي تواجه الجماعة، إلا أن الشبكات المركزية تسهل حلول المشكلات الأبسط.

الأبنية المنظمة وغير المنظمة للجماعات:

قارن جون فرنس **John French** في دراسة أصبحت كلاسيكية الآن بين سلوك الأفراد في الجماعات المنظمة و غير المنظمة. وكانت "الجماعات" غير المنظمة عبارة عن تجمعات من طلبة الجامعة غير المتعارفين قبل التجربة، أما الجماعات المنظمة فكانت فرقاً رياضية جامعية وأندية قائمة في المجتمع. و أعطيت للجماعات مشاكل تحلها، بعضها ذات طبيعة فكرية، وبعضها يتطلب أداءات حركية منسقة من جانب كل الأعضاء. وعلى الرغ من أن المشكلات كانت تبدو على درجة بالغة من البساطة، إلا أنها كانت في الواقع صعبة أو مستعصية على الحل. وكانت إحدى المشكلات الفكرية،مثلاً مستحيلة فعلاً: إذ طلب من الأعضاء ملء صفوف وأعمدة بالأرقام التي يكون لها حاصل جمع معين أفقياً ورأسياً. وكان الحل لمشكلة من

مشاكل التآزر ممكناً ولكنه غير محتمل للغاية: إذ طلب من كل عضو أن يمسك بأحد مقابض جهاز كبير مخروطي الشكل، وأن يحاولوا معاً دحرجة كرة صغيرة صعداً على ممر من القاعدة إلى القمة. وكان فرنس مهتماً بتحديد كيفية استجابة الجماعات المختلفة البناء للإحباط الناجم عن هذه المهام. وتلقى المشتركون تعليمات بالعمل معاً كفرق في محاولتهم، وبأن يتبادلوا المشكلات إذا تبينت صعوبتها.

وكما نتوقع، أبدت الجماعات غير المنظمة دلائل متنوعة من الاضطراب وفقدان الاهتمام مع فشل محاولاتهم. وانقسموا إلى أزواج أو جماعات فرعية تعمل في عزلة على حل مشكلة أو أخرى، أو حتى على مسائل لا تتصل بالتجربة. وع ذلك، وقعت أكبر نسبة من الاضطرابات الصغيرة في الجماعات المنظمة. وبدا عليهم أنهم قد أحبطوا بصورة أكثر عمقاً لأنهم وجهوا المزيد من العدوان تجاه بعضهم البعض وتجاه مطالب التجربة. وربما شعروا بحرية أكبر في التعبير عن أنفسهم لأنهم كانوا بين أصدقاء. وقد أبقتهم اهتماماتهم المشتركة في الإجادة كفريق مركزين على المشكلات، ولكنها جعلتهم أيضاً متورطين انفعالياً بصورة أكثر. ويقول فرنس أن أعضاء الجماعات المنظمة لم يكونوا مدفوعين بمطالب التجربة فحسب، بل أيضاً برغبة مشتركة بين الجماعة للإجادة كفريق.

هناك إذن مزايا ومضار في تنظيم الجماعة فقد أدى الانجذاب المتبادل للأعضاء في الجماعات المنظمة إلى الإبقاء على دافعهم للنجاح، وحافظ على عملهم كفريق. ويمكن بالطبع، أن يكون لهذه السمات ميزات كبيرة في العديد من الظروف. لكن الجماعات حسنة التنظيم إلى درجة كبيرة جداً قد تعاني من نقص المرونة في التكيف مع الإحباط أو الخطر. وتنتمي المعلومات المتضمنة في عمل فرنس إلى هذه النقطة. وكما رأينا يبدو أن المزيد من العدوان و الإحباط يعبر عنهما في الجماعات المنظمة أكثر مما يعبر عنه في الجماعات غير المنظمة. وفي مرحلة أخرى من التجربة، كلف فرنس الجماعات المنظمة والجماعات غير المنظمة بالعمل في مهام متنوعة في حجرات منفصلة من مبنى قديم وعقب وقت قصير وحسب خطة، بدا كما لو أن النيران اشتعلت في المبنى، وبينما كان المفحوصون يحاولون الخروج

وجدوا الأبواب مغلقة بإحكام، وبالطبع، كان الدخان المتسرب من تحت الأبواب وأصوات سيارات الإطفاء جزءاً من التجربة. وربما توقع المرء من الجماعات المنظمة أن تعالج المشكلة بصورة منظمة، ولكن في الواقع بدا كما لو كان الخوف والهلع ينتشران بسرعة أكبر بين الجماعات الأكثر تنظيماً.

فما هي الدرجة المثلى، إذن، لتنظيم الجماعة؟ إن القليل جداً من التنظيم الجماعي أمر مقلق لأنه يقترب جداً من طريقة الحياة اللاشخصية المنفصلة التي نجدها في المدن الكبرى حيث تنشأ لدى الناس عادة الابتعاد عن شؤون الآخرين. ويوجه البحث الحالي في المتفرجين -أي هؤلاء الذين يراقبون الضحايا في المآزق بسلبية- اهتمامه لحالة الافتقار إلى التنظيم إذا زادت إلى درجة كبيرة جداً.

وقد أوجد دارلي **Darley** و لاتاني **Latane** معادلات تجريبية لمواقف حقيقية للمتفرجين. ففي إحدى الدراسات كان المفحوصون منكبين على العمل في حجرة بينما كانوا يسمعون من الحجرة المحاورة صيحات بطلب المساعدة من موظف يبدو متألماً. وعندما كان المفحوصون بمفردهم، تحرك أغلبهم بسرعة للتحري وتقديم المساعدة، ولكن عندما كانوا يعملون مع الأغراب كان الاتجاه المرعب عندهم هو الجلوس بهدوء وتجاهل الصيحات . فلماذا يكون من الأصعب التصرف بصورة مسؤولة عندما تكون المسؤولية مشتركة؟ وجدت الدراسات الراهنة أن حضور المتفرجين غير المرتبطين اجتماعياً مع بعضهم البعض يؤثر بالتأكيد على السلوك إلى درجة أن التفرج قد يصبح أمراً معدياً.

الجماعات ذات البناء الديمقراطي والأوتوقراطي:

أجرى كيرت ليفين **Kurt Lewin** وزملاؤه بحثاً هاماً في آثار الاختلافات في بناء الجماعة وذلك في أواخر الثلاثينيات. وكانوا يريدون إيجاد أجواء اجتماعية مختلفة لجماعات من الأولاد في سن الحادية عشرة بتنويع كيفية أداء الراشدين المراقبين للجماعات لأدوارهم. وكان المشرف الديمقراطي يستدعي الأطفال معاً ويسألهم عما يريدون فعله بالوقت والموارد المتاحة لهم في نادي المجرب. وعلى الرغم

من أنه كان هو القائد، إلا أنه أصبح بالفعل عضواً في الجماعة. فكان يمر عن ساعديه ويعمل ويلعب ويتمشى مع الخطط المتفق عليها مثله في ذلم مثل أي عضو آخر. وفي المقابل، كان المشرف المتسلط يجمع جماعته ويصف لكل عضو ما يجب عليه عمله وكيف يجب عليه تأدية هذا العمل. وكان يراقب الأطفال بانتباه ويخبرهم بما عليهم أن يفعلوه في كل خطوة.

وتبين أن البناء التسلطي يؤدي إلى إثارة قدر كبير من العدوان يوجه عادة إلى كبوش الفداء في الجماعة، ولكنه لا يوجه أبداً إلى المشرف. وكان تبلّد الشعور، والافتقار إلى الدافع، والاعتماد على المشرف هي السمات الرئيسية للجماعات التسلطية. وكان القائد المتسلط هو مركز الاتصال، لكن الاتصال كان يقتصر على نشاطات النادي، وكان نشاطاً رسمياً أكثر منه تلقائياً. وعلى النقيض، كانت الجماعات المنظمة على صورة ديمقراطية أكثر حرية في الاتصال. وألقى الأعضاء عبارات أكثر مستخدمين الضمير "نحن" كما قدموا اقتراحات أكثر في شؤون سياسة الجماعة، وأبدوا حباً أكثر لقائدهم.

وكان من الواضح أن هذه الاختلافات في أجواء الجماعة التي يتحكم فيها القائد قد أثرت بصورة فارقة على عمل النظام الاجتماعي بأسره. وقد لوحظت الآثار في وع الاتصال (الذي يتراوح من العداء إلى الود) وفي اتجاه الاتصال (بين كل أعضاء الجماعة في حالة، وتجاه المشرف أو منه في الحالة الأخرى) وفي مقدار الاتصال (من صمت التبلّد الشعوري إلى الإمطار بوابل من المقترحات).

هل هذه النتيجة قابلة للتعميم في كل الأحوال؟ تساءل روبرت ميد **Robert Meade** عما إذا كان البناء الديمقراطي سيبقى متفوقاً بوضوح في ثقافة تسلطية نسبياً. وقد رتب إعادة لدراسة ليفين في شمال الهند مع جماعات من الصبيان الهندوسيين يعملون مع قائد ديمقراطي أو مع قائد متسلط. وتبين عبر فترة تبلغ ستة أسابيع أن الروح المعنوية ونوعية وكمية العمل المنجز كانت كلها في صالح المناخ التسلطي. وتشير هذه النتائج، التي تختلف جد الاختلاف عن النتائج الأمريكية، إلى أن الصغار الذين تربوا في مجتمع تسلطي نسبياً هم أكثر اعتياداً وارتياحاً في مناخ جماعة العمل التسلطية.

البناء التعاوني والتنافس للجماعات:

أوجد دويتش **Deutsch** في تجربة مع طلبة الجماعات أجواء تعاونية أو تنافسية في الفصول عن طريق تنويع المعلومات التي يتلقاها الطلبة عن مكونات المقرر. فبدلاً من تلقي مقرر منتظم في علم النفس فإنهم يلتقون في حلقات دراسية صغيرة تتركز حول تحليل ومناقشة دراسة حالات من واقع الحياة. وأخبرت الفصول التنافسية أن كل طالب سيقيّم من الأفضل إلى الأسوأ من حيث مهارته في التحليل والمناقشة، وأن الدرجة النهائية لكل شخص ستكون متوسط تقديراته اليومية. وأخبر أعضاء الجماعة التعاونية أن القسم الأكبر من درجات المقرر سيتوقف على نوعية المناقشة للجماعة ككل. ولاحظ ما تعنيه هذه التعليمات لكل فرد. ففي الموقف التعاوني توحدّت أهداف الفرد والجماعة، وانتقل الانتباه من النفس إلى تفاعل كل الأعضاء، وتحققت كل نزعة للتألق الشخصي من جراء الإدراك بأنه يجب على إسهام الفرد أن يدفع بالنظام الاجتماعي بأسره صوب هدف التحليل والمناقشة الفعاّلين. ولكن أعضاء الجماعة التنافسية دفعوا للاهتمام بأنفسهم، حيث أن درجات المقرر عندهم كانت تتوقف على مهاراتهم الفردية.

وأدت هذه الفوارق في التعليمات إلى فوارق مدهشة في الأداء. فقد تطورت الجماعات التعاونية إلى جماعات نفسية، بينما لم تتطور الجماعات التنافسية بهذه الطريقة. ولم تنتج الجماعات التعاونية أفكاراً أكثر بالنسبة لكل وحدة زمنية فحسب، بل إن نوعية الأفكار أيضاً كانت متفوقة. وكان أعضاء هذه الجماعات بالمقارنة مع أعضاء الجماعات التنافسية أكثر قدرة على الاتصال ببعضهم البعض، كما أظهروا اندماجاً أكثر لأفكارهم في أفكار البعض الآخر، وكانوا أكثر وداً، وأكثر رضا عن أداء الجماعة. وقد أخذ الكثير من أعضاء الجماعة التعاونية، مثلاً، على عاتقهم مهام تنظيم وتجميع المناقشات، بينما اتسم جو الجماعة التنافسية بمحاولات السيطرة والسعي للاعتراف الشخصي.

وتظهر تجربة دويتش بطريقة جيدة مهارة الأفراد في تبديل أسلوبهم السلوكي بالكامل - من الاهتمام بالنفس على سبيل المثال، إلى الاهتمام بالآخرين- إذا علقت المكافأة على مثل هذا التغير. وبمجرد انتشار روح التعاون أو التنافس، فإن أداء الجماعة كلها يتأثر بصورة ملحوظة. لكن المرء يتساءل عما إذا كانت تجربة دويتش قد بالغت في التركيز على التعاون. ويعطينا كارل فايك **Karl weick** منظوراً أكبر لهذا الاحتمال. وهو يقول إن الناس يزدادون تداخلاً ورضاً في الجماعات التي تمنحهم فرصاً للمنافسة بالإضافة إلى فرص التعاون، أي التي تعطيهم فرصاً للتبديل بين العمل الجماعي والعمل الفردي. ويعتقد فايك أن الجماعات لا تستطيع التعامل بكفاءة مع التغير إلا عندما يُشجع كل من النوازع التعاونية والتنافسية لدى الإنسان. ومن المحتمل جداً أن يبدأ الباحثون في اختبار أفكار فايك. ومع ذلك، فإن أبحاث بافيلاس وفرنش وليفين ودويتش تظهر كلها أن أسلوب الشخص السلوكي حساس للتغيرات في الجو الاجتماعي التي تسببها التغيرات في تنظيم الجماعة. فعندما يضخم التنظيم من شعور كل عضو بالأهمية، ويشجع الاتصال الحر، ويولّد مناخاً اجتماعياً ديمقراطياً أو تعاونياً، فإنه بذلك يمنح كل الأعضاء فرصاً للقيام بأدوار مميزة ومريحة سعياً وراء المصالح والأهداف المشتركة. وبمعنى آخر، يمكن أن تنظم الجماعات بحيث تدعم نشأة الجماعات النفسية التي يمكن فيها التعبير عن الفروق الفردية.

وعليه فإن هذه الأبحاث الأساسية مفيدة، إلا أنها تبدو مغرقة في الأكاديمية والنظرية إلى درجة لا تجعلها ذات قيمة عملية في عالم اليوم السريع التحرك. ويمكننا أن نتوقع تحركاً في تركيز البحث ناحية التطبيق، وهناك بالفعل دلائل على ذلك. فقد بدأ علماء النفس الاجتماعيون، مثلاً، يتساءلون عما إذا كانت هناك أبنية للجماعات تبرز على وجه خاص الاتساق بين الاتجاهات والسلوك.

سيكولوجية الصراع بين الجماعات:

ينشأ لدى الناس عادة الولاء تجاه جماعاتهم والإحساس بالافتخار بها، وهو إحساس بأن جماعاتهم هي أفضل في بعض النواحي من الجماعات المقارنة التي لا يرتبطون بها. وسواء أكانت هذه الشاعر مبررة أم لا، فإن أعضاء الجماعة يتأثرون بها. ويوحَد الولاء للجماعة الأعضاء في حالات معينة ويبقي على قيام الأعضاء بالإنجازات الكبيرة. ولكن حيث أن الافتخار بالجماعة غالباً ما يتدعم بالمقارنات السلبية مع الجماعات المشابهة، فإنه يصبح مصدراً ممكنا للتنازع والصراع كلما اتصلت الجماعات بعضها ببعض. وفي الواقع، فإن الكثير من الصراع الذي نلاحظه بين شلل الأحياء، والجماعات الدينية، والأمم يقوم على المشاعر المبالغ فيها بالافتخار بالجماعة. ولا يمكننا أن نفسر هذه الأمثلة للصراع بين الجماعات بمجرد زيادة معرفتنا بالتفاعل في داخل الجماعات. بل إننا نحتاج لمعلومات حول الاتصال الاجتماعي الفعلي بين الجماعات وآثار مثل هذا الاتصال على سلوك أعضاء الجماعة.

بدأت جماعة من علماء النفس يترأسهم مظفر شريف برامج بحث في منافسات وصراعات الجماعات. ولا تجيب هذه الأبحاث على كل الأسئلة الممكنة حول الصراع بين الجماعات، ولكن المناهج والنظرية المستخدمة لدراسة المشكلة تمثل خطوات أولية واعدة للغاية.

استخدم الباحثون تجربة ذات ثلاث مراحل. فقد دعوا أولاً إثنين وعشرين ولداً في سن الحادية عشرة من مجتمع كبير في أوكلاهوما لقضاء ثلاثة أسابيع في مخيم صيفي خاص. وقد تمكن علماء النفس، عن طريق قيامهم بأدوار مديري المعسكر ومستشاريه، من ملاحظة الأولاد باستمرار وإجراء المقابلات معهم في فترات منتظمة خلال فترة الأسابيع الثلاثة. ولم يكن الأولاد متعارفين قبل التجربة، لكنهم اختيروا لأنهم كانوا جميعاً حسني التكيف اجتماعياً وأذكياء، من أسر

ذات مستوى مريح من الطبقة الوسطى. وكان موقع المخيم مثالياً لتحقيق كل مرحلة من مراحل التجربة. فعلى سبيل المثال، كان كبيراً إلى درجة تسمح بتقسيم الاثنين وعشرين ولداً إلى جماعتين منفصلتين، لكل كنهما مرافق وألعاب رياضية خاصة بها، وكانتا متباعدتين إلى درجة لا تسمح لهما مطلقاً بالاتصال المباشر.

كانت المرحلة الأولى من الخطة تستدعي النمو المتوازي لجماعتين متميزتين ومتماسكتين. وخلال الأسبوع الأول جهز الأولاد في كل مجموعة وجباتهم، واتخذوا القرارات بشأن جداول الأنشطة، ونظموا مسابقات رياضية متنوعة. وسمحت هذه التجارب بقيام صداقات وثيقة، وأشكال هرمية مستقرة للأعضاء، وبظهور القيادات في كل مجموعة. وفي حدود أيام قليلة أصبحت هناك شعارات للجماعة، ورايات، وأغان مفضلة لتكون علامات على تضامن الجماعة في كل معسكر. وبحلول نهاية الأسبوع، نشأت جماعتان نفسيتان صلبتان في كلا المعسكرين. وحسب الخطة، وقعت اتصالات "بالصدفة" بين الجماعتين خلال الأيام الثمانية الأولى. فتصادف، مثلاً مرور الجماعتان ببعضهما في الخروج للنزهة، كما أن جالبي الماء للجماعتين تقابلا بالصدفة عند النبع. وخلال الأسبوع أصر أعضاء كلا الجماعتين على منازلة الآخرين في ألعاب تنافسية.

وكان هذا التهافت على الاتصال، ولا سيما على الاتصال التنافسي، العلامة التي انتظرها علماء النفس قبل الدخول في المرحلة الثانية: وهي الجمع بين الجماعتين في نشاطات تنافسية، مشجعين على تحول التنافس إلى صراع. وبدأت فترة الاتصال بين الجماعتين بترتيب سلسلة من مباريات البيسبول، ومسابقات شد الحبل ولإقامة الخيم - وهي نشاطات تؤدي بالضرورة إلى انتصار جماعة وهزيمة الأخرى. وتزايد ظهور الاحتكاك بين الجماعتين، ولجأت كلتاهما إلى الشعارات الهجومية مثل تلويث كبائن الجماعة الأخرى. وأصبح من الواضح خلال الأسبوع الثاني أن الوقت قد حان لإنهاء العداوة. ولكن المجربين كانوا متوجسين من هذه المرحلة الثالثة، لأنه في دراسة سابقة وصل الصراع فيها إلى نقطة الغليان، ولم يتمكنوا من إذابة الكراهية بالكامل.

وكانت أول إستراتيجية في مرحلة خفض الصراع إيجاد بيئة لطيفة بوجه خاص كلما اجتمعت الجماعتان (وهذا تطبيق لمبدأ الارتباط). فحصلت الجماعتان على أفضل الوجبات معاً وشاهدتا أمتع الأفلام معاً وفي حضور كلتيهما. ولكن عندما تبين أن هذه المحاولات غير فعّالة عموماً في التقليل من التوتر، لجأ القائمون بالتجربة إلى حيلة أخرى. فقد حاولوا ترتيب مواقف تكون فيها الجهود التعاونية للاثنين وعشرين ولداً مطلوبة -أي مواقف تفرض اندماج الجماعتين- وكانت النظرية هي أن الأفراد يمكن تحويلهم عن الولاء للجماعة إذا تبينوا وجود مزايا في الاندماج. وربما بادلوا العضوية في الجماعة الأكبر والأكثر كفاءة بالعضوية في الجماعة الأصغر. ولتنفيذ هذه الفكرة، أخذ الأولاد في نزهة يومية على متن سيارتي نقل، سيارة لكل جماعة. وبينما كان الأولاد يسبحون في أحواضهم الخاصة، أخفى المجربون إحدى السيارات في الغابة وتركوا الأخرى في بقعة بين موقعي المعسكر المؤقتين، ووضعوا حبلاً غليظاً يستخدم في لعبة ش\ الحبل بجانب السيارة، وعاد الأولاد عقب السباحة إلى خيامهم مستعدين للغذاء. وقال سائق السيارة أنه سيذهب لإحضار الطعام، لكن السيارة لم تعمل وكان حسب الخطة. وراقب أعضاء من كلتا الجماعتين جهود السائق المضنية، إذ حاول مراراً تشغيل المحرك. وعندئذ اقترح أحد الأولاد أن يحاولوا شد السيارة بالحبل كي تتحرك. وكان من الواضح أن كل الحضور كانوا ضروريين للقيام بذلك، وأنه بدون السيارة فلن يأكل أحد. وانضم كل الاثنين وعشرين ولداً، وبعد عدة محاولات تمكنوا من تحريك السيارة وبدأ المحرك في العمل. وقد أغفلت الفروق بين الجماعات خلال تلك الحادثة، وظهر الرضا على كل الأولاد من جراء إنجازهم المشترك. ومن هنا فصاعداً، حدث تزايد منتظم في الاتصالات الودية بين الجماعتين، تدعمه سلسلة من المواقف المرتبة التي تتطلب التعاون بينهما. وكانت هناك أحياناً انتكاسات إلى نشاطات الجماعة المنفصلة، تسبب فيها بعض الأفراد الذين شعروا بأنهم قد يفقدون مكانتهم في الاندماج، ولكن هذه الانتكاسات لم تتأصل وقل تكرارها. وخلال ثلاثة أيام وجدت أدلة مقنعة بأن جماعة كبيرة جديدة قد تشكلت، وأن الجماعتين السابقتين قد حُلتا.

ولم يثبت شريف وزملاؤه بهذه الدراسة أن الصراع يمكن درايته منهجياً فحسب، بل أنهم أيضاً أظهروا سهولة تكون الولاء عند الناس لجماعاتهم وسهولة نشأة الصراعات. وكانت الأساليب التي استخدموها لتخفيض الصراع مع الإبقاء على الجماعتين سليمتين؟ وهل من الممكن أن تتفاعل الجماعات بتناغم مع احتفاظ كل منهما بكيانها المنفصل؟ هذه أسئلة جوهرية حول العلاقات بين الجماعات قد يهتم بها البحث كثيراً في المستقبل. قد يقع في صراع إذا قابله والداه بالصدفة وهو في الخارج برفقة الأولاد. فأي دور يجب عليه أن يستمر في لعبه؟ وأي ولاء يتحتم عليه أن يفضله؟ وكثير من الصراعات الخطيرة من هذا النوع شائعة عند المهاجرين أو أعضاء جماعات الأقليات الثقافية، الذين غالباً ما يتساءلون عن كيفية التصرف، وذلك بسبب تجاربهم الخاصة في البيت وتجاربهم المختلفة خارجه. وفي العديد من الحالات، لا يكونون متأكدين إلى أية جماعة ثقافية ينتمون، ولا حتى ما إذا كانوا ينتمون إلى جماعة ما بالفعل. فهل هناك طريقة ما يمكن بها حل صراعات الولاء؟ وهل يمكن لفرد أن ينتمي إلى جماعتين ثقافيتين في وقت واحد؟ وبمعنى آخر، هل يستطيع الفرد تطوير ذاتيات مزدوجة الثقافة ومريحة؟

درس لامبرت وجاردنر ولاء المراهقين الأمريكيين الفرنسيين لكل من تراثهم الفرنسي والأمريكي بواسطة سلسلة من مقاييس الاتجاهات. وقد استخدمت درجة إتقانهم للفرنسية والإنجليزية كدليل سلوكي على نوع تكيفهم للصراع بين الثقافتين. وقد كانت أمامهم فرص كافية في بيوتهم، ومدارسهم، ومجتمعهم، لتعلم اللغتين بصورة حسنة، ولكن تبين أن استغلالهم لهذه الفرص كان يتوقف على ولائهم. فالذين عبروا عن تفضيل محدد للثقافة الأمريكية على الفرنسية والمنكرين لقيمة معرفة اللغة الفرنسية كانوا أكثر إتقاناً للإنجليزية من الفرنسية. وبالإضافة إلى ذلك، عبر أعضاء هذه الجماعة عن قلق حول تقدمهم في دراسة الإنجليزية. وكان الرفض العام عند هذه الجماعة الفرعية لخلفيتهم الفرنسية يشبه في الكثير من الجوانب رد الفعل الذي لاحظه تشايلد. وعبرت جماعة فرعية أخرى عن رغبة قوية في أن ينظر إليهم كفرنسيين. وأظهروا مهارة أكبر في

الفرنسية عنها في الانجليزية، ولا سيما في فهم الفرنسية المنطوقة. وبدا كما لو أن جماعة ثالثة واجهت صراعاً بالنسبة لولائها الثقافي حيث أن أعضائها كانوا غامضين، يفضلون جوانب معينة من كلتا الثقافتين الفرنسية والأمريكية. وربما كان سبب تأخرهم في كلتا اللغتين بالمقارنة مع المجموعتين الأخريين يرجع إلى عدم حلهم لهذا الصراع. وتشبه هذه الطريقة غير الناجحة للتكيف إلى حد كبير رد الفعل السلبي الذي لاحظه تشايلد في مجموعة فرعية من الأمريكيين الإيطاليين. وهناك مجموعة فرعية رابعة ذات أهمية خاصة. فقد انتفع الشباب الأمريكيون الفرنسيون حادوا الذكاء والطالبون للعلم وغير المتحيزين في اتجاهاتهم نحو الشعوب الأجنبية من تجاربهم في كلتا اللغتين وأصبحوا مزدوجي اللغة بصورة كاملة. ويبدو أن هؤلاء الشباب قد تغلبوا على الصراع وكونوا إستراتيجيات لتحقيق ذاتية مزدوجة الثقافة ومريحة. ولم يلاحظ تشايلد هذا النوع من التكيف في دراسته، ربما بسبب وجود فوارق جوهرية في الضغوط التي يواجهها الإيطاليون والفرنسيون من الجيل الثاني، أو ربما لأنه خلال العشرين عاماً التي مرت منذ عام 1943 خفت حرارة الانصهار في البوتقة الأمريكية، وأصبح الولاء المزدوج للثقافة مقبولاً.

الفصل الثامن

الرأي العام والإشاعـــات

الفصل الثامن
الرأي العـــــام والإشـــاعات

- مقدمة
- تعريف الرأي العام
- تصنيفات الرأي العام
- تكوين الرأي العام
- قوانين الرأي العام
- أثر الرأي العام في سلوك الفرد والجماعة
- تعديل الرأي العام
- الإشاعة
- مصادر الإشاعة
- تصنيف الإشاعة
- أنواع الإشاعة
- أركان الإشاعة
- أهداف الإشاعة
- عوامل انتشار الإشاعة
- مراحل ظهور الإشاعة
- مقارنة بين الدعاية والإشاعة
- أساليب مواجهة الإشاعة

الفصل الثامن
الرأي العـــــام والإشـــاعات

مقدمة

يعتبر الرأي العام من أهم دعائم الديموقراطيه في المجتمعات, بمعنى أن المجتمع الديمقراطي هو الذي يسمح للرأي العام أن يعبر عن نفسه وعن وجهة نظره تجاه قضايا المجتمع السياسية والاقتصادية والاجتماعية وما إلى ذلك

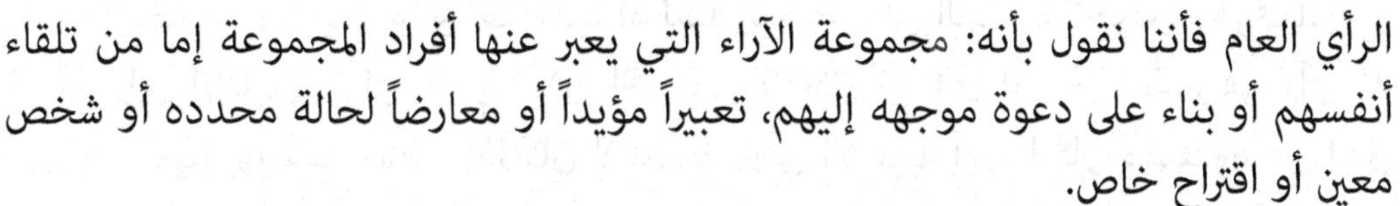

تعريف الرأي العام

وإذا أردنا أن نعرف الرأي العام فأننا نقول بأنه: مجموعة الآراء التي يعبر عنها أفراد المجموعة إما من تلقاء أنفسهم أو بناء على دعوة موجهه إليهم، تعبيراً مؤيداً أو معارضاً لحالة محدده أو شخص معين أو اقتراح خاص.

فالرأي العام عبارة عن الحكم الصادر من الجماهير على عمل أو حادثه أو نشاط في المجال الداخلي أو الخارجي المحلي أو العالمي هو التعبير عن اجتماع كلمة الجماهير فهو صوت الجماهير وإرادة الشعب وهو التعبير عن آراء أفراد الجماعة إما بتلقاء أنفسهم أو بناء على دعوة توجه إليهم سواء كان هذا التعبير مؤيدا أو معارضا لحالة محدده أو شخص معين.

يمثل الرأي العام صوره من صور السلوك الاجتماعي الموحد للأفراد لأنه ينتج عن التفاعل بين الأفراد في المجموعة والأخذ والعطاء الحاصل بينهم بخصوص قضية معينه.

تصنيـــف الرأي العام :

هناك أنواع كثيرة للرأي العام يفضل التعرض لها لكي لا يحدث خلط بينها وهذه الأنواع:

1) **الرأي الشخصي أو الفردي**: وهو الرأي الذي يكونه ويعتنقه الفرد حول مشكلة معينه ولا يشاركه الآخرون في هذا الرأي نظرا لشذوذه أو لعدم أهمية المسالة التي اتخذ فيها رأيه ولأنه يعبر عن وجهة نظر الفرد وقد يجهر به دون أن يخش شيئا (دون خوف).

2) **الرأي الخاص**: وهو رأي يكونه الفرد ويحتفظ به لنفسه ولا يبوح به خشية تعرضه للضرر ويظهر تأثيره في الرأي العام في حالة الانتخابات والاقتراع السري وهذا الرأي يصعب قياسه وذلك لعدم رغبة أو مقدره الفرد أو امتناعه التصريح به لأسباب شخصيه أو سياسيه أو اجتماعيه أو لشذوذه عن رأي الجماعة (حرص وخوف).

3) **رأي الاقليه:** الرأي الذي يمثل اقل من 50% من أعضاء الجماعة وهو رأي له أهميته وبصفة خاصة إذا كان لا يعارض رأي الأغلبية أو إذا كان معتنقوه من أهل القوه والتأثير.

4) **رأي الأغلبية**: وهو تجمع وتكرار الرأي الشخصي لأغلبية الجماعة الفعالة ذات التأثير ويمثل ما يزيد عن 50% من أعضاء الجماعة.

5) **الرأي العام الوقتي**: وهو الرأي الذي يظهر حيال مشكلة وقتيه وهو غير مستمر و يتأثر بسهوله بوسائل الإعلام والدعاية والإعلان والشائعات.

6) **الرأي العام الفعلي**: هو الذي يتحول إلى سلوك فعلي واقعي كأحداث تغيير اجتماعي أو إضراب أو ثوره، مظاهره.

7) **الرأي العام الرائد أو القائد**: هو الذي يمثل رأي الأفراد ذوى التأثير والنفوذ من القادة والصفوة والعلماء وهو رأي يؤثر في وسائل الإعلام والدعاية.

تكويـــــــن الرأي العام:

يمر تكوين الرأي العام بعدة مراحل هي على النحو التالي:

1) نشـــأة المشكلة:وقد يكون مصدر المشكلة مشروع عام أو نقص سلعة أو نشوب حرب أو التعرض لكارثة و المشكلة قد تنشا بصوره تدريجية أو بصوره فجائية. مثل: الحرب على العراق أو حصار فلسطين.

2) إدراك المشكلة:حيث يتم التعرف على المشكلة وفهمها ويتحدد هذا في ضوء ظروف عملية التنشئة الاجتماعية وعوامل الثقافة.

3) الاستطلاع من خلال المناقشة:حيث تظهر التساؤلات حول مدى خطورة المشكلة و أهميتها والوقت المناسب لعملية مناقشتها وتتطلع الجماعة بأمل إلى إمكانية التوصل إلى الحل. مثل الديوانيات والمجالس و قهوة الصباح.

4) بزوغ المقترحات:وتبرز هذه المقترحات الخاصة بحل المشكلة من خلال عمليات المناقشات وتبادل الآراء.

5) صراع الآراء:حيث تتصارع الآراء وتختلف وجهات النظر حول المقترحات وقد تظهر الإشاعات وتلعب النواحي الانفعالية دورا رئيسا في هذا الصراع.

6) تبلور الآراء:حيث تتم التسوية بين الآراء المتصارعة ويحدث تبلور للآراء بحيث تكون مؤيده أو معارضه أو محايدة.

7) الاتفاق الجماعي: حيث تتفق الجماعة على الرأي الأكثر قوة واعتدالا وواقعيه ويصبح هو الرأي العام للجماعة وقد تعبر الجماعة عن هذا الرأي في صورة سلوك جماعي مثل المظاهرات

قـــوانين الرأي العام:

ومن أهم هذه القوانين:

1) الرأي العام شديد الحساسية والتأثير بالنسبة للحوادث الجسام - الهامة.
2) لا يستقر الرأي العام على وضع معين إلا بعد مرور فتره من الزمن حتى تتضح الأمور.
3) إن تأثر الرأي العام بالحوادث اكبر من تأثره بالكلمات.

اثر الرأي العام في سلوك الفرد والجماعة:

1) يحدد الرأي العام نشاط وسلوك الفرد والجماعة فيما يتعلق بالأمور العامة وهو يتضمن اشتراك الناس فيما بينهم في بعض المعتقدات والآراء مما يوحد بينهم في السلوك الاجتماعي.
2) يتأثر سلوك القادة بالجماعة والمجتمع باتجاهات الرأي العام . لذلك يهتم القادة باستطلاع الرأي العام بطرق علميه(الاستفتاء) ,ويجب الرضا عن القائد من أسباب استقرار الحكم واكتساب شعبيته.
3) يعتبر الرأي العام قوة تنبه المجتمع إلى موضع الداء والخطر.
4) يرفع الرأي العام أو يخفض مكانه الشخص.
5) تساعد المعرفة اتجاه الرأي العام في التنبؤ بسلوك الأفراد والجماعة إزاء مشاكل الحياة اليومية.
6) تعتبر معرفة الرأي العام الحر في الشعب أولى خطوات الديموقراطيه.

تعديـــــل الرأي العام:

تستخدم بعض الطرق والأساليب في تعديل الرأي العام وهي تتشابه و هي عبارة عن الطرق المستخدمة في تعديل الاتجاهات:

1) تغيير الإطار المرجعي للفرد والجماعة "يعني إذا تغيرت قيمه ومعتقداته سوف يغير رأيه-اتجاهه" .

2) تغيير في موضوع الاتجاه.

3) تغيير الموقف أو المسألة التي تكون الرأي حيالها.

4) استخدام وسائل الإعلام بجميع أنواعها في عملية التعديل.

5) تلعب الأحداث الهامة دورا رئيسيا في عملية تعديل الرأي العام

6) تؤدي المناقشات والقرار الجماعي إلى عملية تعديل الرأي العام.

الإشـــاعـــة :

تعتبر الإشاعة (Romour) ظاهرة اجتماعية قديمة، ليست وليدة اليوم ولكنها لازمت الحياة البشرية على الأرض، واتخذت عدة أشكال عبر التاريخ الإنساني، وتطـــورت بتطور المجتمعات، متلازمـــة مع حركة الصراع والنزاع والاختلاف، ومصاحبة للأطماع الاقتصادية والعسكرية، ومرافقة للتغيرات الاجتماعية والتحولات السياسية والثقافية، غير أنها أكثر شيوعا وانتشارا مع الحملات العسكرية والحروب، وخاصة إذا كان ذلك احتلالا وليس استعمارا.

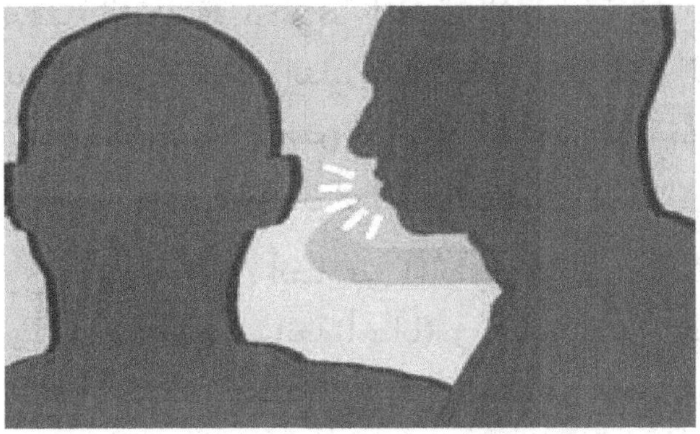

والإشاعة من الفعل الرباعي "أشاع" وتعني أنها محمولة ومنقولة بواسطة أفراد متطوعين أو مكلفين وبالوسائل والأساليب المختلفة التي تجعل منها مادة سهلة الانتشار، سريعة التأثير، فهي تنطلق من جزء من الواقع أو خبر أو حديث بعيداً عن المصدر أو الشكل الذي قيلت فيه وتلوكها الألسن وتتناقلها الأفواه ووسائل الاتصال التقليدية في الحياة اليومية الاجتماعية.

إن العالم العربي مليء بالظواهر الاجتماعية التي تستحق التأمل والدراسة لما لها من أثر بالغ على مسار الحياة الطبيعية للعديد من الشرائح الاجتماعية, وتعتبر ظاهرة الإشاعة من بين هذه الظواهر التي وجدت منبتا خصبا للتغلغل في معظم المجتمعات .

وغالبا ما تكون الإشاعة كاذبة ولا تكون صحيحة إلا إذا كان يُـراد من إذاعـــة صحتها هدف معين وتختلف الإشاعات من حيث وزنها وقيمتها تبعا لنوعيـــة الموضوع أو الوزن الاجتماعي للشخص أو المكان المستهدف.

عندما تتردد الإشاعة بين فئات كبيرة من أفراد المجتمع فإنها تكون في مرحلتها الأخيرة مـــن التصديق ولو كانت في واقع الأمر كاذبة, ولكن مع استمرار تداولها لمدة مـــن الزمن، قد تحددها الأعراف الاجتماعية السائدة في المجتمع، تصبح هي الحقيقة بعينها ولو لم يوجد الدليل على ذلك. وقد تأخذ الإشاعة طابع الخطورة عندما تتعلق بالمس بكرامـــة الشخص أو البلد المقصود.وغالباً ما تكون إما بدافع انتقام أو حسد أو كســـب مادي للشخص أو الأشخاص مروجيها.

وقد تكون أيضا على المستوى الرسمي بحيث يراد منها جس نبض الرأي العام ولذلك تستخدم الشائعة(أحيانا) في قياس الرأي العام، ومعرفة ردودود الفعل الشعبي خاصة عندما يُـــراد تمرير قرار اجتماعي معين , فهي عبارة عن استطلاع رأي يتعرف المهتمون من بثها ونشرها وتداولها على طبيعة اتجاه الرأي العام،والتعرف

على مواطن الخلل والقوة في بنيان المجتمع،ليكون بذلك سبيلا لوضع الفلسفة السياسية العامة للقضية التي كانت الإشاعة مادتها سواء كانت لإصلاح المجتمع أو للإغارة على المجتمع المقابل أو المعادي.

لقد أجمع علماء النفس المعاصرون أن الإشاعة هي :إحدى الأسلحة الهجومية التي تتمتع بها الشخصية البشرية .

أما الإشاعة: في الحرب العصرية تعتبر من أهم وأخطر الوسائل الخاصة بالحرب النفسية فالكلمة تقتل كما السلاح، و قد استخدمت في الحروب منذ أقدم الأزمان.

أما المدرسة الفرنسية فقد عرّفت الإشاعة أنها وسيلة هجومية دفاعية و خاصة بالشخصية البشرية و يتمتع بها كل إنسان و تختلف شدتها وتأثيرها باختلاف الطبع والقدرة العقلية الخاصة به والذكاء والإبداع .

مصادر الإشاعة :

1) **الواقــــــــع**: إن الإشاعة مادة مأخوذة من الواقع.
2) **من صنع الخيال**: وذلك بهدف إثارة الدوافع الفطرية أو المكتسبة من أجل تحقيق نتيجة موضحة سلفاً.
3) **القابليــــــة**: يجب أن يكون هناك قابلية لدى العدو أثناء إعداد الإشاعة من أجل تصديقها و ما يسمى بالقناعة.
4) **الحقيقــــــة**: وهي للإشاعة فهي تدخل في تركيبة الإشاعة حتى تكون الطعم الذي يثير العقل (شعورياً) و (لا شعورياً) فيختلط الأمر و من ثم يذهب لإصدار الأوامر من شأنها تدمير الشخصية كاملة.

ينظر عادةً إلى الإشاعة على أنها خبر أو قصة أو تفسير أو توضيح كاذب مزيف لمواقف أو حالات أو حوادث؛ وتنتشر بسرية مكتومة من شخص إلى شخص بهدف تحقيق هدف أو قضية مهمة تؤثر على المجتمع الذي تنتشر فيه, والإشاعة مفهوم يفتقر إلى تعريف معين في علم الاجتماع.

من تعريفات الإشاعة: أنها فرع من فروع الدعاية التي يصعب تعريفها. وعرف بعضهم الدعاية بأنها أسلوب السيطرة على الرأي العام بواسطة رموز مهمة التأثير؛ أو الحديث بأكبر تأكيد وأقل دقة بواسطة القصص، والإشاعات، والتقارير، والصور، ووسائل الاتصال الاجتماعية الأخرى. وقد نوقشت مفاهيم الإشاعة مع الانتباه إلى تزييف المعلومات؛ أو منع المعلومات مما يجعلها مفهوما اتصاليا ؛ عادة ضد المجتمع الذي تسود فيه .

والإشاعة هي عبارة نشر خبر ما بصورة غير منتظمة، وبدون التحقق من صحته، والإشاعة تقوم بنشر الخبر بطريقة شبه سرية، ولا تذكر مصادره، وكثيرا ما تنشر أخبارا وهمية، وقد تكون حقيقية، ولكنها تلبسها كثيرا من التحريف والتحوير الذي يشوه صورة الحدث الأصلي.

ويمكن تعريف الإشاعة، بأنها ضغط اجتماعي مجهول المصدر، يحيطه الغموض والإبهام، وتحظى من قطاعات عريضة بالاهتمام ويتداولها الناس لا بهدف نقل المعلومات، وإنما بهدف التحريض والإثارة وبلبلة الأفكار.

كما يعرفها البعض على أنها فكرة يعمل رجل الدعاية على أن يؤمن بها الناس، فهو يعمل على نقلها من شخص إلى آخر حتى يذيع مضمونها بين الجماهير. أو هي معلومة لا يتم التحقق من صحتها ولا من مصدرها، وتنشر عن طريق النقل الشفهي..كما يمكن تعريف الإشاعة بأنها "رواية تتناقلها الأفواه دون التركيز على مصدر يؤكد صحتها.

تصنيف الإشاعة:

لقد صنّف بعض علماء الاتصالات الاجتماعية الإشاعة إلى ثلاثة أصناف هي:

1) أنها تلك التي تعنى برغبات المجتمع الذي تنتشر فيه؛ خاصة ما يتعلق بتحقيق مستوى معيشة أفضل.
2) تلك التي تنشر الرعب؛ مثلا بقرب الحرب؛ أو منع العودة أو زيادة الضرائب وما شابه.

3) تلك التي تهدف إلى زعزعة الثقة بالقيادة أو الدولة أو الحكومة أو الحزب وإيجاد الانقسام المؤذي في المجتمع.

وبشكل عام فإن الإشاعة عدو أي مجتمع؛ حيث أطلق عليها القنبلة النفسية. التي دمرت بعض المجتمعات التي تفتقر إلى وسائل إعلام صادقة أمينة تحمي المجتمع الذي تخدمه وتحافظ عليه في نور الحقيقة الصادقة الأمينة.

أنــواع الإشاعة:

تنقسم الإشاعة إلى ثلاث أنواع رئيسة هي:

1) **إشاعـة الإسقاط**: أي التي تستطيع بها الأنا(الذات)حماية نفسها عن طريق إسقاط رغباتها الشاذة أو المكبوتة على عناصر البيئة الخارجية.
2) **إشاعـة التبرير**: يعتبر التبرير حيلة نفسية،يلجأ إليها الفرد عندما يعوزه الدليل العقلي والأسباب المنطقية، وهذه الحيلة قد تكون سبباً كافيا لإطلاق الإشاعة.
3) **إشاعـة التوقع**: وهي تنتشر عندما تكون الجماهير مهيأة لتقبل أخبار معينة أو أحداث خاصة مهدت لها أحداث سابقة كإشاعات النصر أو الهدنة في زمن الحرب وغيرها.

كما تنقسم الإشاعات إلى أنواع أخرى مثل: (الإشاعـة البطيئة الزاحفة , الإشاعة السريعة الطائرة , الإشاعة الهجومية).

وهناك تقسيمات أخرى للإشاعات تتمثل بما يلي:

- **أولاً - الإشاعات التعبيرية** : التي يعبر فيها الأفراد عن أنفسهم ومدى شعورهم تجاه الأخر أو ألازمه (فيمزج أمنياته وأحلامه بإطلاق قول ويتخيل انه حدث بالفعل) ويطلقه وكأنه حقيقة حدثت فيرتاح وقد يحدث ذالك بسبب انه يجهل تماما إيه معلومات حول المشكلة فيريد أن يصور لنفسه أن كل شي رائع ويدعم الصورة الذهنية لنفسه ولجماعته ولكافه ما ينتمي إليه حتى يحمى نفسه لا إراديا من الشعور بالخطر الذي قد يتهدده.

- **ثانيا - الشائعات التفسيرية** : (تصدر عن الناس أنفسهم الذين صدموا من الحدث المفاجئ ويبحثون له مع أنفسهم ولأنفسهم عن تفسرا و سبب وأجابه عما حدت فجاه من أحداث) من ذهنها دون معرفه للسبب الحقيقي العلمي المنطقي الغير معروف تماما حتى لا تستمر الحيرة لهم ، فالذهن يقفز إلى أسباب ما يحدث ويفسرها حسب مافيه من خلفيه معلوماتية والتي غالبا ما تكون ضحلة وغير منطقيه على الإطلاق يسيطر عليها الخرافات .
- **ثالثا - الإشاعات التبر يريه** : تصدر عن طريق مصدر معلوم ومحدد يصدر قرار للجمهور وبعده مباشرة يصدر إشاعات للسيطرة على الرأي العام يبرر فيها هذا القرار وحكمته ورشده التام .
- **رابعاً - الإشاعات التدميرية** : لتدمير الصورة الذهنية لشخص (حقيقي أو معنوي) كيان بقسوة بالغة من اجل مصلحه آخرين.
- **خامساً - الإشاعات العلاجية** : (لعلاج الإحباط واليأس) بتمرير أخبار وهميه ولكنها محببة إلى نفوس الجماهير ويحلمون بها ولهم أولوية مطلقه في حياتهم خاصة في مجال الصحة أو المال (وهى شائعات قصيرة المدى الزمني.

كما يمكن أن تقسم الإشاعات إلى:

1) **الشائعات الوردية للتشجيع** : تبث الأمل والأماني والأحلام (تخرج من الناس أنفسهم لأنفسهم يعبرون فيها عن أحلامهم المكبوتة وتطلعاتهم وهى تنتشر بين الناس لتشبع احتياج جوهري وضروري ملح لهم ناتج عن كثره الإحباط فتؤدي الى التماسك النفسي.
2) **إشاعات التخويف** : فتنشر الخوف والقلق والتوتر بل واليأس أحيانا وتنتشر وقت ألازمات فالإنسان وقت الخوف يكون مؤهل بشكل ممتاز لتوهم أمورا كثيرة للغاية لا أساس لها من الصحة ويفسر الحوادث العادية تفسيرات خاطئة مملوءة بالوهم ويصدق كل ما يقال له ويكون ذو علاقة وثيقة بموضوع خوفه وقلقه ولا يصدقه عقله هو نفسه في وقت اتزانه النفسي.

3) **الشائعات العدائية** : لبث الكراهية والتفرقة وتحويل الولاء وإفساد العلاقات بالأشخاص أو الجماعات أو الدول وتستثمر دوافع العدوان لدى الناس الموجودة بدرجات متفاوتة عموما وقت الأزمات والخلافات على وجه الخصوص.

أركان الإشاعة:

أ- **الغموض في الحقيقة:** حيث إن الشائعة قد تكون لها أصلا من الواقع أو لها نواة من الواقع والغموض إنما يأتي من انعدام الخبر أو اقتضابه أو عدم الثقة به لذلك لا تسري الشائعة على من يعلم الوقائع ويستطيع التأكد منها.

ب- **الأهميـــــــــــــــــة** : لابد أن يتناول الإشاعة موضوع هاما بالنسبة للناس وإلا لن تكون هناك إشاعة إذ أن الإشاعة تعبير عن تصورات الناس واهتماماتهم فمثلا إذا تناولت الإشاعة ارتفاع سعر الخبز في بلد ما لا تكون له أهمية تذكر في بلد آخر .

فعوامل انتشار الإشاعة في المجتمع هو حاصل ضرب الاثنين (الأهمية والغموض) وهذه عوامل انتشار الإشاعة.

أهـــداف الإشاعـــة:

تعتبر الإشاعة التي يتم ترويجها بين الناس عن قصد أو غير قصد من أهم الوسائل الدعائية، والإشاعة غير المقصودة تسمى" ثرثرة"، ويجد كل من ناقلها أو مستقبلها لـذة في روايتها،وقد يجد بعض الناس متعة في رواية الإشاعة، ويكثر ترويج الإشاعات في زمن الحروب أكثر منها في زمن السلم وأوقات الهدوء والاستقرار. لأن الناس يستولي عليهم الخوف والرعب. وقد أثبتت الدراسات السيكولوجية أن الإشاعات سلاح خطير في أوقات الحروب والأزمات بصورة خاصة، لأنها تثير العواطف وتترك أثرا عميقا في نفوس الجماهير.

وإذا كانت الحرب النفسية تهدف إلى إشاعة الفرقة والانقسام في صفوف"الخصم"وتحطيم معنوياته،وإلى تقوية الجبهة الداخلية وزيادة تماسكها وإلى كسب ود الدول المحايدة،وتوثيق أواصر الصداقة مع الدول الحليفة، فإن للإشاعات دوراً تؤديه في هذا كله، فالشائعات تلعب دوراً أساسيا في دعم اتجاهات التماسك الداخلي للجبهة الداخلية (الدعاية البيضاء)، وتؤكد الشعور بالعزة والنصر. أما إشاعات الكراهية،فتعمل على شق صفوف"الخصم" وبث روح اليأس والإحباط بين أفراده، وتسمى تلك"الدعاية السوداء".ولا بد من التذكير في هذا الصدد كيف انتشرت إشاعات الفظائع خلال الحرب العالمية الأولى، واستغل الألمان والحلفاء هذه الإشاعات كل ضد الآخر، وقد اتصلت هذه الشائعات بالتمثيل بالأسري والتنكيل بهم في قسوة، والهدف من ذلك هو بلبلة الأفكار إثارة السخط وتهيج الخواطر وزيادة الانفعال، من أهم أهـداف الإشاعة التي تسعى لتحقيقها:

1) خطورة الإشاعات في أنها تساعد على نشر الخصومة والبغضاء بين أفراد المجتمع تمهيدا لتدمير استقراره النفسي من خلال نشر الفتن وتفكك وحدة شعبه وتضعف معنويات المجتمع بحيث يصبح ممزقا.
2) العمل على تدمير القوى المعنوية لدى "الخصم" وبث الفرقة والشقاق والإرهاب والرعب، وتستعمل الإشاعة كستارة "دخان" لإخفاء الحقيقة، كما يمكن استخدامها كطعم لاصطياد المعلومات والحط من شأن مصادر الخصم.
3) تلعب الإشاعة دورا فاعلا وخطيرا في أوقات الحروب،لأنها تثير عواطف الجماهير وتعمل على بلبلة الأفكار،ولها دور هام في الدعاية السوداء.
4) تعتبر الإشاعة وسيلة فاعلة ومؤثرة من وسائل الدعاية، ويعتقد الكثيرون من خبراء النفس وعلم الاجتماع،أن للإشاعة تأثيرا يعادل تأثير الراديو (الإذاعة) والصحافة. ويمكن استخدامها استخداما إيجابيا لتقوية موقف من ينشرها أو لكسب الأصدقاء،والإشاعة من الناحية السلبية،تحدث نوعا من القطيعة بين الجماهير وحكوماتهم،وتجعلهم يشكون في عدالة قضيتهم،وخاصة حينما تؤثر الإشاعة في توجههم.

عوامل انتشار الإشاعــة:

أ- تبرز الإشاعة دائما في أجواء الترقب والتوقع،وعدم الاستقرار وعدم الثقة.

ب- وجود أجواء التوتر النفسي التي تخيم على المجتمع .

ج- سوء الوضع الاجتماعي والاقتصادي،وتفشي ظاهرة البطالة في المجتمع.

مراحل ظـهور الإشاعــة:

تجتاز الإشاعة قبل ظهورها وانتشارها وسريانها بين الناس ثلاث مراحل هي:

1) **مرحلة الإدراك الانتقائي**: أي إدراك الحدث أو الخبر من جانب شخص أو عدة أشخاص،ويرجع اهتمام هؤلاء بالحدث أو الخبر لمغزاه الاجتماعي في نفوسهم.

2) **مرحلة التنقيح بالحذف والإضافة**: وذلك حتى تتلاءم العناصر المكونة للإشاعة مع بعضها البعض من جهة ومن ثقافة المجتمع من جهة أخرى.

3) **مرحلة الاستيعاب النهائي** : والانطلاق والانتشار بين الجماهير، وذلك بعد أن تكون مستساغة سهلة لاستيعاب متوافقة مع المعتقدات والأفكار والقيم السائدة في المجتمع.

مقارنة بين الدعاية والإشاعة:

هناك خلط سائد في الأوساط الاجتماعية بين مفهوم الدعاية ومفهوم الإشاعة. ولا بد من الانتباه إلى حقيقة الدعاية مقارنة بالإشاعة, فالدعاية هي الإقناع الذي يحاول التأثير على العواطف أو المشاعر أو المواقف أو الآراء أو تصرفات مجموعة اجتماعية معينة لأسباب عقائدية أو تجارية أو اقتصادية أو سياسية بواسطة وسيلة إعلامية علنية معروفة. أما الإشاعة فهي الدس والتسلل إلى عقول وقلوب من تنتشر بينهم بواسطة أنصاف الحقائق والأكاذيب والتزييف والسرية التي تخفي مطلقيها وناشريها.

والدعاية توجه علنا إلى كل مواطن في المجتمع ؛ أما الإشاعة فتنتشر سرا من مطلقيها إلى من هم أقل علما ومعرفة وخبرة منهم بهدف السيطرة على عقولهم وقلوبهم. وتستخدم في ذلك أقوال ؛ مثلا: (دعها في سرك) أو (بيني وبينك) أو (لا تبلغ أحدا فيما أسر لك) وغيره العديد من عبارات التشويق لمعرفة الإشاعة.

أساليب مواجهـة الإشاعـة:

يرى بعض الخبراء أن الإشاعات تمثل جزءا من الحرب النفسية،وان مقاومتها هو جزء من مقاومة الحرب النفسية ذاتها، وان التصدي لظاهرة انتشار الإشاعات في المجتمع،هو مسؤولية جماعية،أي أنها تقع على كاهل كل فرد من أفراد المجتمع من خلال تجنب ترديد الإشاعة ونشرها بين الناس،وإبلاغ الجهات المسئولة عنها فور سماعها، وذلك بهدف القضاء عليها في مهدها،وتقف مباشرة عند ذلك الشخص الذي أبلغ عنها، ليأتيه التوضيح الصحيح من المسئولين الذين ابلغهم بها.وتجدر الإشارة في هذا الصدد، إلى أن القرآن الكريم قد رسم طريقا واضحا للمسلمين في مقاومة إشاعة الإفك، وهي طريق يمكن للمسلمين أن يسلكوه في كل زمان ومكان، ومن ذلك قوله تعالى: "إذ تلقونه بألسنتكم وتقولون بأفواهكم ما ليس لكم به علم وتحسبونه هينا وهو عند الله عظيم* ولولا إذ سمعتموه قلتم ما يكون لنا أن نتكلم بهذا سبحانك هذا بهتان عظيم* يعظكم الله أن تعودوا لمثله أبدا أن كنتم مؤمنين" (النور: 15-17).

إن الإشاعة من أخطر ما يتهدد الأمة ووحدتها وقواها المعنوية والنفسية، ويجب أن ترتكز مواجهتها على العلم والخبرة، بشكل فعال،لقطع جذورها من نفوس الناس، واقتلاع أثرها،لتبدو وكأنها لم تكن، وكانت هذه المقاومة أمرا على أقصى درجات الأهمية،ومن صور اهتمام الدول بمواجهة هذه الظاهرة الخطيرة،أنها خصصت لها أكفأ رجالها وأجهزتها الإعلامية والاستخبارية والمنظمات الشعبية والسياسية بهدف كبح جماحها وفرملة تقدمها وتغلغلها في الأمة ومكافحتها.

ومن أهم الإجراءات والأساليب لمقاومة الإشاعات نذكر ما يلي:

1) تعاون الجمهور في الإبلاغ عن الإشاعات والذين يروجونها.
2) تكاتف وسائل الإعلام من أجل عرض الحقائق في وقتها،ونشر الثقة وتنمية الوعي العام بين الجماهير.
3) التوعية والإرشاد لتثبيت الإيمان والثقة المتبادلة بين القمة والقاعدة.
4) تولي الأمر في مواجهة هذه الظاهرة الاجتماعية الخطيرة(الإشاعة) إلى أهل العلم والمعرفة والخبرة والخلق والدين.
5) ضرورة تفنيد الإشاعة بالحجج والبراهين والأدلة والحقائق الثابتة،من خلال قيام المسؤولين بتكذيبها والبحث عن مصدرها(منبعها الأولي) والقضاء عليها من جذورها،وكشف مروجيها وأغراضهم الخبيثة.
6) يتعين على أفراد المجتمع الابتعاد قدر الإمكان عن الإشاعات،وعدم الهروب من الواقع الذي يعيشه الإنسان مهما كان قاسيا ومرا،مع ضرورة العمل المستمر والثقة بالنفس والإيمان بالله والكفاح والصمود،وعدم اليأس وسيادة المودة والمحبة بين أفراد المجتمع.
7) العمل على تفحص الإشاعات ودراستها ومن ثم وضع خطة مضادة لها تكون قادرة على احتوائها،وهذا يقع على عاتق الخبراء والعلماء المتخصصين في مجالات علم النفس والاجتماع والإعلام والتربية،إضافة إلى خبراء في المجالات الأمنية والإستراتيجية والعسكرية،بحيث يكون من مهام هذا الجهاز دراسة الإشاعات وأبعادها وتأثيراتها على المجتمع،كذلك وضع خطط وبرامج مضادة مثل شن العمليات النفسية ضد"الخصم" وكسر شوكته.
8) تخصيص مكتب للاستعلامات، لمقاومة الإشاعة،ويمكن الاتصال به على عدة أرقام هاتفية،بحيث يجيب المختصون على أي استفسار حول الإشاعات التي يتم ترويجها،وبذلك يتم القضاء علا الإشاعة في مهدها قبل نشرها على الرأي العام.

وتبرز هناك ضرورة ملحة للتصدي للإشاعات التي هدفها الأول، ضرب أسس المجتمع، من خلال تفحص الإشاعات ودراستها، ووضع خطة مضادة لمقاومتها،والإشاعة تعتمد في الوقت الحاضر على العلوم والنظريات، فالإشاعة ليست بسيطة كما كانت في الماضي،وإنما أصبح يشترك في وضعها وتخطيطها خبراء وعلماء في علم النفس والاجتماع والاتصال والطب،ذلك أن الإشاعة المحبوكة جيدا تؤتي نتائجها حتما وتحقق أغراضها في إحداث البلبلة في الرأي العام وتدمير المجتمع من الداخل حتى يستطيع المقاومة، ومن ثم يفقد صوابه ويسلم بما هو قائم. وهنا تنقسم الإشاعة إلى نوعين منها، ما هو داخل المجتمع نفسه نتيجة العصبية العائلية والعشائرية، وهناك نوع آخر قادم من الخارج، والمعلوم أن الإشاعة تنبت بسرعة في المجتمع العشائري، وتنتشر بين أركانه كما تنتشر النار في الهشيم.

وهنا يلعب الإعلام دورا رئيسيا في معالجة قضايا المجتمع وتراكم المشكلات الاجتماعية، وضرورة إيجاد الحلول الملائمة لها، تغلق الطريق أمام انتشار الإشاعات، وعلى الصحافة ووسائل الإعلام آن يتدخلا بفاعلية في توجيه الجماهير وبلورة رأي عام قادر على التأثير على صنع القرار. كما يتعين على المؤسسات التربوية والتعليمية والمعاهد والجامعات ومراكز الأبحاث والدراسات أن تلعب دورا مهما ومفصلي في توعية المجتمع وتحصينه من الإشاعات المغرضة التي تؤدي إلى تدمير نسيج بنيانه الاجتماعي .

وهناك طرق عديدة يتم من خلالها مكافحة الإشاعة منها:

1) **قتل الإشاعة بإشاعة اكبر منها:** حجما واشد أثرا وذات أولوية اكبر لدى الجمهور المستهدف وبعد فتره وجيزة يتم تكذيب الأخيرة لإحداث بلبله اكبر واكبر تسيطر على كافه أحاديث الجمهور المستهدف ليل نهار أو في معظم وقته.
2) **تكذيب الإشاعة إعلاميا:** (بنشر عكسها تماما) دون الإشارة إليها من قريب آو من بعيد فان محاوله ذكرها وتعداد الأسباب المنطقية القوية لتكذيبها

وخداعها وتضليلها سيجعل من لم يستمع إليها سيعرفها وقد لا يقتنع لأسبابك لأسباب عاطفية بحته لأتمت إلى إيه منطق مهما كان قويا دامغا ساحقا ماحقا وفى نفس الوقت فان تجاهلها تماما سيجعلها تزداد انتشارا وتتضخم أثناء عمليه الانتشار الاجتماعي.

3) **تكذيب الشائعات معلوماتياً تكذيب الشائعة بالحقائق والبيانات والمنطق والعلم** (وهى أفضل الطرق)، وكشف مصدرها والهدف من بثها وهذا يتطلب أن تخاطب رأى عام واعي مثقف متعلم، أما الرأي العام الجاهل فالأفضل مخاطبته عاطفيا طرق مواجهه الإشاعات .

4) **إطلاق شائعات مضادة " أي ايجابية "** عن طريق الاتصال بأفراد محددين ذو كفاءات محدده سريا (دون معرفه الجمهور لهم ودون كشفهم للجمهور) لهم القدرة على الإسراع بنشر الشائعات المضادة، ولكن لابد للإشاعة سواء السلبية أو الايجابية من "نواه أساسيه" من تصرفات المصدر حتى ينطلقوا من خلالها في الاتجاهات المحددة بدقه مسبقا وهذا يحتاج إلى قوه واقتدار المصدر وتمكنه مع فريق العمل من السيطرة الكاملة على مجريات الأمور حتى يتمكن من أن يقلل من فاعلية الإشاعة، ويقلل من معدل تكرارها و يقلل من رد فعل الناس تجاهها.

وبناءً على ما سبق نستنتج أثر الشائعات على الرأي العام حيث يكون هدف المروجين لهذه الشائعات ليس معرفة حقيقة الأمور، بل معرفة ما يريدونه هم بالطريقة والاتجاه والكيف الذي يخططون له حتى تتحقق أهدافهم في السيطرة على الرأي العام الذي نحن جزء منه فيتم تشكيل المحتوى المعلوماتي الذي في أذهان الأفراد على النحو الذي يريدونه فيتم أعاده صياغة الوعي وبرمجة العقول بالشكل الذي يريدونه.

الفصل التاسع

القيـــــم

الفصل التاسع

القيـــــــــــــم

- مقدمة
- تعريف القيم
- أهمية القيم
- منشأ القيم
- صفات القيم
- خصائص القيم
- وظائف القيم
- أنواع القيم
- العلاقة بين القيم والسلوك
- النظريات الاجتماعية والنفسية والقيم
- أهم النظريات النفسية التي ناقشت قضية القيم
  - أولاً: النظرية الوظيفية.
  - ثانياً: نظرية الصراع.
  - ثالثاً: نظرية التفاعل الاجتماعي.
  - رابعاً: النظريات النفسية والقيم – جان بياجيه – لورانس كولبرج.

الفصل التاسع
القيـــــم

مقدمة

القيم هي أي شيء له قيمة وأهميه لدى الفرد ، وتعتبر القيم عنصرا" هاما" من عناصر الثقافة . والقيم هي الأساس الذي تتبع منه المعايير والجوانب الأخلاقية لدى الفرد، وهي التي تساعدنا على تقييم الأشياء والأفعال والمشاعر والإحداث من حولنا فنحكم على الشيء بالصواب أو الخطأ، بالحلال و الحرام . والقيم دور مهم في حياة الإنسان، فهي التي توجه سلوك الأفراد والجماعات، والقيم هي التي تدفع الأفراد لاختيار سلوك م ، ونهاهم وتحذرهم من سلوك آخر .

والقيم كما ذكرنا من قبل، نسبية تختلف من مجتمع إلى آخر . كذلك قد تتغير القيم في نفس المجتمع من وقت لآخر، فالنظرة إلى تعليم المرأة لم تكن مستحبة في المجتمع السعودي التقليدي القديم، ولآن أصبحت معظم الأسر تشجع على التعليم المرأة .

وقد تبدو القيم بالنسبة للكثير منا بأنها قيم فردية، وترجع لتقدير الفرد، لكنها في الحقيقة تعكس رغبة واحتياج المجتمع . فالقيم نوع من الرموز الاجتماعية التي تحرص الجماعة على غرسها في الأفراد منذ مرحلة الطفولة الأولى. فالقيم هاهي إلا انعكاس لاحتياجات المجتمع ؛ يحاول أفراد المجتمع غرسها في الطفل في السنوات الأولى من عمره. وقد يشعر الطفل بنوع من القهر والإلزام في بادئ الأمر ، ولكن ما أن يكبر حتى تصبح هذه القيم جزءا" لا يتجزأ من شخصيته. وأفضل مثال على ذلك القيم السائدة في المجتمعات البدوية . حيث يحرص البدو على غرس قيم الشجاعة، وإكرام الضيف، والأمانة واحترام ملكية الغير، والمحافظة على العرض والشرف بين أبناء القبيلة. وإذا ما حللنا مصدر هذه القيم نجد إن الطبيعة الصحراوية القاسية تفرض على أبناء البدو إن يتصفوا بالشجاعة لمواجهة الظروف

البيئية القاسية المحيطة بهم . كذلك طبيعة الحياة القائمة على التنقل والترحال بحثا" علن الماء والكلأ تفرض عليهم الكرم ومساعدة الأغراب، لأن كل فرد منهم معرض لأن يكون ضيفا" على قبيلة أخرى في يوما" ما . فالكرم هنا ليس اختياريا"، بل هو ضرورة تفرضها عليهم طبيعة الحياة . كذلك نجد إن طبيعة بيوت البدو والتي هي عبارة عن بيوت منسوجة من الشعر تجعلها عرضة للسرقة أكثر، ولكن حرصا" من البدو على العيش بسلام، يغرسون في أبنائهم أهمية الأمانة واحترام ملكية الغير . فنجد انه على الرغم من بساطة بيوت البدو ، وعدم وجود أي حواجز صلبه تحول دون الإغارة عليها، إلا انه نادرا" ما تحدث حالات سرقه في هذه المجتمعات. والعكس صحيح بالنسبة للمدينة، فعلى الرغم من وجود الأبواب الصلبة، والأسوار العالية، إلا أن حالات السرقات والاعتداءات بها كثيرة لكثرة السكان، وتعدد جنسياتهم، وضعف العلاقات ألاجتماعيه بينهم، وضعف القيم الاخلاقيه بينهم .

فالضبط الاجتماعي في هذه المجتمعات يعتمد على الوسائل الرسمية التي سبق ذكرها، أكثر من اعتمادهم على الوسائل غير الرسمية التي تسود المجتمعات التقليدية .

وقد حاول علماء الاجتماع تصنيف القيم الاجتماعية فقسموها العدة مجموعات. ولكن هذه التصنيفات ليست مطلقة وليست ثابتة، فقد يضاف إليها بعض القيم في بعض الأحيان، وقد تنقص منها بعض القيم في أوقات أخرى.

تعريف القيم:

يتضح مما سبق أن مفهوم القيمة (**Value**) من المفاهيم التي يشوبها نوع من الغموض والخلط في استخدامها، وهذا نتيجة لأنها حظيت باهتمام كثير من الباحثين في تخصصات مختلفة، ولهذا اختلف الباحثون في وضع تعريف محدد لها، ومرد ذلك الاختلاف يعزى إلى المنطلقات النظرية التخصصية لهم، فمنهم: علماء الدين، وعلماء النفس، وعلماء الاجتماع، وعلماء الاقتصاد، وعلماء الرياضيات،

وعلماء اللغة .. إلخ. فلكل منهم مفهومه الخاص الذي يتفق مع تخصصه. ومن هؤلاء العلماء (بري**Parry**) الذي يعرّف القيم بأنها الاهتمامات، أي إذا كان أي شيء موضع اهتمام فإنه حتماً يكتسب قيمة، ومنهم من يعرفها بالتفضيلات مثل (ثورندايك **Thorndike**)، وهناك من يعرّف القيم بأنها مرادفة للاتجاهات مثل (بوجاردس **Bogardies**). وكثير من علماء النفس يرون أن القيمة والاتجاه وجهان لعملة واحدة. أما (كلايدكلاهون **Clydekluckhoon**)، فيعرّف القيم بأنها أفكار حول ما هو مرغوب فيه أو غير مرغوب فيه.

واستناداً إلى ما سبق من تعريفات يمكن تعريف القيم بأنها: عبارة عن المعتقدات التي يحملها الفرد نحو الأشياء والمعاني وأوجه النشاط المختلفة، والتي تعمل على توجيه رغباته واتجاهاته نحوها، وتحدد له السلوك المقبول والمرفوض والصواب والخطأ، وتتصف بالثبات النسبي.

فالقيم هي تلك الأفكار و الأعراف والعادات الجديرة بان نناضل من أجلها وتؤثر في قراراتنا و أهدافنا وسلوكياتنا فهي نموذج يستدل به على أفعالنا وسلوكياتنا ,ويحدد ما هو مفيد وما هو ضار .

إن القيم نعتبرها أهم شيء في حياتنا و نسعى دائما للحفاظ عليها و قد تختلف من فرد لآخر فمثلا: النجاح في العمل قد يعد من القيم المهمة بالنسبة لبعض الأفراد وقد يكون مقياس القيم عند الآخرين الجاه والمال ولكن هناك قيم عامة عادة ما تكون شائعة عند جميع الناس من مثل : النجاح، الصحة، الطموح، الثروة، المعرفة، الأمانة، الصداقة... إلخ

إن للقيم صفة معنوية و هي ليست ملموسة ولكنها تعبر عن ذاتها ووجودها في أسلوب حياة الفرد في سيرته و في سلوكه و فيما يرتضيه لنفسه من مستوى ,وكما أن الأهداف التي تختارها الأسرة تعبر عن قيم معينة لدى أفرادها ,و كذلك الأسلوب الذي تتبعه الأسرة لتحقيق أهدافها يعبر عما لدى الأسرة من قيم.

أهمية القيم:

إن الإنسان يستثمر القيم دائماً كمعيار لجميع الأعمال والتصرفات ويعتبرها ميزاناً لكلامه وكلام غيره ، ومقياساً لترجيح أمر على آخر .

إن جميع أمور حياتنا من العمل والزواج والدراسة والعلاقات الفكرية خاضعة للتقييم. فالقيم تضفي صبغة على الحياة وتدفعنا إلى إصدار الآراء والأحكام وعلى أساسها تبنى كل مشاريعنا وإعمالنا. وتتأطر بإطارها مشاعرنا واعتقاداتنا وأفكارنا .

فنحن نستطيع من خلال القيم أن نعلم الأفراد ما هي الضرورة في وجوب تقبلهم المسؤولية، ولماذا يجب عليهم مراعاتها، والالتزام بها ؟ لماذا يجب أن يعملوا، ويتعلموا، ويتحلوا بالأدب ؟ وأخيراً : فإنها على قدر من الأهمية يمكن الادعاء أن القيم إذا تداعت في مجتمع ما فان ذلك المجتمع يتراجع القهقرى وتسود الفوضى والارتباك وتتشابك فيه مفاهيم المعروف والمنكر.

منشأ القيم :

ففي نظر التربية والمربي، من الضروري معرفة منشأ القيم، لأجل إيجاد المنهج الذي نسير وفقاً له ومعرفة ما هي المواقف التي يجب اتخاذها على أساس ذلك؟ حتى نصل في هذا البحث إلى ضرورة انبثاق القيم من أحد المصادر التالية :

1) **عقل وفكر الإنسان:** الذي هو حصيلة التجارب والرؤى والنظرة الكونية، وسعة الفكر أو محدوديته، وكيفية فهم الفرد للقيم، والفلسفة العامة السائدة على الأرض، وتأثرها بالسلوك الاجتماعي والأحداث الطارئة ، ونمط التربية والوضع الاقتصادي والرؤية الاجتماعية و ... الخ .

ولو أننا أردنا الاستفادة من مثل هذا المصدر وجعله قاعدة نشيد عليها بناءنا التربوي فلن ينتج عنه سوى الدماء والفوضى والاضطراب والشقاء . فإذا تقرر

أن يتربى كل شخص على أساس أهوائه وميوله ، فلن يكون هناك سلم ولا استقرار .

2) **الفلسفات** الاجتماعية السياسية: ويتلخص الرأي هنا بعدم قبول الأفكار الجماعية أو الفردية التي يعرضها أصحاب المذاهب والمشارب والفلاسفة من أمثال الماركسية أو فلسفة هيجل، أو الآراء الشخصية لابن سينا، أو الغزالي، وغيرهم فهذه الأفكار لا تتسم بالأصالة من الوجهة التربوية، وذلك للأسباب التالية :

- إن الآراء والنظرات الشخصية محدودة .
- عدم امتلاكهم للرؤية المستقبلية وجهلهم بالماضي الذي يجب أن يكونوا على دراية تامة به. فالإنسان لا يعدو إلا أن يكون حلقة وصل بين الماضي والمستقبل .
- عدم اطلاعهم على جميع أبعاد وجود الإنسان ؛ ولهذا فلا يمكن أن تكون آراؤهم قطعية .
- إن اغلبهم ذائبون في قوقعة حب الذات وعبودية النفس وهذا يحجب عنهم رؤية الآخرين .
- وقع بعضهم تحت تأثير المنصب والقوة، وهذا بمثابة الساتر الذي يغطي أبصارهم .
- وأخيرا، فهم غير مصونين من الخطأ والزلل، سيما وان تفكيرهم لا يتجاوز المقطع ألزماني والمكاني .

3) **الدين والوحي** : حيث يعتبر المصدر الوحيد والقاطع لتعيين القيم ، لأنها موضوعة ومنزلة من قبل خالق البشر وصانع الكون والذي لايرتجي منه سوى الخير .

و على هذا الأساس، فإننا نضفي أصالة على هذه الجوانب في التربية ونعتبرها مصدراً نستلهم منه القيم .

ولابد أن نعلم - في نفس الوقت - إن المصادر الأخرى التي نطرحها كالظروف الاجتماعية والأوضاع النفسية وتداعي الأفكار، والأسس المنطقية للرسوم والتقليد وتشريعات مجالس النواب وآراء أصحاب السير والسلوك ، والتي لا يحظى أي منها بالأصالة .. يمكن إن نستلهم منها بعض الأفكار شريطة أن لا تتعارض مع أحكام الدين .

صفات القيم:

- **أولاً - الاختيار** : أن يتم اختيار القيمة دون أية ضغوط خارجية فمن يقيم الأمانة مثلا لا يسرق ولا يغش دون رقيب أو قانون يخيفه. كذلك يكون اختار القيمة من عدة احتمالات أو بدائل .
- **ثانيا - الاعتزاز والفخر**: إن يعلن الشخص السعادة والاعتزاز بما اختاره من قيمة ولا يشعر بخجل أو حرج إذا سئل عنها .
- **ثالثا - السلوك** : لابد أن تؤثر القيمة في سلوك الفرد وتظهر في أعمالة وليس بالقول فقط بل يجب أن تكرر في أكثر من موقف لتأكيدها، كما يجب أن تكون نمطا وأسلوب حياة مستمر.

إن لفترات عمر الشخص تأثيرا كبيرا على قيمه, فهناك أشخاص لهم تأثير على قيم الفرد في كل مرحلة من مراحل عمره:

- فمن (1 - 7) سنوات يكون التأثير للأسرة .
- من (8 - 13) سنة يكون التأثير الأكبر للمعلمين و الأبطال، وقد يكونون رياضيين، وطنيين، ممثلين، ...الخ).
- من (14 - 20) سنة يكون التأثير الأكبر للأصدقاء من (21 - فما فوق) تكون قيم الشخص قد ثبتت في هذه السن , و لكن يجب عليه مراجعتها بين فترة و أخرى .

خصائص القيم:

يُعد مفهوم القيم من المفاهيم المتشعبة، التي تدخل ضمن العديد من التخصصات المختلفة - كما أسلفنا - ولذلك فقد وضع الباحثون عدداً من الصفات والسمات المشتركة التي تسهم في توضيح هذا المفهوم. وقد ذكر الهاشمي عدداً من هذه السمات كما يلي:

1) القيم أساسية في حياة كل إنسان سوى، فهي بمثابة مرشد وموجه لكثير من النشاط الحر الإرادي للإنسان.

2) القيم تصطبغ بالصبغة الاجتماعية؛ أي أنها تنطلق من إطار اجتماعي.

3) القيم مكتسبة، إذ يتعلمها الفرد عن طريق التربية الاجتماعية والتنشئة في نطاق الجماعة.

4) تُعد القيم ذاتية اجتماعية، ولها أثر بارز في السلوك العام والخاص للفرد والجماعة، وفي تحديد كثير من العلاقات مع بعض أفراد الجماعات الأخرى.

5) القيم ذات ثبات واستقرار نفسي واجتماعي نسبي، لكن هذا الثبات يسمح بالتغيير والتبديل إذا أراد الفرد ذلك بعزيمة صادقة، فتعد القيم أكثر ثباتاً من الميول والاتجاهات، وتقاوم التغيير.

6) يتميز بعض الأفراد بقيم فردية خاصة هيمنت على جل وقتهم ونشاطاتهم، ودوافعهم وسلوكهم، وقد كان من هؤلاء الأفراد نوابغ العلماء، والمفكرون والمخترعون، والفنانون، والقادة العسكريون، الذين استفادت منهم المجتمعات الإنسانية في شتى المجالات).

7) تتصف القيم بالهرمية، أي أن قيم كل فرد تكون مرتبة تنازلياً طبقاً لأهميتها له من الأهم فالمهم، حيث تسود لدى كل فرد القيم الأكثر أهمية بالنسبة له.

8) تتصف القيم بالعمومية، فهي تشكل طابعاً قومياً عاماً مشتركاً بين جميع طبقات المجتمع الواحد.

9) تتضمن القيم نوعاً من الرأي والحكم على شخص معين أو شيء أو معنى معين.
10) تكون القيم إما صريحة تتضح من خلال التلفظ بها، أو ضمنية تتضح من خلال سلوك الفرد وأنشطته المختلفة.

وظائف القيم :

تُعد القيم من أهم مكونات الشخصية، لذلك فهي تعمل على تشكيل الكيان النفسي للفرد، من خلال قيامها بخمس وظائف أساسية ذكرها (عيسى) كما يلي:

1) أن القيم تزود الفرد بالإحساس بالغرض مما يقوم به وتوجهه نحو تحقيقه.
2) تهيِّئ الأساس للعمل الفردي والعمل الجماعي الموحد.
3) تتخذ كأساس للحكم على سلوك الآخرين.
4) تمكّن الفرد من معرفة ما يتوقعه من الآخرين وماهية ردود الفعل.
5) توجد لديه إحساس بالصواب والخطأ .
6) توفِّر الوسائل المطلوبة لتحديد جدارة الأفراد والجماعات، فهي تساعد الفرد على معرفة موقعة في المجتمع على أساس تقويم الناس له.
7) تساعد القيم الناس على تركيز اهتمامهم على العناصر المادية المرغوبة والضرورية، فقيمة الأشياء ليست في ذاتها فحسب، بل هي نتيجة لما يضفيه المجتمع عليها من اهتمام وتثمين.
8) جميع الأساليب المثالية للسلوك والتفكير في المجتمع تتجسد في القيم، وعلى هذا الأساس تصبح القيم أشبه بالخطط الهندسية للسلوك المقبول اجتماعياً، بحيث يصبح الأفراد قادرين على إدراك أفضل الطرق للعمل والتفكير.
9) تسهم القيم في توجيه الناس في اختيار الأدوار الاجتماعية والنهوض بها، كما تشجعهم على القيام بالأعباء المسندة إليهم بشكل ينسجم وتوقعات المجتمع.

10) للقيم دور كبير في تحقيق الضبط الاجتماعي، فهي تؤثر في الناس لكي يجعلوا سلوكهم مطابقاً للقواعد الأخلاقية، كما تعمل القيم على كبح جماح العواطف السلبية التي قد تدفع إلى الانحراف والتمرد على نظم المجتمع الأخلاقية وتولد الشعور بالذنب والخجل في نفوس الناس عند تجاوزهم المعايير.

11) للقيم تأثير واضح كأداة للتضامن الاجتماعي، فوحدة الجماعات تستند إلى وجود القيم المشتركة، مما يجعل الناس ينجذبون لبعضهم عندما يشعرون بتماثل الأخلاق والعقائد التي يعتنقونها .

أنواع القيم :

أولا - القيم الاخلاقيه **Moral values** :

تحتل القيم الأخلاقية مكانة كبيرة لدى الناس ، بل كثيرا" ما يعتبرها الناس أهم القيم على وجه الإطلاق . والقيم الأخلاقية هي القيم التي يشعر الفرد بأنها واجبة التنفيذ، ويشعر الفرد بتأنيب الضمير في حالة عدم القيام بها . ومن هذه القيم الأخلاقية الأناة ، والصدق ،والإخلاص . ففي كل المجتمعات يشعره الفرد بضرورة التحلي بهذه الصفات ، وعدم التزامه بها يشعره بتأنيب الضمير .

وتختلف القيم الأخلاقية في طبيعتها، فبعضها إلزامي ولآخر اختياري. فالقيم الإلزامية يشعر الفرد بأنه مجبر على القيام بها مثل الأمانة واحترام ملكية الغير، وعدم قيام الفرد بها يعرضه لعقاب المجتمع. أما القيم ألاختياريه فيشعر الفرد بنوع من الحرية في القيام بها، وعدم قيامه بها لا يعرضه لعقاب المجتمع، فإذا ما قام بها الفرد شعر بالرضاء عن النفس، وبرضاء الآخرين عنه، وإذا لم يقم بها لم يتعرض لعقاب المجتمع، مثل مساعدة المحتاجين، والتعاون مع الآخرين. وتتنوع القيم الأخلاقية لتشمل العديد من جوانب الحياة الإنسانية مثل:

- **قيم خاصة بالمحافظة على النفس وعلى الآخرين**: مثل الحرص والحذر والتفكير قبل الأقدام على أي تصرف، والبعد عن أماكن الخطر .
- **قيم خاصة بالصحة وكيفية المحافظة عليها**، فيلقن الطفل الكثير من القيم للمحافظة على صحته، فينصح بالاعتدال في الأكل والشراب ، وعدم تعاطي المخدرات او العقاقير أو أي أشياء أخرى تضر بالصحة .
- **قيم خاصة بالمحافظة على الملكية** مثل الأمانة واحترام ملكية الغير .
- السيطرة على النفس، فمن صفات الإنسان الغضب والانفعال، ولكن تحبذ معظم المجتمعات القيم الخاصة بالسيطرة على النفس كالحلم والصبر، ورباطة الجأش، والاتزان.
- **قيم خاصة بالنواحي الجنسية**، الغريزة الجنسية غريزة طبيعية في الفرد لكن كل المجتمعات الإنسانية تحرص على تنظيم هذه العلاقة بما يخدم أهداف الجماعة فتضع القواعد التي تحدد السن الذي يمكن فيه ممارسة الجنس وتضع التشريعات التي تنظم هذه العلاقة لضمان سلامة المجتمع وسلامة النشء.
- **العمل والاعتماد على النفس**،لا يمكن لأي مجتمع أن يستمر ويتقدم،دون عمل أفراده واعتمادهم على أنفسهم لإشباع احتاجتهم. لذا تحرص المجتمعات على إعداد أبنائها ليكونوا أيدي عاملة في المستقبل .
- **الصدق والأمانة**، من أهم الصفات التي حرص في معظم المجتمعات على غرسها في أبنائها الصدق والأمانة، فهما من الصفات الهامة والضرورية لاستمرار المجتمع .فمجتمع يتصف جميع أبنائه بالغش والكذب وعدم احترام ملكية الغير لا يمكن له الاستمرار والبقاء .
- **احترام السلطة**، من الاحتياجات الهامة للمجتمع وجود سلطة فيه لتنظيم العلاقة بين الأفراد.

والسلطة هنا لا تعني السلطة السياسية فقط ،فهذه إحدى أنواع السلطة في المجتمع، وقد تكون أشهر أنواع السلطة، لكننا نعني بالسلطة هنا سلطة أولياء الأمور على الأبناء ،وسلطة المدرسين على التلاميذ، وسلطة المديرين على الموظفين، وأخيرا سلطة الحكومة على الشعب .فلا بد من إن يعلم الطفل على احترام السلطة، وكيفية التعبير عن رأيه من خلال القنوات الرسمية المتاحة فيها .

- **رعاية المسنين**، تتكون المجتمعات الإنسانية من بعض الفئات غير القادرة على العمل إما بحكم مرضها أو بحكم سنها، لذا تحرص معظم المجتمعات على وضع القيم التي توفر الرعاية لهذه الفئة، وعدم التزام الفرد بهذه القيم يعرضه لانتقاد المجتمع .
- **رعاية الأطفال والمعوقين**، كذلك تحرص معظم المجتمعات على توفير القيم اللازمة لرعاية الأطفال والمعوقين، وعدم اهتمام الأفراد بهذه الفئة يعرضهم لانتقاد الآخرين، واتهامهم لهم بالإهمال والتقصير

ثانيا - قيم خاصة بالسمات العامة للشخصية :

حاول علماء الاجتماع ومنهم **Allport & Odbert** تحديد أهم الصفات التي يفضل أن تتوفر في الفرد أو في الآخرين، واستخدموا القواميس المختلفة لحصر هذه الصفات وتوصلوا من دراستهم المطولة إلى وجود 4500 صفة يمكن أن يوصف بها الفرد، ومن أمثلة هذه الصفات مغامر، طموح، شجاع، عنيد، كريم، جبان، واسع الإطلاع، مرن نظيف، طيب، متسامح، متعاون، صادق، أمين، نزيه، عادل، مخلص، خصب الخيال، مستقل، منطقي، اجتماعي، مطيع، حنون، مؤدب، مرتب، يعتمد على نفسه وغيرها من الصفات، ووجدوا أن كل ثقافة تحدد السمات المفضلة في الفرد، وهذه السمات تختلف من مجتمع إلى آخر.

ثالثا - قيم ذاتية :

لاحظ علماء الاجتماع أن هناك صفات عامة يتصف بها الأفراد في المجتمع كما لاحظوا وجود صفات ذاتية تساعد على نجاح الفرد وشعوره بالرضاء عن النفس، وحاولوا حصر هذه الصفات في مجموعة أهمها: الرضاء عن النفس وتقبيل الذات، احترام الذات، وجود علاقات عاطفية وثيقة، الشعور بالأمان والاطمئنان القدرة على التعبير عن بالذات، القدرة على الحب.

رابعا - قيم خاصة بالتعامل مع الآخرين :

بالاضافه إلى الصفات التي يستحب أن تتوفر في الفرد، حاول العلماء الكشف عن القيم التي يستحب أن تتوفر في العلاقات الاجتماعية، وتوصلوا إلى مجموعة من الصفات أهمها :

- التعامل باحترام وتقدير .
- احترام خصوصية الغير .
- التعاون مع الآخرين .
- تقديم خدمات للآخرين .
- تجنب إهانة الآخرين أو جرح مشاعرهم .
- حفظ أسرار الغير .
- احترام ملكية الغير .
- الصبر على هفوات الغير .

خامسا - قيم خاصة بالعلاقات الزوجية :

العلاقة الزوجية كأي علاقة اجتماعية يتوقع أن تتوفر فيها الكثير من القيم التي ذكرت في العلاقات الاجتماعية كالاحترام والتقدير، والتعاون، وحفظ الأسرار وغيرها من صفات سبق ذكرها. ولكن الآسرة كمؤسسة اجتماعيه تتكون من الزوجين والأولاد، ولها وظائف محددة يتوقع من الوالدين توفيرها

للأبناء، ولها قيم أخرى قد لأتطلب في الجماعات الأخرى مثل القيم الخاصة بواجبات الزوجين داخل الأسرة والتي تختلف من مجتمع إلى آخر، وقيم خاصة برعاية الأطفال وتوفير الرعاية والحب لهم .

سادسا - قيم خاصة بالعمل :

حاول علماء الاجتماع معرفة أهم القيم التي يضعها الفرد في اعتباره عند اختيار العمل، وحصروها في مجموعة من القيم أهمها : الشعور بالرضاء عن النفس، والقدرة على الانتاجية، الدخل، المسؤولية، القدرة على التعلم والتطور، علاقات عمل اجتماعيه مبنية على الصداقة والاحترام المتبادل، تنوع التجارب داخل العمل، الأمان، ظروف عمل بيئية مناسبة .

سابعا - القيم السياسية :

وجه علماء الاجتماع اهتماما" كبيرا" للقيم السياسية، وكيف يجب أن تكون العلاقة بين الحاكم والمحكومين، بغض النظر عن نوع النظام السياسي القائم هل هو نظام ديمقراطي أم ديكتاتوري، رأسمالي أم شيوعي، جمهوري أم ملكي. وحاول العلماء استخلاص أهم القيم التي يجب توافرها في النظام السياسي:

- حرية التعبير عن الرأي .
- حرية الحركة .
- حرية الانتخابات والترشيح .
- العدالة المساواة للجميع .
- احترام النظام والقانون من الجميع .
- توفير فرص عمل للمواطنين .
- توفير الأمن والاستقرار .
- حماية المجتمع من الداخل والخارج .
- حرية العمل والاستثمار .

ثامنا - قيم خاصة بالبيئة :

لاحظ علماء الاجتماع أن سوء استخدام الإنسان للبيئة ترتب علية العديد من المشكلات البيئة التي أصبحت تهدد الحياة الطبيعية،مما أدى إلى انقراض الكثير من الحيوانات، وإتلاف الكثير من الأشجار ،لذا حاول علماء الاجتماع تحديد أهم القيم التي يجب أن يتحلى بها الإنسان في علاقته بالطبيعة المحيطة به مثل: إدراك قيمة البيئة وأهميتها، وأنها لا تقل أهمية عن الإنسان ويجب استخدام البيئة لغايات إنسانية عامة،لا لأهداف فردية .

الإنسان والبيئة لهما حقوق متساوية، لذا يجب أن لا يستغل الإنسان البيئة استغلالاً سيئاً لتحقيق أهدافه.

فجميع الكائنات الحية التي في الطبيعة لها الحق في الحياة مثل الإنسان، فيجب علية المحافظة وحماية البيئة من التلوث والفناء (**KilbY،1993**).

من الآسئله الهامه التي حاول علماء الاجتماع الإجابة عليها هي: ما العوامل الاجتماعية التي تدفع الفرد إلى تبني بعض القيم و التمسك بها ؟ والتخلي عن بعضها الأخر، وتوصلوا إلى مجموعة من العوامل:

1. الحاجة إلى الانتماء إلى جماعة تمده بالقيم :

يشعر الإنسان بحاجته دائما إلى جماعة ينتمي إليها، ويشعر من خلالها أنه مقبول اجتماعيا، وأنه معترف به كأحد أعضاء هذه الجماعة، وهذا الشعور بالانتماء يمده بالراحة والطمأنينة والأمان .كما يميل الإنسان إلى الإيمان بقيم معينة تمده بالمعرفة والمعلومات، والتي تفسر الأشياء التي تحدث من حوله. لذا فهو عادة ما ينتمي إلى جماعة أو حزب تمثل له الإطار المرجعي الذي يرجع إليه وتشكل هويته الاجتماعية الذي يفتخر بها .فجزء كبير من هوية الفرد تحدد من خلال القيم التي يؤمن بها ؛كأن يقول الفرد أنا مسلم أو أنا مسيحي أو أنا يهودي حتى ولو لم يكن متمسكا أو مطبقا للقيم التي ينتمي إليها ،لكنها تعتبر مصدرا لهويته الاجتماعية .

2. الحاجة إلى الاحترام والتقدير والإعجاب من الآخرين :

يعتنق الفرد بعض القيم والاتجاهات رغبة في الحصول على احترام الناس وتقديرهم له. خاصة إذا ما كانت هذه القيم تحتل مكانة عالية في هذا المجتمع .فقد يعتنق الفرد مبادئ الرأسمالية أو الشيوعية، لينخرط في الأحزاب، ويصبح عضوا فعالا في هذه الجماعة، مما يكسبه بعض الصلاحيات والقوة في المجتمع، فتصبح هذه القيم هي المدخل من خلاله يحصل الفرد على القوة والسلطة .

3. التمرد على سيطرة الأسرة والرغبة في الاستقلال :

تشير الدراسات الإحتماعية إلى أن أكثر الأفراد المنخرطين في الجماعات المختلفة أو المنظمات أو الأحزاب السياسية، أو حتى في الجماعات المنحرفة من الشباب، ويرجع إلى رغبة بعض هؤلاء الشباب في التحرر من سيطرة الوالدين، والشعور بالاستقلال .فيشعر هؤلاء الشباب أن سيطرة الوالدين على تحركاتهم وسلوكهم، تعيقهم على النمو والتعلم من خبراتهم،لذا فهم يميلون إلى التمرد على والديهم والاستقلال بحياتهم وقراراتهم، وهذا ما يدفعهم إلى التبني أراء وقيم تخالف مبادئ الوالدين رغبة منهم في التعبير عن رفضهم لهذه الهيمنة الو الدية .

4. الإعجاب بالفرد يدفعك إلى الإعجاب بمبادئه :

ويرى العلماء أن القرد قد يعتنق جماعة معينة، لإعجابه بأحد من زعمائها أو أحد من أفرادها، وتكوين علاقات جيدة مع هؤلاء مما يدفعه إلى اعتناق المبادئ هذه الجماعة، فتصبح قيم الجماعة جزءا من قيمه التي يؤمن بها، فالفرد عندما يعجب بشخص ما ،يعجب بمبادئه وقيمه، ويأخذه مثلا أعلى يحتذي به.

5. لإشباع فضول الفرد وتساؤلاته المستمرة عن سر الوجود :

وهناك تساؤلات كثيرة لدى الإنسان عن سر الوجود، لماذا نحيا، وما الهدف من حياتنا؟ وغيرها من تساؤلات قد لا يحد الإنسان لها في العلوم الطبيعية ويجد تفسيرات لها في القيم الدينية و الأخلاقية ،فيشعر الفرد بالراحة والطمأنينة لهذه الإجابات

6. الخوف من الرفض وعدم التقبل من الوالدين :

يلعب الوالدان دورا مهما في حياة أبنائهم وإحساس أحد الأبناء بالرفض أو عدم التقبل من الوالدين، حتى ولو لم يكن هذا الشعور حقيقي ،قد يدفعه إلى الانتماء إلى جماعة أخرى تمده بالإحساس بالتقبل والدفء والإحساس بالأمان الذي يفتقده.

7. الشعور بالحقد والكراهية من الآخرين :

يميل كل فرد منا لأن يكون محبوب أو محترما وموضوع إعجاب من الآخرين ولكن إذا لم يستطع الفرد تحقيق ذلك ،وشعر بكراهية وحقد وعدم احترام الآخرين له ،فأن ذلك يدفعه إلى البحث عن جماعة أخرى تشعره بالتقبل والحب ،ويتبنى قيم جديدة تخاف قيم الجماعة التي كان ينتمي إليها ،حتى يشعر بالأمن والطمأنينة في هذه الجماعة.

العلاقة بين القيم والسلوك :

هناك اختلاف طبيعي بين القيم والسلوك،فلقيم توجد في عقول الأفراد ،في حين أن السلوك يوجد على ارض الواقع، ولكن من الملاحظ في هذه الأيام أن الفجوة أخذه في الاتساع بين القيم وبين السلوك الفعلي للقيم ؛وهناك الكثير من الأمثلة في حياتنا الواقعية التي توضح الفجوة بين القيم والسلوك : فعلى سبيل المثال تدعى الحكومة الأمريكية أن هناك عدالة ومساواة بين جميع أبناء الشعب الأمريكي ،لكن الواقع الفعلي يؤكد لنا وجود التمييز العنصري والتفرقة بين البيض والملونين.ويؤمن المسلمون بان الإسلام دين العدالة والمساواة ،ولكن قليل من المسلمين من يطبق هذه المبادئ بالفعل .

كما يؤمن الكثير من المسلمين أن الإسلام كرم المرآة وساواها مع الرجل في الكثير من الحقوق والواجبات ، لكن قل ما تتمتع المرآة بكامل حقوقها على ارض الواقع.

واهم العوامل التي أدت إلى إحداث هذه الفجوة بين القيم والسلوك هي التوجه نحو الحضرية،والتقدم التكنولوجي الهائل،والتنظيمات البيروقراطية المعقدة وتعقد الحياة الحديثة، وتجدر الإشارة هنا إن القيم لا تتغير بسرعة مثل بقية أجزاء الثقافة ،فالجوانب المادية عادة ما تسير بخطوات أسرع من الجوانب اللامادية كالقيم .

ورغم الفارق بين القيم والسلوك، إلا أن القيم تظل هي المرجع الذي نقيم فيه الناس أو أفعالهم أو أقوالهم.

النظريات الاجتماعية والنفسية والقيم :

اختلف العلماء في نظرتهم إلى القيم ؛فعلماء الاجتماع اهتموا بالقيم ومصدرها والدور الذي تقوم به في المجتمع ،في حين أن علماء النفس اهتموا بتطور القيم،والمراحل التي تمر بها ، وكيف يكتسب الإنسان هذه القيم.

ونظرا لتطرق الكتاب في فصل النظريات للقيم من خلال أراء العلماء مثل دور كايم وماركس وماكس فيبر ،فلن نتوسع في ذكر أراء علماء الاجتماع بالتفصيل عن القيم ونكتفي بذكر المبادئ الرئيسية لكل نظرية.

واهم النظريات الاجتماعية التي ناقشت القيم هي الوظيفية والصراع والتفاعل الاجتماعي، التي تجمع بين علم النفس والاجتماع .

أهم النظريات النفسية التي ناقشت قضية القيم:

أولا: النظرية الوظيفية :

يعتقد علماء هذه النظرية أن القيم لها وجود مستقل عن الأفراد فهي موجودة قبل الأفراد ، وستستمر 0بعدهم ،فهي وليدة العقل الجمعي كما يرى دور كايم وهي تلعب وظيفة هامة في المجتمع لأنها تشبع احتياج الأفراد للأمن والاستقرار فالقيم هي التي تعمل على تماسك المجتمع ، وهي التي تحدد الوسائل التي يمكن

للإفراد إشباع احتياجاتهم بها بشكل مقبول اجتماعيا. والقيم تعكس مصالح المجتمع ككل ، وتسعى لخدمة جميع أفراد المجتمع ،وتتغير من وقت لأخر تبعا لاختلاف احتياجات الأفراد ،وهدفها الأساسي هو المحافظة على تماسك المجتمع .

ثانيا: نظرية الصراع :

أما أنصار هذه النظرية وعلى رأسهم ماركس و فيبر فلهم وجهة نظر مختلفة بالنسبة للقيم ،فهم يرون إن القيم في أي مجتمع تعكس مصالح فئة معينة في المجتمع وهي الصفوة أو الطبقة الحاكمة في المجتمع .فالطبقة الحاكمة تسيطر على طبقات المجتمع من خلال القيم ،فالقيم تستغل وتوجه لخدمة أهداف فئة عينة في المجتمع هي الطبقة الحاكمة.

ثالثا: نظرية التفاعل الاجتماعي:

حاولت نورماهان دراسة النمو الأخلاقي للفرد من خلال الحياة اليومية .ووضعت نظرية لتفاعل الاجتماعي ،التي أكدت على دور العوامل الاجتماعية في تكوين المهارات والقيم لدى الفرد . فهي ترى أن المفهوم الفرد للعدالة أو الصواب ليس مفهوما مطبقاكما يرى ذلك بياجية أو كولبرج، ولكن يتعلم الفرد يتعلم ما هو الحق ،وما هو صواب من خلال تفاعله مع الآخرين ،وكثرة المواقف التي يتعرض لها في طفولته فالطفل الصغير أثناء احتكاكه مع والديه يقوم بعملية التفاعل مستمر، حيانا لرغباته ،وينازل هو لرغباتهم ،وهذا التفاعل المستمر هو الذي يكون القيم الأخلاقية لدى الطفل .ولم تهتم نورما هان بالنمو الأخلاقي للفرد ،بقدر اهتمامها بدور الخبرات الاجتماعية والتجارب التي يمر بها الفرد في تكوين المهارات التي تساعده على حل المشكلات الأخلاقية التي يواجهها .وترى نورما أن النمو الأخلاقي ليس مرحلة يمر بها جميع الناس ،ولكنها عملية تطورية تعتمد على

المواقف المختلفة التي يمر بها الفرد ،فهي مهارات يكتسبها الفرد طوال حياته وليست مرحلة ثابتة.

رابعا: النظريات النفسية والقيم :

وجه علماء الاجتماع اهتمامهم لدور القيم في المجتمع ، في حين حاول علماء النفس معرفة مراحل النمو ألإدراكي لدى الفرد ،متى يبدأ الطفل إدراك الصواب أو الخطأ؟ وما هي المراحل التي يمر بها الطفل في التكوين الجانب الأخلاقي لديه .

أ.جان بياجية **jean piaget** :

من أهم العلماء الذين اهتموا بالنمو الأخلاقي لدى الطفل بياجية ،الذي حاول دراسة النمو العقلاني لدى الطفل ،وكيفية فهم الطفل للعالم من حوله ، أجرى عدة دراسات في هذا المجال. ذ قام بياجية بدراسة عدد من الأطفال السويديين من سن ست إلى اثني عشر سنة ،وقام بعرض مجموعة من القصص عليهم ،وفي كل قصة موقف معين ، م طلب من كل طفل إبداء رأيه في الموقف وشخصيات القصة .ومن هذه القصص ،القصة التالية :أرادت الطفلة ميري أن تهدي أمها هدية ففكرت في قص قطعة من ثوبها لعمل هدية لوالدتها . ولكن لعدم معرفتها الجيدة باستخدام المقص ، قامت بقص القطعة كبيرة من الثوب ،مما أحدث ثقبا كبيرا في الثياب .كما قام بياجية بعرض قصة أخرى عن الطفلة مارجريت التي انتهزت غياب أمها عن البيت ،وقامت بأخذ مقص أمها ،وأخذت تلعب به ،ولعدم معرفتها الجيدة باستخدام المقص ،قامت بقص قطعة صغيرة من ثوبها . قام بياجية بعرض القصتين على الأطفال ،وطلب منهم إبداء رأيهم في الموقفين ،فلاحظ أن الأطفال اعتبروا الطفلة الأولى أكثر خطأ من الثانية ،لأن الخراب الذي أحدثته في الثوب أكبر ،فهم لم ينظروا للهدف التي كانت تسعى إليه ،فاستخلص من ذلك إلى أن الأطفال عادة ما يحكمون على الأمور بناء على النتائج المادية المترتبة عنها ،لأعلى الأهداف التي عملت من أجلها .لذا فهو يرى أن المرحلة الأولى تكون أحكام الأطفال على الصواب والخطأ مرتبطة بأحكام والديهم،فما يراه الوالدان صوابا ،فهو صواب ،وما يراه خطأ فهو خطأ .ولكن بعد سن الثانية عشر يبدأ الأطفال التحرر من

سلطة والديهما ،حيث يبدءون الاختلاط بأصدقائهم ،فيبدءوا مرحلة جديدة من نسبية القيم وهي المرحلة التي ينظر بها الأطفال إلى أهداف الفعل ،فهم لا ينظرون على النتائج المادية للفعل فقط ،بل ينظرون إلى أهداف الفعل في المقام الأول.

ومن هنا توصل بياجية إلى أن النمو الأخلاقي للأطفال يمر بمرحلتين رئيستين :

المرحلة الأولى : منذ الميلاد وحتى سن الثانية عشر . وفي هذه المرحلة يكتسب الطفل قيمة الأخلاقية من المجتمع المحيط به ، فهو لا يعتمد على آرائه الفردية في تقدير الصواب والخطأ ، ولكنه يعتمد على الآخرين وخاصة الوالدين في أحكامه وتقديره للأمور وحتى في حالة عدم إطاعة الطفل لأراء والديه ، لا يحاول تقييم أرائهم بل يقبلها كما هي .

المرحلة الثانية : يحاول الطفل في هذه المرحلة تكوين وجهة نظر مستقلة خاصة به ، فهو يحاول مناقشة الإباء في أرائهم ، حيث يدرك أن الأوامر ليست مقدسة ، بل هي مرنة وقابلة للنقاش . فيمكن للطفل مناقشة والديه في وقت نومه ، أو في خروجه ، أو مع أصدقائه .

ب_ لورنس كولبرج **Lawrence Kohlberg** :

اقتصرت دراسات بياجية للنواحي الأخلاقية على الأطفال فقط ، ولم يحاول دراسة المراهقين أو البالغين .

فحاول كولبرج تطبيق دراسات بياجية على عينة أكبر من المبحوثين من مختلف الفئات العمرية ، واستخدام نفس منهج بياجية في الدراسة . فقام كولبرج بعرض مجموعة من المواقف على المبحوثين ، وطلب منهم توضيح وجهة نظرهم في الموقف ، وما هو السلوك الذي يجب علية أن يقوم به ؟ ولماذا ؟ . ومن هذه المواقف القصة التالية :

" قصة امرأة مريضة بإحدى الأمراض الخبيثة ، ووصف لها الطبيب دواء معينا ، وهذا الدواء لا يوجد إلا في صيدلية واحده ، وصاحب الصيدلية مستغل يبيع الدواء بعشرة أضعاف سعره ، ولا يمتلك زوج المريضة ثمن الدواء ، حاول الاستدانة من أصدقائه لتسديد ثمن الدواء ولكن بدون جدوى ، فلم يحصل إلا على نصف المبلغ وإذا لم تأخذ الزوجة الدواء في موعده فقد تموت ، وحاول زوج المريضة إقناع الصيدلي ببيع الدواء له بالتقسيط لكن دون جدوى . ماذا تعتقد أن في استطاعة الزوج إن يفعل ؟ هل ترى أنه من الصواب أن يكسر الزوج الباب ويسرق الدواء لينقذ حياة زوجته ؟ أم يترك زوجته تموت ؟ . قام كولبرج بعرض الموقف هذا وغير ه من المواقف على المبحوثين ، وطلب منهم تقيم الموقف ، وإبداء وجهة نظرهم فيه .

وقد خرج كولبرج من دراساته المتعددة إلى أن هناك ثلاث مرحل رئيسية يمر بها الوازع الأخلاقي لدى الناس :

المرحلة الأولى ما قبل التقليدية Pre-conventional :

وتبدأ من سن السادسة حتى التاسعة ، كما قد تستمر لدى البعض حتى مرحلة المراهقة ، وتستمر عند بعض المنحرفين من البالغين ، وفي هذة المرحلة ترتبط أحكام الفرد بالصواب والخطأ بطاعة الأوامر ، أو خوفا من العقاب ، أو رغبة في مكافأة ، فهو ينظر إلى النتائج المادية المباشرة للحكم على الأشياء . وفي هذة المرحلة نجد الناس يطيعون القوانين ، ويؤدون الواجبات المتوقع منهم أدائها خوفا من العقاب . ثم يبدأ مرحلة التبادل ، فيتعلم الفرد أن يقوم بأعمال جيدة للآخرين مقابل ببعض العمال الجيدة له ، فالعملية بالنسبة له عملية تبادلية . والعكس صحيح إذا قام أحد بإيذائه لابد من يأخذ بحقه . وهذه المرحلة تستمر في فترة الطفولة وقد تمتد لدى البعض حتى مرحلة المراهقة .

المرحلة الثانية : المرحلة التقليدية Conventional :

المرحلة التي يتشرب فيها الناس قوانين وقيم المجتمع بحيث تصبح جزءا لا يتجزأ من شخصياتهم . فالناس في هذه المرحلة يفعلون الصواب ويتجنبون الخطأ لا رغبة في المكافأة أو الجزاء ، ولكن لإحساسهم بالواجب والمسئولية التي تدفعهم لفعل الخير . وتبدو هذه المرحلة ظاهرة لدى معظم البالغين .

المرحلة الثالثة : ما بعد التقليدية Post conventional:

هذه المرحلة هي أعلى مراحل الأخلاقيات . وترتبط أحكام الفرد بالصواب والخطأ من إيمان عميق بالقيم نفسها . فهو يفعل الصواب لأنه صواب ، لا إرضاء لأحد ، فهو لدية قيم إنسانية سامية يؤمن بها ، ويحارب من أجلها . ففي هذه المرحلة يتكون لدى الفرد إحساس عام بالقيم الإنسانية وحب الخير للبشرية جمعاء ، فيحاول الناس في هذه المرحلة تكريس حياتهم لخدمة قضايا عامة تهم الإنسانية مثل المطالبة باحترام حقوق الإنسان ، والمطالبة بالعدالة والمساواة ، ومحاربة التمييز العنصري ، والمحافظة على البيئة ، وحماية الحيوان . وبصفة عامة لا يصل الناس إلى هذة المرحلة قبل سن العشرين ، وقد لا يصلون لها أبدا ، فقليل من الناس من يصل إلى هذه المرحلة من الأخلاقيات . ويرى كولبرج أن هذه المرحلة قد تبدو مثالية ، وغير واقعية ، ولكن في الحقيقة هناك أعداد قليلة من الناس يصلون إلى هذه المرحلة . وهؤلاء من نطلق عليهم أصحاب المبادئ والمثل .

وهذا يعني أنه من وجهة نظر كولبرج أن معظم الناس البالغين الطبيعيين يصلون إلى المرحلة الثانية فقط ، ولكن قليل منهم فقط من سيصل إلى المرحلة الثالثة .

ويرى كولبرج أن البيئة الاجتماعية تلعب دورا في النمو الأخلاقي للأفراد فقد تعجل بعض الثقافات في النمو الأخلاقي للأفراد ، في حين قد تؤخر بعض المجتمعات هذا النمو .

ومما هو جدير بالذكر أن معظم الدراسات الخاصة بالأخلاقيات درست الأخلاقيات بصفة عامة ، ولكن قليل منها حاول المقارنة بين مفهوم الأخلاقيات عند المرآة والرجل . هل هناك اختلافا بين المرآة والرجل في النظرة إلى الصواب والخطأ ،والحلال والحرام ؟ لقد قامت كارول جيلجان **Carol Gilligan** بدراسة مجموعة من النساء والرجال لمعرفة أوجها لاختلاف بين الجنسين من النواحي الأخلاقيات من وجهة نظر مختلفة عن الرجل ؛ فالرجل يقيس الصواب والخطأ ، والحلال والحرام بإرجاعها للقوانين السائدة في مجتمعة ؛ فالرجل يحترم القوانين ويأخذ كمسلمات. أما المرأة فتحكم على الأخلاقيات كواجبات عليها إتباعها ، فهي ترى الأخلاقيات في الاهتمام بالآخرين، وفي تحقيق رغبات الناس من حولها ، وفي احترام مشاعر الآخرين وعدم جرحها . لذا فان النظرة إلى الأخلاقيات تختلف من المرأة للرجل.

الفصل العاشر

الحـــرب النَّفســـيَّة

الفصل العاشر
الحرب النَّفســــــيَّة

- مقدمة
- تعريف الحرب النفسية
- نشأة وتطور الحرب النفسية
- مشاهير الحرب النفسية
- خصائص الحرب النفسية
- العمليات العقلية النفسية المساهمة في الحرب النفسية
- أهداف الحرب النفسية
- مدارس الحرب النفسية
- وسائل الحرب النفسية
  - أولاً: الدعاية في الحرب النفسية
  - ثانياً: الشائعة في الحرب النفسية
  - ثالثاً: وسائل الإعلام والحرب النفسية
  - رابعاً: غسيل المخ
  - خامساً: النكتة في الحرب النفسية
- مواجهة الحرب النفسية

الفصل العاشر
الحرب النَّفســـيَّة

مقدمة

لقد شهد العالم خلال هذا القرن، عدة طفرات وثورات تكنولوجية هائلة سواء كانت في مجالات الاتصال والمعلومات أو نُظُم التسليح واكبتها تطورات بالغة الأهمية والخطورة في مجال العلوم الإنسانية خاصةً فيما يتعلق بالظواهر السلوكية (الاجتماعية والنفسية والسياسية) حيث تم استغلال نتائج ومردود ذلك التقدم وتوظيفه لمصلحة مفاهيم تطبيق العلوم المتعلقة بالظواهر الإنسانية والسلوكية وأُسُسها ووسائلها وأساليبها، والتي من أبرزها المفهوم الشامل للعمليات النفسية .

ويضع القادة العسكريون على كافة المستويات العمليات النفسية كبُعد وقوة في ميادين الحرب، يتم التخطيط والتطوير في استخدامها لسرعة حسم العمليات العسكرية والمعارك والوصول إلى النصر النهائي بأقل القليل من الخسائر البشرية.

تعريف الحرب النفسية:

يمكن تعريف الحرب النفسية بأكثر من طريقة وفيما يلي توضيحا لأهم تلك الاتجاهات:

أولا: يرى "لينبارجر" Linebarger وهو أول من قدّم تعريفاً للحرب النفسية بأنها: أضمن سلاح استخدم في المعارك لتحقيق المصالح التي يجري الصراع من أجلها، وبأن الحرب النفسية عمدت في سياستها إلى استخدام الوسائل التي تحدث شرخاً عميقاً في خصال الشخصية ومظاهر السلوك وفي طبيعة الأداء والآراء والمعتقدات والقيم المعنوية والروحية للفرد، ونذكر منها:

1) استخدام أساليب الابتزاز غير المشروع لتهديد أمن وسلامة الدول ودفع قواتها المسلحة إلى الاستسلام.

2) ضرب الموارد الأساسية وافتعال الأزمات السياسية والاقتصادية للتأثير على الرأي العام.

3) تعميق الشعور العام بفقدان العدالة للتشكيك بسلامة النظام الداخلي, وإرساء حالة من الترقب والاحتجاج والتمرد على الأمر الواقع والأوضاع السائدة.

4) إثارة النعرات الطائفية ليسود التباغض بين أبناء الشعب الواحد ويعيش الأفراد عمق مرارة الوضع المشحون بالتشويش والقلق, وهذا يفتح خندقاً عميقاً بين أبناء الشعب المنقسم, وتقع البلاد في مأزق حرج؛ وحدّة الصراع هذه بالتأكيد تخدم الخصم.

5) بثّ الشائعات بهدف إلهاء العسكريين عن الاندفاع وعن الوقوف صفاً واحداً للدفاع عن قضيتهم وأهدافها.

6) اعتماد أساليب الدعاية التي رأى فيها علم النفس توأماً للشائعة, لها نفس الخطورة كمصدر مؤثر على الرأي العام لسعة انتشارها إلى درجة لا يضاهيها أي مرض آخر.

ثانيا: يعرف العالم الأمريكي (شفارتز) الحرب النفسية بأنها: استخدام الصنوف المختلفة للحجج الحقيقية والمزورة والتي تهدف إلى إضعاف الروح المعنوية للخصم، وتخريب سمعة قياداته ونزع الثقة بإمكاناتهم. وهذا يعني في نهاية المطاف الضغط والتأثير على الرأي الاجتماعي عامة وآراء الناس المستقلين خاصة لتحقيق هذه الأهداف أو تلك.

ثالثا: تعرف الحرب النفسية بأنها الاستعمال المخطط للدعاية ومختلف الأساليب النفسية للتأثير على آراء ومشاعر وسلوكيات العدو , بطريقة تسهل الوصول للأهداف، واستخدام وسائل التخاطب الحديث بغرض الوصول إلى الجماهير المستهدفة لكي يتم إقناعهم بقبول معتقدات و أفكار معينة.

رابعا: تطبيق علم النفس الإعلامي لتدعيم جهود العمليات السياسية أو الاقتصادية أو العسكرية، وهي أيضاً حرب تغيير السلوك.

خامسا: استخدام مخطط من جانب دولة أو مجموعة دول في وقت الحرب أو وقت السلام لإجراءات إعلامية، بقصد التأثير في آراء وعواطف ومواقف وسلوك جماعات أجنبية معادية أو محايدة أو صديقة بطريقة تساعد على تحقيق سياسة وأهداف الدولة أو الدول المستخدمة.

نشأة وتطور العمليات النفسية:

أولاً: العمليات النفسية في العصور القديمة:

أ- العمليات النفسية عند الفراعنة: لقد عرف الفراعنة الصحافة وظهرت عندهم جريدة القصر، والتي تحدث عنها المؤرخ (هيرودوت). وفي قصة (تحتمس الثالث) ولجوئه للحيلة والخديعة والمفاجأة عندما استعصى عليه فتح مدينة يافا في فلسطين خير صورة لهذه العمليات النفسية .

ب- العمليات النفسية عند الإغريق: كان السب والشتائم إحدى الوسائل التي استخدمها الأقدمون في منازعاتهم، وصف الشاعر اليوناني (هوميروس) القتال الذي دار بين الإغريق والطرواديين في إحدى قصائده وصور ما كان يقوم به المحاربون الأولون في كلا الجيشين اللذين يقفان وجهاً لوجه يتبادلون الشتائم، حتى يؤثر كل طرف في الروح المعنوية للطرف الآخر. هذا وقد

استخدم الإغريق سلاح التخويف والخداع كثيراً، ومن الأمثلة التاريخية المعروفة استخدامهم حصان طروادة للاستيلاء على مدينة طروادة .

ج- العمليات النفسية عند الرومان : عرف الرومان كغيرهم من الأمم العمليات النفسية بأسلوبها البدائي منذ القدم، وقد استخدموا في حروبهم الحيلة والخديعة والدعاية، فقد كانت لهم صحيفة الحوادث اليومية، التي تصدر في أيام القيصر محتوية على الكثير من الأخبار المنوعة والأنباء السياسية .

د- العمليات النفسية عند الجاهليين: عرف العرب العمليات النفسية واشتهرت سوق عكاظ التي كانت تجمع أبلغ شعراء القبائل لممارسة أساليبها، وكان الفخر كل الفخر للقبيلة التي يفوز شعراؤها، وخاصة إذا نالت قصيدتهم شرف التعليق على جدار الكعبة.

ه- العمليات النفسية في الإسلام: إن تاريخ الدعوة الإسلامية وما ارتبط بها من صراع فكري وعقائدي فيها من الشواهد ما لا يتسع ذكره في هذا المجال، ومنها على سبيل المثال استغلال اليهود وكفار قريش الناقمين على الإسلام آنذاك , وفاة رسول الله صلى الله عليه وسلم بقولهم: إن الإسلام لن تقوم له قائمة بعد ذلك، واستخدمت العمليات النفسية فيما بعد في كثير من المعارك الإسلامية، حيث قال خالد بن الوليد في معركة اليرموك عندما قال جندي مسلم: "ما أكثر الروم وأقل المسلمين"، قال خالد" :إنما تكثر الجند بالنصر وتقل بالخذلان".

و- العمليات النفسية عند المغول: لقد استخدم المغول الجاسوسية للحصول على المعلومات اللازمة لشن حملاتهم، كما لجئوا إلى الشائعات وغيرها من وسائل المبالغة لتجسيم عدد قواتهم وعنف جنودهم، ولم يكن يهمهم ماذا يمكن أن يظن أعداؤهم ما داموا ينتفضون من الخوف والرعب. وقد وصف الأوربيون خيَّالة المغول الضاربة وإن كانت أقل عدداً من الحقيقة على أنها جحافل لا حصر لها.

ثانياً: العمليات النفسية في الحربين العالميتين الأولى والثانية.

أ. العمليات النفسية في الحرب العالمية الأولى:

لقد شهدت الحرب العالمية الأولى تحولاً جذرياً في وسائل العمليات النفسية، فبعدما كان استخدامها عرضياً أصبح فناً وعلماً قائماً بذاته، حتى أن البعض قد ذهب إلى القول بأن كسب الحرب العالمية الأولى يعود الفضل فيه للعمليات النفسية .وقد لعبت الدعاية دوراً كبيراً في هذه الحرب لأن الدول المشتركة فيها ركزت على وسائل الاتصال الجماهيري وجعلته جزءاً من حياتها المدنية. فقد كان للولايات المتحدة الأمريكية في الحرب العالمية الأولى وكالتان مسئولتان عن الدعاية الوكالة المدنية للمعلومات والتي عرفت باسم لجنة(كريل) ثم الوكالة العسكرية التي لها قسم للدعاية أو العمليات النفسية .

وفي مجال العمليات فقد ركزت العمليات النفسية العسكرية الأمريكية على إنتاج المنشورات إذ إن أجهزة الراديو لم تكن موجودة كوسيلة اتصال جماهيري ومكبرات الصوت ما زالت بدائية. وركزت كذلك منشورات الدعاية الأمريكية على خفض الروح المعنوية للعدو من خلال استخدام المبادئ الفطرية وقد نجح هذا الأسلوب في استسلام عدد كبير من قوات العدو خاصة بعد استخدام أساليب توزيع المنشورات البريطانية والفرنسية وتحسينها باستخدام البالونات والطائرات كوسائل أساسية في التوزيع .

أما ألمانيا فلم ينجح الألمان في دعايتهم في الحرب العالمية الأولى ولاسيما في الجبهة الداخلية، ومع هذا فقد استفادت ألمانيا الهتلرية من هذا الدرس إذ وصلت النازية إلى السلطة عن طريق استمالة الرجل العادي وطبق هتلر هذا التكتيك في الميدان الدولي بادئاً بتملق الجماهير في كل مكان، وقام بالعروض التي تدل على القوة ثم انتهى إلى الوحشية الباردة التي لا يهمها ما يحدث في سبيل تحقيق أهدافها .

وفي بريطانيا فقد أنشأت وزارة الخارجية البريطانية مكتباً للدعاية، ولكن الجزء الأكبر من الجهد كان يتم بواسطة المؤسسات الخاصة، ونتيجة للصعوبات التنظيمية التي قابلها الإنجليز أصبح لديهم في نهاية الحرب وكالتان منفصلتان: الأولى تتكون من وزارة الاستعلامات ومعها إدارة المخابرات للقيام بأعمال الدعاية خارج بريطانيا، أما الوكالة الثانية فهي اللجنة القومية لأغراض الحرب وتقوم بأعمال العمليات النفسية داخل بريطانيا .

إن ما حققته الشيوعية في ميدان العمليات النفسية كان يعتبر دائماً جزءاً خاصاً من تطبيقات الماركسية، ولم ينظر إليه على أنه فن يمكن أن تتعلمه أو تستخدمه أية شعوب لا تدين بالشيوعية، وكذلك اعتبر الاكتساح التاريخي الذي قامت به الجيوش الصينية الوطنية مسألة صينية بحتة، وأغفلت الدروس التي كان من الممكن تعلمها من العمليات النفسية التي قام بها الشيوعيون الصينيون .

ب.العمليات النفسية في الحرب العالمية الثانية:

إن مجالات الدعاية في كلتا الحربين العالميتين كانت متشابهة، غير أن جهود الدعاية في الحرب العالمية الثانية كانت أكبر في مجالها. فأصبح اسم العمليات النفسية الاسم الجديد للدعاية وبدأ الراديو يلعب دوراً رئيسياً في نشر الدعاية على عدد كبير من المستمعين الهدف. وفي فترة الحرب الثانية استطاعت دول المحور (روما، برلين، طوكيو) أن تنال رضا شعوبها في القيام بحرب عدوانية أولاً ثم تفتيت خصومها للحصول على النصر، وكان عليها أن تدخل الخوف والرعب في نفوس أعدائها المباشرين. وقد استخدمت الدعاية السوداء بشكل واسع النطاق قبل العمليات الحربية برغم ما بذل من جهد كبير لإخفائها. ويرى الألمان أن الدعاية هي العامل الحاسم في العمليات النفسية الحديثة الذي يمكن استخدامه لهزيمة العدو بأقل قدر من إراقة الدماء . وقد نسقت وزارة الدعاية الألمانية جميع نشاطات الدعاية وأثرت وسيطرت بشكل كامل على كل أوجه الحياة الاجتماعية مبلورة الرأي

العام المطلوب في ألمانيا وخارجها. وقامت وسائل الإعلام النازية وهيئاتها بالمبالغة في وصف آلة الحرب الألمانية التي لا تقهر, وقد استسلمت الدنمارك والنرويج والأراضي المنخفضة جزئياٍ نظراً للخوف من الحرب الذي خلقته وسائل الدعاية الألمانية .

وفي الولايات المتحدة الأمريكية فقد أنشأت أثناء الحرب العالمية الثانية وكالتين شاركتا في عمليات العمليات النفسية. كانت إحداهما مكتب معلومات الحرب الذي تولى السيطرة على الدعاية المحلية والدعاية البيضاء المستخدمة في الخارج. وقد بذلت جهود مكثفة لتعبئة الشعب الأمريكي وضمان مساندته للحرب . أما الوكالة الثانية فهي مكتب الخدمات الإستراتيجية الذي تتلخص مهامه الرئيسية في الآتي :

1) جمع معلومات الاستخبارات .

2) القيام بعمليات الدعاية السوداء .

3) القيام بعمليات الدعاية الهدامة من مؤامرات وتقويض بالتعاون مع السلطات العسكرية النظامية. هذا وقد تم إنشاء شعبة العمليات النفسية الخاصة بالقوات المسلحة تحت خدمات الاستخبارات العسكرية للجيش.

أما العمليات النفسية في الميدان فشُكلت وحدات الدعاية في الجيش للعمل مع تزويدها بمحطات لا سلكية متحركة ومطابع ذات قدرة عالية للإنتاج حتى أصبحت المنشورات التعبوية تنتج كلية ضمن وحدات الجيش للعمليات النفسية. كما استخدمت مكبرات الصوت المركبة على الطائرات والمدرعات .

أما في اليابان فلم يأتوا بجديد في العمليات النفسية، وقد أحسنوا استخدام الأنباء في اجتذاب المستمعين الأمريكيين واستمرت وكالة "دومي" في إصدار نشراتها بالإنجليزية وأجهزة مورس اللاسلكية في إرسال الأنباء للصحف الأمريكية. كذلك نجح الروس في معركة العمليات النفسية، إذ قاموا بتجميع

مواطنيهم وتكتيلهم ضد العدو، إذ طالبوا الشعب بأداء الصلوات في الكنائس من أجل النصر، وأطلقوا على الحرب اسم "الحرب الوطنية الكبرى" .

ثالثاً: العمليات النفسية في العصور الحديثة:

بعد أن انتهت الحرب العالمية الثانية بدأت دراسة نتائجها والآثار التي نجمت عنها تظهر فكشفت هذه الدراسات عن حقيقة الدور الذي لعبته الأساليب النفسية في هذه الحرب لدرجة أصبح من الممكن بعدها الاستمرار في استخدام هذه الأجهزة وحدها لتحقيق الهدف المطلوب، دون اللجوء إلى الأسلحة العسكرية التقليدية، فلقد تم اكتشاف أسلحة دمار من نوع جديد تستهدف تدمير الإنسان حياً، ولعلها أكثر كفاية من غيرها في تغيير قيم وأفكار ومعتقدات ومواقف الناس، وبذلك فهي تناسب طبيعة العصر الذي أصبح الصراع فيه صراع أيديولوجيات متنافرة ومتناقضة .

إن العمليات النفسية قد دخلت في مرحلة لا هي حرب فعلية، ولا هي سلام حقيقي، إذ حاول كل من المعسكرين أن يعالج المشكلات الدولية بطريقته الخاصة، ومفهومه السياسي، وتسابق الطرفان في ميدان العمليات النفسية بشكل لم يظهر في التاريخ الحديث، مما أدى إلى ما سماه (والتر ليبمان)، (الحرب الباردة) بأشكالها المختلفة .

والحرب الباردة هي صراع تمتنع خلاله الأطراف المتنازعة عن اللجوء إلى السلاح الواحدة ضد الأخرى، ويفهم منه بصورة عامة وصف حالة التوتر التي كانت قائمة بين الدول الغربية بقيادة الولايات المتحدة الأمريكية، والكتلة الشرقية بقيادة ما كان يُسمى الاتحاد السوفيتي، والتي حصلت على أثر انتهاء الحرب العالمية الثانية، ولكنه لم ينحصر في هذا النطاق فحسب، فقد أُطلِقَتْ تسمية الحرب الباردة على النزاع القائم بين الاتحاد السوفيتي والصين.

مشاهير الحرب النفسية:

أولا: جوبلز

انه الدكتور جوزيف جوبلز , مدير الدعاية السياسية للحكم النازي أبان حكم هتلر في الحرب العالمية الثانية، إن جوبلز قد قام بعمل لا يقل خطورة عن غزو القوات الألمانية لأوروبا إلا وهو ترويج الفكر النازى للشعب الألماني وجعلهم يؤمنون به إيمانا مطلقا وكان هذا هو سر علو ألمانيا في السنوات الأولى للحرب , انه نجح في ترسيخ شعار (ألمانيا فوق الجميع (داخل وجدان كل ألماني من الطفل الصغير إلى الشيخ العجوز, انه قد أعطاهم الإحساس بالقوة على باقي أجناس الأرض بفضل خطبه الرنانة وكلامه الذي لعب بمشاعر الملايين، وهذا ما جعل أيضا أعداء ألمانيا يرتعدون خوفا من أي شيء يمس ألمانيا بصلة.

ثانيا: الاسكندر الأكبر

يعتبر الاسكندر الأكبر من أقدم من استخدموا الحرب النفسية وقد استخدمها في حروبه كثيرا , حيث كان من أساليبه صنع عدد كبير جدا من الدروع والخوذات الضخمة وكان يتركها خلفه في أي مكان يعبره بجيشه , ليجدها عدوه ويعتقد أن جيش الاسكندر به عمالقة من الرجال فيرتعد العدو رعبا قبل أن يلتقي بجيش الاسكندر ويمتنع عن ملاحقته.

ثالثا: جنكيز خان

كان من عادة القائد المغولي جنكيز خان أن يبعث أمام جيشه بمن ينشر وسط البلد المستهدفة كلاما يدل على أعداد المغوليين الكبيرة وأفعالهم الوحشية من اجل بث الرعب في النفوس، كما انه كان يقوم بخداع جيش عدوه , فيجعلهم يعتقدون أن جيشه اكبر من الواقع عن طريق مجموعة مدربة من الفرسان الذين كانوا يتحركون من مكان لأخر بسرعة كبيرة.

خصائص الحرب النفسية :

1) لا تسعى للإقناع بل تحطيم القوة المعنوية للخصم.

2) موجهة أصلاً نحو الخصم (العدو).

3) تسعى لزعزعة الخصم وثقته بأهدافه ومبادئه بتصوير عدم إمكانية تحقيق هذه الأهداف والمبادئ .

4) تحطيم الوحدة المجتمعية والنفسية للخصم ، ببعثرة الجهود وبلبلة القوى السياسية والسعي لتناحرها.

5) التشكيك في سلامة وعدالة الهدف أو القضية لدى العدو.

6) زعزعة الثقة لدى الخصم بإحراز النصر وبقوته .

7) استغلال أي انتصارات في إضعاف عقيدة الخصم .

8) تفتيت حلفاء الخصم وكسب المحايدين .

9) تحقيق أهداف ومصالح الطرف الأول في ذلك .

العمليات العقلية والنفسية المساهمة في الحرب النفسية :

1- إثارة الشعور.

2-استغلال الدوافع.

3- تحريك الذات.

4- استخدام الإيماءة.

5- لعبة التقمص.

6- تأكيد التعويض العقلي.

7- استغلال منطق و فلسفة التبرير.

8- استغلال الإسقاط والإزاحة ومبدأ العكسية.

9- إثارة الكبت وإثارة مخزونات الكبت.

10- إثارة الصراعات النفسية.

11- بث الأحلام وإلهاب الخيال العقلي والصورة.

12- إثارة التسامي.

13- تشويه المحاكمات العقلية.

14- تزييف المنطق.

15-قلب معاني المفاهيم.

16-تعمية و تضليل وتشويش المبادئ المختزنة بالذاكرة.

17-استبدال المنطق.

مبادئ الحرب النفسية:

1) إثارة حالة الذعر عن طريق إثارة الصراع و إخلال التوازن النفسي من خلال الدعاية المتكررة.

2) مرحلة التخلص من القلق والصراع.

3) مرحلة الصدمة عن طريق أقلية تنهار نفسياً وأقلية أخرى بما يشبه الشلل العقلي وأقلية أخرى تصاب بحالة الذهول.

أهداف الحرب النفسية:

يوجز (دفيسون) أحد الخبراء الأمريكيين في هذا المجال، أهداف الحرب النفسية قائلا: "تهدف هذه الحرب إلى التأثير على عواطف الجمهور لدى الخصم، وتسميم أفكاره، وزعزعة مواقفه، إلى تبديل سلوكه حسب الاتجاه الذي يساعد على تحقيق أهدافه ومصلحته عالميا"

وتقسم أهداف الحرب النفسية برأي الخبراء إلى قسمين:

أولا: الأهداف الإستراتيجية

وهى أهداف كبرى رئيسية وحيوية بعيدة المدى، ترمى إلى تحقيق أغراض مخططة, يستغرق تحقيقها مدة زمنية طويلة قد تمتد إلى عشرات السنين.

تصمم لتحقيق أهداف عامة شاملة بعيدة المدى، وتتسق مع الخطط الإستراتيجية العامة للحرب، وتتميز بالشمول والامتداد من حيث الزمان و المكان، وقد تستغرق وقتاً طويلا، عشرات السنين أو حتى مئات السنين، كما أن بُعدها المكاني قد يشمل المناطق المجاورة للهدف وأحياناً القارة كلها أو حتى الكرة الأرضية وذلك حتى يتحقق الهدف، ثم تستمر بعد النصر لكي يتم تثبيت دعائمه.

القيود على الحرب النفسية الإستراتيجية:

1) من الصعب تقدير نتائج عمليات هذه الحرب لأنها طويلة الأمد، و قد يتعذر لمس النتائج لعدم توفر المعلومات الكافية في معظم الظروف.

2) قد تقابل هذه الإجراءات، إجراءات أخرى مضادة في أرض العدو، إذ أن العدو قد يلجأ إلى فرض عقوبات على أفراده العسكريين أو المدنيين في حال استمعوا لوسائل إعلام الخصم.

ثانيا: الأهداف التكتيكية

هي أهداف مؤقتة، يتم وضعها بشكل تنسجم فيه مع أهداف الخطط والعمليات المرحلية المراد تنفيذها من قبل جهة ما، كما وأنها تعد في الغالب مرافقة للأعمال الحربية، وهذا ما يجعلها ذات طابع تأثيري مباشر. ومن أمثلتها المحاولات التي تبذل في ميدان المعركة لنشر اليأس وتهديم الروح المعنوية في صفوف القوات المسلحة المعادية بغية التعجيل بهزيمتها.

ويستخدم في ذلك منشورات توزع بواسطة المدفعية والطيران ومكبرات الصوت والإذاعة اللاسلكية والصحف والكتيبات والمجلات التي تلقى من الطائرات.

باختصار فالحرب النفسية تهدف لتقوية الروح المعنوية لأفراد الأمة، وتحطيم الروح المعنوية للعدو، ويبرز تأثيرها في تحطيم معنويات الخصم وجعله يدخل المعركة وهو متيقن بالهزيمة فيها؛ حتى لو كان هو الطرف الأقوى , لأنه يشعر بالضعف في داخله كرد فعل للدعاية التي تهاجم معنوياته وتشكك في قدراته وتبرز الطرف الآخر بصورة أقوى كثيرا مما هو في الواقع.

والحرب النفسية هي حرب أفكار تهدف للحصول على عقول الرجال وإذلال إرادتهم، وهى أيضا حرب أعصاب , وحرب سياسة , وحرب دعاية، وحرب كلمات وإشاعات , وهى حرب تزلزل العقول وتغير السلوك، وهي استخدام مفاهيم علم النفس الإعلامي لتحقيق النصر.

مدارس الحرب النفسية

1- مدرسة الفكر الإعلامي البرجوازى:

ويمثلها الإعلام الغربي , وتهدف هذه المدرسة إلى تصدير فكرة عن الغرب بأنه الخلاص لكل من يريد النجاة من التخلف والظلم والفقر , وكل ما دون الغرب يقف في آخر طابور الحضارة والتقدم.

2- مدرسة الفكر الإعلامي التبعي:

وتتمثل هذه المدرسة في إعلام الدول النامية والذي يقدم ما يمليه الغرب عليه من أفكار وتصورات يريد الغرب أن يوصلها لهذه الشعوب النامية بطريق غير مباشر، كي يهزموا هذه الشعوب معنويا وقتل الأمل بين أبنائها

3- مدرسة الفكر الإعلامي المتلاعب:

وتتمثل هذه المدرسة في الإعلام الانتهازي غير الهادف الذي يصدر أفكار تافهة للشباب لقتل الهمم ونشر الرذيلة والجهل في المجتمع , وترك المواضيع الهامة والحيوية والتركيز على تفاهات الأمور.

وسائل الحرب النفسية:

تتذرع الحرب النفسية من اجل الوصول لأهدافها بكل الوسائل المتاحة لإثارة الإشاعات والدعايات في صفوف الجماهير وما يتاح لها من وسائل في العصر الراهن يفوق بكثير ما أتيح لها في العصور الماضية.

فوسيلتها في الماضي: نقل الخبر الكاذب أو الإشاعة مشافهة، وقد يجند للعملية أفراد معدودون، إلا إنها في الوقت الحاضر تمتلك وسائل وأدوات وأجهزة متعددة، وكالات أنباء واسعة التأثير، وإذاعات نشطه (علنية وسرية) ونشرات وصحف يومية، ومجلات ومسارح وسينما وتلفزة وغيرها.

مما يُمكن الحرب النفسية من أن تشمل اكبر مساحة ويجعلها أقوى في الانتشار وأسرع، وابلغ في التأثير وأشد، وإذا كانت تعتمد فيما مضى على التجربة الشخصية والذكاء والقدرة الذاتية على المكر والخديعة للإيقاع بالجهة المراد التأثير عليها، فإنها تستفيد إلى جانب ذلك من "علم النفس الإعلامي بجميع مفاهيمه والعلوم المرتبطة به. ولقد أصبح بمقدور الحرب النفسية أن تسلك الأساليب العلمية في كيفية التأثير على عواطف الأفراد والجماعات وأفكارهم وعقولهم من خلال ما وفرته العلوم الحديثة من دراسات وحقائق ومعلومات.

وتكاد الحرب النفسية أن تكون علماً قائماً بذاته بعد أن حظيت بدعم الكثير من العلوم العصرية إضافة إلى التجربة الطويلة المستفادة عبر التاريخ، ومن هنا فإنّ للحرب النفسية أساليب وأنماطاً خاصة تكاد تمثل قواعد ومبادئ يلتقي عندها جميع المعنيين، وهذه بعض المبادئ المسلم بها عند ممارسة الحرب النفسية:

1) العمل على إبراز السلبيات والأخطاء، وتسليط الأضواء عليها وإيهام السامع أو القارئ باحتلالها مساحة تفوق واقعها العملي.
2) اختيار قضية اجتماعية أو سياسية أو اقتصادية بعينها، واتخاذها محوراً للدعاية والإشاعة عن طريق التهويل تارةً أو اختلاق إشاعة تستند إلى تلك القضية بشكل ما، فلو تظاهرت مجموعة من العمال يطالبون بزيادة أجورهم مثلاً في بلدٍ ما فإنه يكون بمقدور الجهات المعنية بالدعاية ضد ذلك البلد أن تهول الحادث، وتعطيه حجماً يفوق واقعة أضعافاً، فقد تتحدث عن رقم خيالي لعدد المتظاهرين أو تتحدث عن صِدام بين قوى الأمن والجمهور، وتختلق شعارات لم ترفع في المظاهرة أصلاً كالهتاف بسقوط الحكم أو المطالبة برحيل الوزارة، وأمور أخرى من هذا القبيل.
3) الاستعانة بالكذب المجرد الذي لا يتصل بأرض الواقع بأي سبيل، وغالباً ما يكون الكذب المجرد قابلاً للانكشاف من قبل الجماهير، وقد يؤدي إلى الإضرار بالجهة المعنية بالدعاية من هذا الطراز بعد أن يشعر بلا واقعيتها.

ومن المناسب أن نشير إلى أن وسائل الإعلام العربي قد أساءت كثيراً طيلة حرب حزيران عام 1967م حين كانت تصور للجماهير إن سير المعارك في سيناء والجولان والضفة الغربية يجرى لصالح العرب، ولكن سرعان ما فوجئت الجماهير بإعلان دول "المواجهة " عن خسارتها الشاملة في الحرب، مما أدى إلى انتكاسة نفسية حادة في صفوف الأمة، وعلى العكس من ذلك كانت أجهزة إعلام الحلفاء في الحرب العالمية الثانية، تتحدث عن خسائرها وخسائر الألمان معاً، صحيح إنها لم تكن واقعية تماماً فيما تبثه، لكنها على كل حال كانت تسلك السبيل الأفضل في الحقل الإعلامي، مراعية نفسيه الجمهور ومشاعره.

4) التزام أسلوب التكرار: وهي طريقة مفضلة لإقناع الجمهور بصحة ما ترويه وسائل الدعاية، وكمثال على التزام التكرار في الدعاية ما نحسه في الوقت الحاضر من إمعان وسائل أعلام معادية لجهة ما في تكرار خبر ما بأساليب مختلفة، كأن يشار إلى أن الراوي وكالات الأنباء العالمية أو مصادر مطلعة أو مراسل صحيفة كذا، وبعد إذاعة الخبر ضمن نشرة الأخبار مثلاً يتناوله التعليق السياسي، وتعطيه الصحف اهتماماً خاصاً، وتبرزه في صفحاتها الأولى ويذاع في النشرات الموجزة.

وفيما يلي أبرز وسائل الحرب النفسية:

أولا: الدعاية في الحرب النفسية Propaganda

تعتبر الدعاية هي الأداة الرئيسية للحرب النفسية، وقد لعب دورا كبيرا جدا في تاريخ الحروب النفسية ونذكر كمثال أسطورة الجيش الاسرائيلى الذي لا يقهر، وأن خط بارليف من المستحيل تحطيمه والذي نجحت الدعاية الصهيونية في الترويج له بشكل كبير بعد حرب 1967م، من اجل هزم العرب معنويا وقتل أي أمل لهم في نصر قريب , ووقتها تخيل الناس إن الاسرائليين من كوكب آخر

ومن المستحيل هزيمتهم ولكن كل هذا تحطم بعد أن فطن العرب للخدعة الكبرى وتغاضوا عن كل هذا الهراء ونجحوا في تحطيم هذه الأسطورة.

ويرى علم النفس في الدعاية محاولة للتأثير في اتجاهات الأفراد وآرائهم وأنماط سلوكهم, وهي عبارة عن ترويج معلومات منتخبة, وفق تخطيط معيّن, بقصد التأثير على جهة معينة, لغرض قد يكون اقتصاديا أو عسكرياً أو سياسياً.

ويمكن تعريف الدعاية بأنها: الأسلوب المخطط لنشر فكرة أو عقيدة أو خبر, وبث معلومات لغاية تهم مصدر الدعاية. إذاً, الدعاية هي لنشر معلومات مختلفة قد تكون حقائق, وقد تكون أنصاف حقائق, وقد تكون أكاذيب, ولكنها في واقع حالها هي محاولة منظّمة للتأثير على الرأي العام عبر استخدام وسائل الإعلام المختلفة؛ وهي تمثل أهم المصادر المؤثرة في ساحة المعركة.

إن طرق الدعاية المكثّفة قد تحقق نجاحاً آنياً يعوّض عن الحالة الحقيقية للوضع السائد, ولكنه قد لا يستمر إلى حد بعيد, فالحقائق سرعان ما تظهر جلية واضحة, ولكن التضليل نفسه قد يكون مطلوباً في بعض الأحيان بسبب اضطرار القائمين على الدعاية إلى إبراز جانب واحد من الصورة وإخفاء الجوانب الأخرى للتستر على الهزائم, فشدة الصراخ تخفي وراءها عمق الهزيمة, ولكن حين تظهر في الأفق الإعلامي حماسة لا عقلانية تدبلجها الصحف وتبثها وسائل الإعلام المسموعة والمتلفزة بصورة مكررة وبقوالب مملة ومقلقة, فإن ذلك يعتبر بحد ذاته دليلاً على وجود ثغرات حول حقيقة المعلومات المبثوثة.

وقد تكثّف الدعاية نشاطها لإثارة غبار كثيف يلفّ الموقف ويجعله قابلاً للشك, وتدعي من النجاحات ما ليس له وجود في حيّز الواقع, وتجعل المرء يعيش في محيط من المظاهر الخادعة, لأن هذا هو الهدف النهائي منها, إلا أن الحقيقة الثابتة هي أن الدعاية المؤثرة هي تلك التي تستند على الحقائق الملموسة وتدير ماكنتها لتعرض الصورة الحقيقية, خاصة حين تكون واثقة مما تشير إليه.

أما في الحالات التي يقف فيها الجيش عاجزاً عن تحقيق نجاحات وإنجازات في ساحات القتال, فهنا لا بد للأجهزة الإعلامية الموضوعة أن تكون في خدمة القيادة العسكرية، ففي تلك اللحظات تكون الأعصاب مشدودة, بسبب غموض الموقف وعنف المفاجآت. هنا على الدعاية أن توجّه جهودها للتأثير على الأعصاب, وعلى النفس التي تكون في حالة توتر واضطراب وليس على العقل, لأن المطلوب منها أن تبدأ بتعزيز الشعور التدريجي بالاطمئنان, فذلك يُحدث استقرارا في نفسية الفرد وهو أمر مهم جداً في المراحل العصيبة والحاسمة.

ومن أنواع الدعاية في الحرب النفسية:

1. الدعاية الإستراتيجية ضد الشعوب المعادية لبث روح الاستسلام واليأس
2. الدعاية التكتيكية وهي ضد القوات المعادية المسلحة لبث روح الهزيمة.
3. الدعاية الخاصة: وهي موجهة إلى البلاد المحايدة بغرض كسب تأييدها
4. الدعاية البيضاء: وهي الدعاية الصريحة العلنية ومصدرها معروف، وتتحمل الدولة مسؤولياتها وتستخدم جميع وسائل الإعلام.
5. الدعاية السوداء: وهي الدعاية الخفية السرية غير الرسمية وهي غير مسؤولة وتصعب مقاومتها.
6. الدعاية الرمادية: وهي دعاية لا يعرف مصدرها وهي بين العلنية والسرية.

ومن أبرز أهداف الدعاية وأهمها في المجال العسكري:

1. المحافظة على الروح المعنوية للجيش وتوجيهه فكرياً ونفسياً لتقبل ظروف الحرب وما قد ينتج عنها.
2. كسب تأييد الرأي العام من خلال شرح أبعاد القضية وخطورة الموقف.
3. إحداث الفرقة بين صفوف العدو وإضعاف قدرته القتالية.

4. كسب العدو فكرياً, وإظهار أن قضيته خاسرة ولا جدوى من نضاله وإطالة الحرب.
5. نشر التخاذل وتثبيط المعنويات وإرهاق العدو, للوصول إلى تحطيم الدوافع والبواعث للقتال.

ومن وسائل الدعاية بالحرب النفسية ما يلي:

1) الإذاعة: حيث توجه إلى الدولة المعادية رسائل الاستسلام
2) السينما والتلفزيون: حيث تقدم الصور التي توضح القوة والصورة التي توضح ضعف وهزيمة العدو، كما يبث أناشيد وطنية تبين قوة الجيش، وتصميم أفراد المجتمع على القضاء على العدو.
3) الصحافة: حيث تلعب دورا هاما في عملية الدعاية عن طريق الأخبار والنشرات والتحقيقات الصحفية.
4) الكتيبات والمنشورات بما تتضمنه من انتصارات على العدو، والتشكيك في قدراته وفي العقيدة التي يقاتل من اجلها.
5) الانترنت: من خلال بث الرسائل المصورة التي تظهر انتصارات الجيش وتماسك الشعب، ويعبر فيها أفراد المجتمع عن وجهات نظرهم المؤيدة للقرار الداعي للحرب.
6) الهاتف النقال: حيث من خلاله تنقل رسائل قصيرة تدعو إلى الدعاء لنصرة الجيش، وتبين أولا بأول انتصارات الجيش على العدو، وأبرز الأحداث العاجلة التي تأتي تباعا من الميدان.

أساليب مقاومة الدعاية:

1) الاستمرار في رفع المعنويات داخل الوحدات العسكرية وبين المدنيين، وكشف دعاية العدو الباطلة.

2) سرعان إعلان نشر الأخبار الصحيحة مهما كانت مريرة، حتى لا تحور أو يبالغ فيها، بمعرفة العدو وعملائه.

3) منع تسرب أي معلومات إلى العدو

4) العلم والمعرفة التي يمكن من خلالها حماية التراث الوطني من الفساد الذي يحاول العدو إدخاله إليهم.

ثانيا: الشائعة في الحرب النفسية:

تأخـذ الشائعة نفس طابـع الدعاية, فهي تهدف إلى تزييف الحقائق وتتحرك بالكلمة المنطوقة بين الأفراد, متعمدة بث الشقاق وتوسيع شقة الخلاف بين الخصم وحلفائه في الداخل والخارج, وإجباره على تغيير خططه وبرامجه, وهي دائماً تجد أذناً صاغية وميلاً قوياً لتقبلها كحقيقة ثابتة, رغم أنها قد لا تحمل دليلاً على صحتها وتتغيّر تفاصيلها من فرد لآخر.

والشائعة كالدعاية تماماً, تشكل خطورة على واقع المدنيين والعسكريين على السواء, لأنها تبعث في النفس والروح دفعاً جديداً يحدد نشاط الأفـراد نمـواً صاعداً أو ضموراً, والشائعة عادةً تسري في ضعفاء النفوس والأعصاب كسريان النار في الهشيم.

وتعد الشائعة من الوسائل الأساسية للضغط التي تسبق مرحلة إعلان الحرب بين جيشين, إذ يرى فيها طرفا النزاع خير وسيط لإحباط خصمه ومحاصرته ليصبح عاجزاً عن التقدم وفي حالة خضوع تام. وتتدخل الشائعة تدخلاً مباشراً في توجيه دفة سياسة الدولة, وتسدد طعناتها إلى صميم المؤسسات من دون استثناء.

إن الهدف الأساسي من الشائعة, هو هدف شخصي, نفعي وآني, ودائماً يكون لمصلحة فريق أو طبقة معينة، ويرى "تشارلز أتندال" أن الشائعة تستخدم كستار لإخفاء حقيقة معينة وتكوين صورة بعيدة كل البعد عن الواقع, ومن أهدافها:

1) وضع الخصم في حالة نفسية متدنية.
2) التأثير على نمط العلاقات وتعكير الأجواء إلى درجة مخيفة
3) السيطرة على قدرات الخصم لتسديد الضربة القاضية في اللحظة الحاسمة.
4) كما تتعمد الشائعة ترويج الأخبار التي تشيع الرعب في نفوس المقاتلين وتعزز فيهم حالة التشاؤم, طمعاً من مروّجيها بمنع الخصم من تنفيذ خططه العسكرية وتحقيق الطموحات المقررة قيادياً.

سمات الشائعة في الحرب النفسية :

تنطلق الشائعة من واقع المجتمع الذي تبث فيه, وتأخذ حاجات الأفراد بعين الاعتبار عند بثها, وهي تتسم بطابع الغموض, كونها لا تنتسب إلى مصدر محدد, لأن الغموض يولّد الشك, وهذا مطلوب لنجاح مقاصدها, والشائعة تُنسب من خبر لا أساس له من الصحة, أو دبلجة خبر فيه شيء من الصحة, وتكون دائماً موجزة لتسهيل نشرها، وقد أجمع علماء النفس أن الشائعة هي عبارة عن تنفيس للمشاعر المكبوتة, ويرى فيها الفرد ما ليس موجوداً في غيرها؛ وهي تنجح دائماً في بثّ سمومها, لأن مروّجي الشائعات يقدّمون الشائعة بصورة برّاقة, فلا تخرج إلا بعد حبكة وصياغة واختيار جيّد للكلمات والزمن لتفرض نفسها بقوة على الرأي العام.

إن عملية انتقال الشائعات تتعرّض أثناء حركتها إلى عملية تحوير, وهذا التحوير أو ما يسمى بالتطعيم يستفيد منه مروّجو الشائعات, لأن عملية التحوير تخدم الهدف الذي من أجله تمّ إطلاق الشائعة إلى النور، والشائعات تختلف باختلاف المواقف، ومنها:

1) الشائعات السوداء: تحمل طابع التشاؤم وتكون سريعة الانتشار والهدف منها إرباك الخصم.
2) الشائعات البيضاء: فهي تدعو إلى التفاؤل وتثبيت الثقة في النفوس وتقوية العزائم.
3) شائعات تزيد من الحالة الانفعالية للفرد, والمعروف أن الانفعال يزيد من الحساسية النفسية عند الأفراد ويخلق البلبلة في الرأي العام, وقد قيل فيها, أنها أفضل أسلوب مدمّر استخدم في الحروب, وسلاح مدمّر من أسلحة الحرب النفسية.

إن الغموض في الشائعة يساعد في انتشارها ويعطي للناس فرصة أكبر في تصديقها، ولا يمكن الاستهانة مطلقاً بخطورة الخلفية التي تتركها الشائعة وراءها، وحتى نحجّم من أهمية الشائعة وخطرها على المجتمع المدني والعسكري, لا بد من التعاون الوثيق بين المواطن والسلطة لمحاربتها بإظهار الحقيقة والدوافع التي كانت وراء اختلاقها للرأي العام, كما يجب عدم تلقي الشائعة بانفعال, ومناقشتها, وتحديد مصدرها, والإبلاغ عنها, لتنبيه المواطنين وتوضيح الدوافع, فهذا يحد من انتشارها.

إن لأجهزة الإعلام دوراً كبيراً في تحجيم الشائعة أو العكس, وتؤدي الشائعة إلى انعكاسات سلبية لدى الرأي العام, ما لم تقترن بصحة المصدر والمعلومات وتتحدد دوافعها.

وفيما يلي عزيزي القارئ أبرز سمات الشائعات حتى تكون ذات جدوى:

1) الإيجاز وسهولة التذكر وسهولة النقل والرواية والتناقض والأهمية والغموض.
2) تبدأ الشائعة من إيجاد خبر لا أساس له من الصحة، أو تلفيق خبر فيه أساس من الصحة، أو المبالغة في نقل خبر فيه شيء من الصحة.

3) تزدهر الشائعة عند الحاجة إلى الأخبار، وعندما تكون الأخبار في أقصى وفرتها، وحينما يرتاب الأفراد في الأخبار.

4) الشائعة تعد تنفيسا عن المشاعر المكبوتة وتشعر راويها بأنه رجل مهم ومتصل ببواطن الأمور.

أساليب مقاومة الشائعات والسيطرة عليها:

1. تعاون الجمهور في الإبلاغ عن الشائعات وتكذيبها وعدم ترديدها.
2. تكاتف وسائل الإعلام المختلفة من اجل عرض الحقائق في وقتها وإشاعة الثقة بين المواطنين.
3. التوعية المستمرة لتثبيت الإيمان والعقيدة التي يتبناها الجمهور والثقة بالبلاغات الرسمية عن طريق الندوات والمحاضرات والمناقشات.
4. اقتفاء خط سير الشائعة والوصول إلى جذورها، وإصدار البيانات الصحيحة الصريحة حولها.
5. الثقة بالقادة والرؤساء والثقة بأن الأمور العسكرية تحاط دائما بالسرية والكتمان، والثقة بأن العدو يحاول خلق الشائعات.

ثالثا: وسائل الإعلام والحرب النفسية:

على ضوء مفهوم الحرب النفسية يعد الإعلام أحد أهم الأدوات المستخدمة في الحرب النفسية، حيث الاستخدام المنظم لوسائله ومواده للتأثير على قناعات الطرف المستهدف، دون تجاوز استخدامات القوة العسكرية والإمكانيات الاقتصادية والتحركات السياسية، لكن الإعلام من ناحية أخرى يتميز عن كل تلك الأدوات كونه القاسم المشترك لها جميعا والناقل الأساس لأهدافها وتوجهاتها في التأثير على الطرف المستهدف لأنه:

أ- ينقل أخبار العسكر وتفاصيل الحروب بصيغ تزيد المعنويات أو تضعفها.

ب- يقلل من قيمة انتصار عسكري حصل بالفعل، أو يزيد من وقع خسارة لم تكن كبيرة في الواقع بغية تكوين حالة إحباط مؤلمة.

ج- يهول أيضا من أثر الحصار الاقتصادي على بلد ما بهدف سحبه لتنفيذ أهداف محددة.

د- يضخم كذلك من القدرة الدبلوماسية لدولة معينة لإجبار الآخرين على السير مع توجهاتها المرسومة.

وإذا ما أضفنا إلى ذلك كله مهامه وطريقته في نقل الأفكار والأخبار والمعلومات، وحاجة الجمهور إليه في المتابعة والترويج وإشباع الحاجات، وكذلك قدرته وشموليته في التأثير، يكون الإعلام في هذه الحالة الأداة الأكثر فاعلية من بين أدوات ووسائل الحرب النفسية المتاحة في وقتنا الراهن خاصة مع تطور تقنيات التوصيل وسبل التأثير في نظام كوني شامل.

رابعا: غسيل المـــــــــــخ Brain Washing

غسيل المخ هو عملية تطويع المخ أو إعادة تشكيل التفكير، وهو عملية تغيير الاتجاهات النفسية بحيث يتم هذا التغيير بطريقة التفجير، وهو محاولة توجيه الفكر الإنساني أو العمل الإنساني ضد رغبة الفرد أو ضد إرادته، أو ضد ما يتفق مع أفكاره ومعتقداته وقيمه.

إن غسيل المخ عملية إعادة تعليم، وعملية تحويل الإيمان أو العقيدة إلى كفر بها، ثم إلى الإيمان بنقيضها. إن توغل القوى النفسية البيئية في الانفعالات الداخلية للفرد هي من أهم الحقائق الهامة في عملية غسيل المخ وتطويعه، وإعادة تشكيل التفكير. ولقد استغل المشتغلون في الحرب النفسية دراستهم لعلم وظائف

الأعضاء والجهاء العصبي والعلاقة بين علم وظائف الأعضاء وسيطرتها على المخ. ويمكن توضيح أبرز خطوات غسيل المخ على الشكل التالي:

1. عزل الفرد اجتماعيا عزلا كاملا وحرمانه من أي مثيرات خاصة بالموضوعات المطلوب غسيلها، ووضعه في مستشفى أو معتقل أو سجن، ومناداته برقم وليس باسمه، واستغلال مؤثرات الجوع والتعب والألم والصدمات الكهربائية.

2. إضعاف الفرد عن طريق تقليل ساعات نومه أو الحرمان منه، ونقص الغذاء أو الحرمان منه، وحرمانه من الملابس الكافية المناسبة، واستخدام كل ما من شأنه أن يجعل الفرد في حالة اكتئاب شديد، والعمل على اضطراب التوجيه لديه، وإشعاره أنه تحت ضغط تام.

3. تشكيكه في أصدقائه وفي الجماعات والمؤسسات التي ينتمي إليها، وفي معاييره السلوكية السابقة، ودفعه للاعتراف حتى يتم شفاؤه، وتعريضه للمرض الجسمي والعقلي حتى يتم الإشراف على الموت.

4. استخدام اللين والهوادة والتساهل والرفق والاعتذار عن المعاملة السابقة وإظهار الصداقة وإتاحة الفرصة أمام الفرد ليلمس ذلك، فالسجين يسمح له بالخروج إلى الشمس والهواء تحت حراسة مخففة أو حتى بدون حراسة. ويسمح له بتناول الطعام والتدخين وتناول الشاي والقهوة، وتتحول التحقيقات إلى مناقشات.

5. يشجع على الاعتراف وهذا يعتبر إجبارا على الاعتراف لأن الفرد قد أصبح يعرف أنه إذا اعترف فإن المعاملة ستزداد تحسنا ويمكن له أن يعيش بأمان.

6. ثم يبدأ إقناعه عن طريق المقابلات الشخصية بوجهة النظر والأفكار المراد غرسها، وهي عملية إعادة تعليم حيث يتعلم الفرد أن ينتقد نفسه ويلعن كل ما كان منه.

7. يلي ذلك مرحلة اعتراف نهائي

8. ثم يحدث تغيير في مفهوم الذات لدى الفرد ويستخدم أساليب مثل التنويم الإيحائي حيث يكون الفرد ماثلا تماما للإيحاء.

9. ثم يتم محو الأفكار التي يراد محوها تماما.

10. ثم تقدم الأفكار الجديدة، ويحمل الفرد ويشجع على تعلم معايير سلوكية جديدة، وادوار اجتماعية جديدة، ويتم تحويل الفرد إلى فرد جديد.

كيفية مقاومة غسيل المخ في الحرب النفسية:

وذلك بزيادة الثقة بالنفس وعدم الاستسلام والامتناع عن الإدلاء بأية معلومات وعدم الاستماع إلى الهجوم الكلامي من العدو والإيمان بالله والوطن والحرية والقائد.

خامسا: النكتة في الحرب النفسية:

من أساليب الحرب النفسية نشر وتشجيع تناقل النكت التي تمس نظام الحكم والنظام السياسي والاقتصادي وبعض جوانب الحياة، واستغلال ميل الشعب إلى الفكاهة في ترديد ونقل النكت التي تترك أثرا بالغ السوء على روح القتال لدى أفراد القوات المسلحة.

مواجهة الحرب النفسية :

1- تتم بالتعرف والتحليل والاكتشاف (للأداة) المستخدمة وغاياتها، هل هي دعاية أم إشاعة أم تجسس، والى ماذا ترمي، وما هي عناصرها ومكوناتها...

2- وجود منهاج توعية شامل يستهدف تنمية الشعور بالمسؤولية لدى المواطنين مع توضيح دقيق للدور الخطير للمجموعات المعادية وإيضاح وسائلهم وأساليبهم التخريبية.

3- اتخاذ تدابير كفوءة لمواجهة الإشاعة من أهمها إطلاع الشعب بشكل صادق على ما يجري بعيداً عن أساليب الخداع والمراوغة التي سرعان ما يكتشفها الشعب.

4- إطلاق الهجوم المباشر بغرض إضعاف الخصم.

5- وضع سياسة إعلامية وطنية موحدة للشعب والتحذير من محاولات إشاعة عوامل الفرقة والتناحر بين أبناء الوطن الواحد والتصدي لمثل تلك المخططات التي تسهل للأعداء تحقيق مآربهم.

6- توظيف نتائج الانتصارات حتى لو كانت ضئيلة في كسب الرأي العام المعادي أو تحييده.

7- مد جسور الثقة بين الشعب والسلطة وتعميقها والتواصل الحقيقي مع المواطنين والاستماع إلى شكاواهم وآرائهم ومناقشتها معهم .

8- اختيار وسائل الهجوم :مرئية ، مسموعة ، مكتوبة ، لقاءات ، مهرجانات.

مصطلحات هامة

في علم النفس الاجتماعي

مصطلحات هامة
في علم النفس الاجتماعي

Education	تربية، تعليم
Educational	تربوي، تعليمي
Educational clinic	عيادة تربوية
Educational therapy	العلاج التربوي
Efferent	تصدر، صادر، ناقل من المركز إلى الطرف
Efferent aphasia	الحبسة المصدرة
Efferent axon	محور عصبي صادر
Efferent nerve	عصب صادر، عصب ناقل
Ego	الأنا (التحليل النفسي)
Egocentric	متمركز حول الذات
Egocentric response	استجابة متمركزة حول الذات
Egocentric thinking	تفكير متمركز حول الذات
Eliciting stimulus	مثير يستخرج الاستجابة
Emotion	انفعال، عاطفة
Emotional	انفعالي، عاطفي
Emotional adequacy	الكفاية الانفعالية
Endogenous	داخلي المنشأ، نام من الداخل
Energy	طاقة، قوة
Energy system	منظومة الطاقة

Epilepsy	الصرع
Electroshock therapy	العلاج بواسطة الصدمات الكهربائية
Event	حدث، حادثة
Events communication	اتصال (توصيل) الحوادث
Excitation	تنبيه، إثارة
Execution	تنفيذ
Exhibition	استعراض، إظهار
Exogenous	خارجي المنشأ، ناشئ من الخارج
Expansion	امتداد، توسع
Explosion	انفجار
External	خارجي
External control	ضبط خارجي
External environment	البيئة الخارجية
Extinction	انطفاء
Extrasensory	خارج عن الحواس
Extrasensory perception	الإدراك الخارج عن الحواس
Facial	وجهي، خاص بالوجه
Facial expression	التعبير الوجهي
Facial nerve	العصب الوجهي (العصب الدماغي
Factor	عامل
Factor / predisposing	العوامل المهيئة للمرض
Factor / social	عامل اجتماعي
Feed	تغذية

Feedback	تغذية راجعة (مرتدة)
Fixation conditions	حالات التثبيت
Fixed	ثابت
Fixed interval schedule	نظام فترة التعزيز الثابتة
Forward associations	الارتباطات السابقة
Forward conditioning	الاشتراط المتقدم
Free	حر، طليق
Free association	التداعي الحر
Free recall	الاستدعاء أو التذكر الحر
Function	وظيفة
Function/heuristic	وظيفة استكشافية
Function/informative	وظيفة خبرية (إعلامية)
Function/instrumental	وظيفة نفعية (وسيلية)
Function/neutral	وظيفة عقلية
Functional	وظيفي
General	عام
General ability	القدرة العامة
General basis	أسس عامة
General factor	العامل العام
Generalization	تعميم
Growth/mental	النمو العقلي
Growth/pattern	نمط النمو
Growth/physiological	النمو الفسيولوجي

Growth/psychological	النمو النفسي
Habit	عادة
Habit/acquisition of	اكتساب العادة
Habit/transfer of	انتقال العادة
Hierarchy	هرمية تنظيم هرمي
Human	إنسان، بشر، إنساني
Human behavior	سلوك إنساني
Human intelligence	الذكاء الإنساني
Hyper	فرط، مفرط، زيادة
Hysteria	هستيريا، هَرعَ
Hysteriac	مصاب بالهستيريا
Hysterical	هستيري، هرعي
Id	الهو، الهي (التحليل النفسي)
Imitation	تقليد، محاكاة
Immediate feedback	تغذية رجعية فورية
Individual	فرد، شخص
Individual differences	الفروق الفردية
Individualization	تفريد، مراعاة الفردية
Information	معلومات، معطيات
Information circuits	دائرة المعلومات
Information feedback	التغذية الراجعة للمعلومات
Information function	وظيفة معلوماتية
Information gap	فجوة في المعلومات

Information gathering	جمع المعلومات
Information processing theory	نظرية معالجة المعلومات
Information theory	نظرية المعلومات
Instinct	غريزة
instruction	تعليم
Intellect	عقل، فكر
Intellectual ability	قدرة عقلية
Internal	داخلي، باطني
Intuition	حدسي، بديهية
Intuitive	حدسي
Intuitive thoughts	الأفكار الحدسية
Intuitive type	النمط الحدسي
Involuntary	لا إرادي
Lapsus	هفوة، زلة
Lapsus calami	هفوة قلم، زلة قلم
Lapsus linguae	زلة لسان
Lapsus memoriae	سهو، غفلة، ثغرة ذاكرة
Learning	التعلم
Learning ability	القدرة على التعلم
Learning/abstract	التعلم المجرد
Learning/associative	التعلم بالترابط أو الاقتران
Learning/blind	تعلم أعمى
Learning by conditioning	التعلم الشرطي

Learning by doing	التعلم بالعمل
Learning/collateral	تعلم مصاحب، تعلم عرضي
Learning/discriminative	التعلم التميزي
Learning/distributed	تعلم موزع
Learning/insightful	التعلم بالاستبصار
Learning/mechanical	التعلم الآلي
Learning/observational	التعلم بالملاحظة
Learning/part	التعلم بالتجزئة
Learning/programmed	التعلم البرنامجي
Learning/selective	التعلم الانتقائي
Learning/ serial	التعلم المتسلسل، التعلم التتابعي
Learning/ trial and error	التعلم بالمحاولة والخطأ
Learning/verbal	التعلم اللفظي
Learning/whole	التعلم بالوحدات الكلية
Left cerebral hemisphere	نصف المخ الأيسر
Logical memory	التذكر المنطقي، ذاكرة منطقية
Logical -syntactical operations	العمليات النحوية المنطقية
Logical thinking	تفكير منطقي
Long term memory	ذاكرة طويلة المدى
Meaning/whole	المعنى الكلي أو الإجمالي
Meaningful	ذو معنى، له دلالة
Meaningful discovery learning	التعلم باكتشاف المعنى

Meaningful learning	التعلم القائم على المعنى
Meaningful reception learning	التعلم باستقبال المعنى
Memory	ذاكرة
Memory ability/auditory	القدرة على التذكر
Memory disorder	التذكر السمعي
Memory levels	مستويات الذاكرة
Memory mechanism	آليات الذاكرة
Memory span	مدى الذاكرة
Memory system	نظام التذكر
Memory tracers	آثار الذاكرة
Memory/visual	ذاكرة بصرية، التذكر البصري
Mental	عقلي، ذهني
Mental abilities	القدرات العقلية
Method	طريقة، أسلوب
Method/case study	طريقة دراسة الحالة
Method/cathartic	طريقة التفريغ (طريقة العلاج التطهيري)
Method/observational	طريقة الملاحظة
Negative conditioning	إشراط سلبي
Negative practice	الممارسة السالبة
Negative reinforcement	تعزيز سالب
Negative response	استجابة سالبة
Negative transfer	الانتقال السالب
Neurosis	عُصاب

Neurotic	عُصابي
Neutral environment	بيئة محايدة
Neutral stimulus	مثير محايد
Negative practice therapy	العلاج عن طريق الممارسة السلبية
Non associative thinking	التفكير غير الترابطي
Non verbal communication	اتصال غير لفظي
Observational	متعلق بالملاحظة
Observational data	معطيات الملاحظة
Observational method	طريقة الملاحظة
Obsession	وسواس (استحواذ)
Obsessional ideas	أفكار وسواسية
Obsessional neurosis	عصاب وسواسي
Obsessional thinking	تفكير وسواسي
Operant	إجرائي
Operant behaviour	سلوك إجرائي
Operant conditioning	إشراط إجرائي
Operant cerebration	التفكير الإجرائي
Organismic	عضوي
Organismic behaviour	سلوك عضوي
Over-development	زيادة النمو
Overprotection	الحماية الزائدة (للطفل)
Perception disorder	اضطراب الإدراك

Personality	الشخصية
Personality/autistic	شخصية اعتزالية
Personality defect	خلل الشخصية
Personality disintegration	تفكك الشخصية
Personality disorder	اضطراب الشخصية
Personality/manic	شخصية هوسية
Personality/neurotic	شخصية عصابية
Persuation	إقناع
Persuation therapy	العلاج بالإقناع
Phenomenon	ظاهرة
Preintellectual speech	كلام ما قبل التفكير
Paralinguistic stage	مرحلة ما قبل اللغة
Prenatal period	فترة ما قبل الميلاد
Preoperational stage	مرحلة ما قبل العمليات(جان بياجيه)
Personality	قبل الشيخوخة
Brief psychoanalysis	التحليل النفسي المختصر
Process	عملية
Process/higher mental	عملية عقلية عليا
Process/socialization	عملية التطبع الاجتماعي
Process/symbolic	عملية رمزية
Problem	مشكلة
Problem analysis	تحليل المشكلة
Problem check list	قائمة تحديد المشكلات

Problems/developmental	مشكلات النمو
Problems/psycho-physical	مشكلات نفسية جسمية
Problems solving	حل المشكلات
Product oriented	موجه نحو النتائج
Productive thinking	التفكير المنتج
Productivity	إنتاجية
Proficiency	كفاية، مهارة
Prophylactic	وقائي
Positive conditioning	إشراط إيجابي
Positive reinforcement	التفريز الإيجابي
Positive word	كلمة إيجابية
Pseudo conditioning	الاشراط الخادع
Psychopathy	مرض نفسي، اعتلال نفسي
Psycholinguistic	اختبارات نفسية لغوية
Psychological environment	البيئة النفسية
Psychologist	أخصائي نفسي
Queer	غريب، شاذ
Questionnaire	استبيان، استخبار

قائمة

المصادر والمراجـع

قائمة
المصادر والمراجـــــــع

المراجع العربية:

1) إبراهيم، فيفيان (1998) ، دراسة العلاقة بين الضغوط الو الدية والتوافق الشخصي والاجتماعي لدى أطفال المرحلة الابتدائية. رسالة ماجستير غير منشورة، معهد الدراسات العليا للطفولة، جامعة عين شمس.

2) إبراهيم، رزق و محمود، مجدة (1995) : تقدير الذات وعلاقته بالكفاءة الاجتماعية لدى المراهقين من الجنسين. مجلة كلية الآداب والعلوم الإنسانية، جامعة المنيا ، المجلد 15 ، الجزء 4، ص 63- 112 .

3) أبو سريع، أسامة (1993): الصداقة من منظور علم النفس. الكويت: المجلس الوطني للثقافة والفنون والآداب.

4) أبو عيشة، إبراهيم (1981), الثقافة والتغيير الاجتماعي. دار النهضة للطباعة والنشر، بيروت.

5) أبو النيل, محمود السيد (1985) . علم النفس الاجتماعي ، ج2 ، دار النهضة العربية، بيروت .

6) أحمد، سمية (2000) : العلاقة بين بعض متغيرات الشخصية والكفاءة الاجتماعية وارتفاع ضغط الدم الأولي. رسالة ماجستير غير منشورة، كلية الآداب، جامعة المنيا.

7) الأمين، عدنان(2005) . التنشئة الاجتماعية وتكوين الطباع ، : المركز الثقافي المغربي، المغرب .

8) البستاني، المعلم بطرس (1977م)، محيط المحيط، قاموس مطول للغة العربية، بيروت مكتبة لبنان.

9) البهي، فؤاد و عبد الرحمن، سعد (1999): علم النفس الاجتماعي رؤية معاصرة. سلسلة المراجع في التربية وعلم النفس، الكتاب التاسع، القاهرة: دار الفكر العربي.

10) التابعي ، كمال (1985) الاتجاهات المعاصرة في دراسة القيم والتنمية ، دار المعارف للنشر والتوزيع، القاهرة .

11) الجزائري، خلود (2004): المناخ الأسري وعلاقته بالقلق في مرحلة الطفولة. رسالة ماجستير غير منشورة، معهد الدراسات والبحوث التربوية، جامعة القاهرة.

12) الختاتنة، سامي محسن وآخرون(2002)، مبادئ علم النفس، دار المسيرة للنشر والتوزيع، عمان، الأردن.

13) الخشاب ، سامية (1987) النظرية الاجتماعية ودراسة الأسرة ، دار المعارف للنشر والتوزيع ، القاهرة.

14) الخطيب, إبراهيم ياسين (2001) أثر وسائل الإعلام على الطفل ، الدار العلمية للنشر والتوزيع، الأردن .

15) الديب ، محمد مصطفى(2003) علم النفس الاجتماعي ، عالم الكتب للنشر والتوزيع، القاهرة.

16) الزغول، عماد(2004)، علم النفس العسكري، دار الشروق للنشر والتوزيع، عمان، الأردن.

17) السامرائي، نبيهة(2007)، علم النفس الإعلامي، دار المناهج للنشر والتوزيع، عمان، الأردن.

18) السرسي، أسماء و عبد المقصود، أماني (2001): برنامج لتنمية الكفاءة الاجتماعية لدى أطفال ما قبل المدرسة. مؤتمر الطفل والبيئة والمؤتمر العلمي السنوي، معهد الدراسات العليا للطفولة ومركز الطفولة، جامعة عين شمس.

19) الشعوان، عبدالرحمن محمد (1997م)، القيم وطرق تدريسها في الدراسات الاجتماعية، مجلة جامعة الملك سعود، م6، العلوم التربوية والدراسات الإسلامية.

20) الشمري .عدلي وآخرون(2004) ، علم الاجتماع والمشكلات الاجتماعية ، دار المعارف الجامعية، القاهرة.

21) الطبيب، أحمد (1999): الإحصاء في التربية وعلم النفس. الإسكندرية: المكتب الجامعي الحديث.

22) الطيب، محمد (1994): مبادئ الصحة النفسية. الإسكندرية: دار المعرفة الجامعية.

23) الضبع، عبدالرؤوف(2008)، علم الاجتماع العائلي ، دار العالمية للنشر والتوزيع، سوهاج، مصر.

24) العبيد، عاطف عدلي العبيد(1999) . مدخل إلى الاتصال والرأي العام ، ط3 ، دار الفكر العربي، القاهرة .

25) العوا، عادل (1987م)، كتاب الفكر العربي الإسلامي، الأصول والمبادئ، تونس، المنظمة العربية للثقافة والإعلام - إدارة البحوث التربوية.

26) القريطي، عبد المطلب (1997): في الصحة النفسية، القاهرة، دار الفكر العربي.

27) الكومي، عفاف (2002): اضطراب المناخ الأسري والتوافق النفسي والاجتماعي لدى طلاب المرحلة الثانوية من الجنسين. رسالة ماجستير غير منشورة، معهد الدراسات والبحوث التربوية، جامعة القاهرة.

28) المعايطة، خليل عبدالرحمن (2000م)، علم النفس الاجتماعي، عمان، دار الفكر للطباعة والنشر.

29) المغازي، إبراهيم (2004): الكفاءة الاجتماعية وعلاقتها بالتحصيل الدراسي لدى طلاب كلية التربية القاهرة، مجلة دراسات نفسية، رابطة الأخصائيين النفسيين، ع4 ، ص 469- 493.

30) النابلسي ، محمد أحمد(1995) التربية والطب النفسي ص (170) مجلة التربية ، العدد 113 ، اللجنة العربية للثقافة والفنون ، قطر .

31) النابلسي, محمد احمد (1991) الاتصال الإنساني وعلم النفس, دار النهضة العربية, بيروت.

32) النجار، فريد (2003) : المعجم الموسوعي لمصطلحات التربية . بيروت : مكتبة لبنان.

33) النوري، قيس (1981م)، الحضارة والشخصية، الجمهورية العراقية، وزارة التعليم العالي والبحث العلمي.

34) الهابط، محمد (1983): التكيف والصحة النفسية (الأمراض النفسية - الأمراض العقلية - مشكلات الأطفال وعلاجها). ط2، الإسكندرية: المكتب الجامعي الحديث.

35) الهاشمي، عبدالحميد محمد (1984م)، المرشد في علم النفس الاجتماعي، جدة، دار الشرق.

36) توفيق ، مرعي (1984). الميسر في علم النفس الاجتماعي ، ط2 ، عمان ، دار العرفان للنشر والتوزيع .

37) ثابت ، ناصر(1992) دراسات في علم اجتماع التربوي ، مكتبة الكويت، الكويت .

38) حافظ نبيل وسليمان عبد الرحمن و شندي سميرة (1997): مقدمة في علم النفس الاجتماعي. القاهرة: مكتبة زهراء الشرق.

39) حبيب، مجدي (1991): الخصائص لذوي الكفاءة الاجتماعية. دراسة ميدانية. مجلة كلية التربية، جامعة طنطا، ع 110 ، ص 73- 111.

40) حديدي, محمد (1990) النزعة الاجتماعية في فلسفة جون ديوي (ص72)، مجلة العلوم الإنسانية ،ع11 منشورات جامعة منتوري.

41) ختاتنة، سامي محسن وأبو أسعد، أحمد عبداللطيف(2010)، علم النفس الإعلامي، دار المسيرة للنشر والتوزيع عمان الأردن.

42) خليل، محمد (أ) (2000): المناخ الأسري وعلاقته بالصحة النفسية للأبناء المراهقين. رسالة ماجستير غير منشورة، معهد الدراسات والبحوث التربوية، جامعة القاهرة.

43) دمنهوري، رشاد (1995): بعض العوامل النفسية الاجتماعية ذات الصلة بالتوافق الدراسي: دراسة مقارنة. مجلة البحوث النفسية والتربوية، مجلة كلية التربية، جامعة المنوفية، ع3،ص 124-154.

44) دويدار,عبدالفتاح (1992) سيكولوجية العلاقة بين مفهوم الذات والاتجاهات, دار النهضة: بيروت.

45) دويدار، عبدالفتاح (1994)،علم النفس الاجتماعي أصوله ومبادئه، دار النهضة العربية للصناعة والنشر، بيروت.

46) ذياب، فوزية (1966م)، القيم والعادات الاجتماعية، القاهرة: دار الكتاب العربي.

47) رضوان, شفيق(1996). علم النفس الاجتماعي, المؤسسة الجامعية للدراسات والنشر والتوزيع، بيروت.

48) روبرت مكليفين و ريتشارد غروس، مدخل إلى علم النفس الاجتماعي، ترجمة ياسمين حداد وآخرون،(2002)، ط1، دار وائل للنشر والتوزيع، عمان الأردن.

49) ريزو، جوزيف و زابل، روبرت (1999): تربية الأطفال والمراهقين المضطربين سلوكياً (النظرية – التطبيق). ترجمة عبد العزيز الشخص وزيدان السرطاوي، الأمارات: دار الكتاب الجامعي.

50) زعيمي ، مراد(2002) مؤسسات التنشئة الاجتماعية ، منشورات جامعة باجي عنابة ، مختار .

51) زهران، حامد (1994): التوجيه والإرشاد النفسي: نظرية شاملة. مجلة الإرشاد النفسي، ع2، مركز الإرشاد النفسي، جامعة عين شمس .

52) سعيد، داوود، مقالة بعنوان"الهوية الاجتماعية السياسية العربية وعلاقتها بالقيم"، النيويورك،1998.

53) سليمان ، شحاتة سليمان محمد(2005) مناهج البحث بين النظرية والتطبيق ، الإسكندرية، مركز الإسكندرية للكتاب .

54) سلامة ، عبدالحافظ (2007)، علم النفس الاجتماعي، دار اليازودي للنشر والتوزيع، عمان، الأردن.

55) سلامة، ممدوحة (1984): أساليب التنشئة الوالديه وعلاقتها بالسلوك الأنتمائي لدى الأطفال النوبين. رسالة ماجستير غير منشورة، معهد الدراسات العليا للطفولة، جامعة عين شمس.

56) شفيق ، محمد(2003) الإنسان والمجتمع مع تطبيقات في علم النفس ، المكتب الجامعي الحديث، الإسكندرية .

57) شوقي، طريف (2002): المهارات الاجتماعية والاتصالية. دراسة وبحوث نفسية، القاهرة: دار غريب.

58) صالح، محمد (2005): التحولات الاجتماعية وعلاقتها بالعنف الأسري، دراسة ميدانية في ضوء التحليل السوسيوسيكولوجي للتوافق النفسي. رسالة ماجستير غير منشورة، كلية التربية، جامعة عين شمس .

59) عبد الحميد، جابر و كفافي، علاء الدين (1993): معجم علم النفس والطب النفسي. ج6 ، القاهرة: دار النهضة العربية .

60) عبد الحميد, زينب سيد(1999). بعض أنماط التنشئة الوالدية كما يدركها الأبناء وعلاقتها بسمات الشخصية لدى الأبناء, رسالة دكتوراه غير منشورة, كلية الآداب, جامعة المينا.

61) عبد الحميد، محمد (1988): دراسة تجريبية لتنمية الكفاءات الاجتماعية لدى طلاب كلية التربية. رسالة دكتوراه غير منشورة، كلية التربية، جامعة حلوان.

62) عبد الخالق,أحمد محمد (1990). أسس علم النفس, الطبعة الثالثة, دار المعرفة الجامعية، الإسكندرية.

63) عبد الهادي، نبيل،(2009)، مقدمة في علم الاجتماع التربوي، دار اليازوري العلمية للنشر والتوزيع، عمان، الأردن.

64) عكاشة ،محمد فتحي و زكي ، محمد شفيق (1997) المدخل إلى علم النفس الاجتماعي المكتب الجامعي الحديث، الإسكندرية .

65) علام، صلاح الدين (1993): الأساليب الإحصائية الاستدلالية البارامترية واللابارامترية في تحليل البيانات والبحوث النفسية والتربوية. القاهرة: دار الفكر العربي.

66) عيد, إبراهيم(1990), علم النفس الاجتماعي. مكتبة زهراء الشرق، القاهرة.

67) عيسى، محمد رفيق (1984م)، توضيح القيم أم تصحيح القيم، الكويت، ندوة علم النفس التربوي - مؤسسة الكويت للتقدم العلمي.

68) غريب، زينب (1993): شبكة الاتصال بين أفراد الأسرة المصرية وعلاقتها بالجو الأسري العام. رسالة ماجستير غير منشورة، كلية البنات، جامعة عين شمس.

69) فتحي، أحمد (1997): السلوك التوكيدي لدى المراهقين وعلاقته بالمناخ الأسري. رسالة ماجستير غير منشورة، كلية البنات، جامعة عين شمس .

70) كامل ,سهير أحمد(2001) ، علم النفس الاجتماعي بين النظرية والتطبيق، مركز الإسكندرية للكتاب، الإسكندرية.

71) كفافي، علاء الدين (1999): الإرشاد والعلاج النفسي السري. القاهرة: دار الفكر العربي.

72) متولي، زينب (1998): دراسة لبعض المتغيرات المرتبطة بالأمن النفسي لدى أطفال ما قبل المدرسة. رسالة ماجستير غير منشورة، معهد الدراسات العليا للطفولة، جامعة عين شمس.

73) محمود ياسين ، عطوف (1982) . مدخل إلى علم النفس الاجتماعي ، دار النهار للنشر والتوزيع، بيروت .

74) مختار , محي الدين(1999) . التنشئة الاجتماعية المفهوم والأهداف , مجلة العلوم الإنسانية ، العدد (9).

75) مرعي، توفيق وبلقيس، أحمد (1984م)، الميسر في علم النفس الاجتماعي، ط2، عمان، دار الفرقان للنشر والتوزيع.

76) مصطفي، حسن (2003): الاضطرابات النفسية في الطفولة والمراهقة: الأسباب التشخيص - العلاج. القاهرة: دار القاهرة .

77) مكايفين ، روبرت و غروس ، رتشارد (2001) مدخل إلى علم النفس الاجتماعي، ترجمه ياسين حداد وآخرون ، دار وائل للنشر والتوزيع، الأردن.

78) موسى، رشاد علي(2008)، سيكولوجية القهر الأسري، ط1، مطبعة أبناء وهبة حسان، القاهرة مصر.

79) ناصر، إبراهيم(1996) علم الاجتماع التربوي، دار الجيل للنشر والتوزيع، لبنان.

80) وحيد، أحمد عبداللطيف (2001م)، علم النفس الاجتماعي، عمان، دار المسيرة للنشر والتوزيع.

81) يوسف، محمد (1997): الكفاءة الاجتماعية وعلاقتها ببعض المتغيرات لدى طلاب الجامعة. رسالة دكتوراه غير منشورة، كلية البنات، جامعة عين شمس.

المراجع الأجنبية :

1- *Allport.g.w.@postman..The psychology of Rumor. New yourk , Holt.1988.*

2- *Bay University (2001): Competence at bay university .http:// www.bay University.Com/ voaoutus/ buo 1 competency.htm.*

3- *Blankemayer, et ,al. (2002): The role of aggression and social competence in the school – may . D.A.I. vole .(39) , No.(3) , p.p. 293- 304.*

4- *Butovskaya, M.(2002): Social competence and behavior evaluation (SCBE-30) and Socialization various : Russian children, early education & development , D.A.I, vol. (13) , No.(2) , p.p.153170.*

5- *Faber, et,al., (1999): Regulation , emotionality and preschooler's socially competent peer interactions . child development .vol.(70) , No. (2) , p.p. 432-442.*

6- *Fleming, A. (1996): parent- held interactive behavior and child social competence , D.A.I, vol. (35), No.(05) , P.p. 1248.*

7- *Gulliford, R.&Upton, G.(1992): Special Educational Needs .The British council .London.*

8- *Hergenhahn, BR(2005). An introduction to the history of psychology.Belmont, CA, USA:Thomson Wadsworth، 528–536 .*

9- *Kazdin, A.(2000) Encyclopedia of psychology. Oxford Univ. press.*

10- *Michael(2002)'Evaluating human systems in military training',Australian Journal of Psychology,54.*

11- *Richman , E.,& Rescorla, L.(1995): Academic orientation and warmth in Mothers and fathers of preschoolers: Effects of Academic skills and self-perceptions of competence .Early education and development, D.A.I vole .(6), No.(3).*

12- *Sanchez , M. (2004): Comparison opt alexithymia and personal competence as moderators of stress reactions between students and teachers .Studio psychological, vol. (46) , P.P.73-82.*

13- *Shellemburg.H.A.(1991).An Introduction to Social Psychology. New yourk.*

14- *Skinner, B.F. (1974). About Behaviorism. New York ،Citebook .*

15- *SOBER,E.(1992) The evolution of altruism: Correlation, cost and benefit. Biology and Philosophy,7,177-188.*

16- *Valeski , T.(2000): Young children's social competence and relationships with teachers : path ways to early academic success D.A.I., vol. (61), No.(6) , P.2189.*

17- *Vivian,J.&BROWN,R.(1995) Prejudice and intergroup conflict. In M. Argyle &A.M. Colman (Eds.), Social Psychology. London: Longman.*

18- *Wade,C.&Tavris, C.(1993) Psychology (3rd edition). New york: HarperCollins.*

19- *Welsh, J.& Bier man , K. (2003): Social competence. Gate Encyclopedia and Adolescence.*

20- *Wendy, S.(1999): Developing Social competence in children .Teachers collage .Columbia university. http, // iume .tic. Columbia .educe/ choices/ briefs / choices 03.*

21- *Wendy, S.&Richard, U.(1989): parent styles associated with children's self .Regulation and competence in school . journal of Educational psychology , vol.(81), No.(2) P.P. 143-154.*

22- *WELLS,P.A.,WILLMOTH,T.& RUSSELL,R.I.H.(1995) Does fortune favour the bald?:Psychological correlates of hair loss in males. British Journal of Psychology, 86, 337-344.*

23- *Worchel and cooper,j.b.Understanding social psychology.The Dorsey Press Home wood, Illinois,1992.*

24- *Zimbardo,P.G.& LEIPPE,M.(1991) The Psychology of Attitude Change and Social Influence.New York:McGraw-Hill.*